國貿女王 就是姐

看小説，一窺國貿職場潛規則 ⁓第 2 版⁓

鍾莫渝 著

書泉出版社 印行

作者序

　　從事國際貿易多年，總是苦樂參半，悲喜交錯。能夠一直堅持下去，無非是對這個行業的熱忱。期間也曾數度灰心失望，想轉換跑道，幸好與其緣分夠深，多年來始終堅守崗位；現在甚至覺得，每次的危機與挑戰只要堅持下去不放棄，都是再創高峰的墊腳石，應驗了阿拉伯諺語：「莫在倦時退場，力量來自渴望」。

　　台灣是島國經濟，四面環海無天然資源之挹注，壯大經濟非靠國際貿易不可。國貿業務算是挑戰度高的工作。故事中，藉由積極、上進、熱情並負責的職場新鮮人王宥晴，勾勒出清純社會新鮮人的血淚修鍊史；有如職場《甄嬛傳》，暗藏爭風吃醋、爾虞我詐；更是貿易界的《半澤直樹》，有諸多職場潛規則及生存術。當然精采的人生，總需要愛情及友情加料，故事情節感人，增添勇氣，頗具勵志效果。

　　此書可說是首部台灣貿易界的白領職場小說，希望藉此拋磚引玉，吸引更多生力軍進入國際貿易的領域，讓台灣成為安居樂業的幸福島。此書的完成，衷心感謝五南圖書出版（股）公司的提攜，給予這個機會，編輯群鼎力相助，全心的支持。最後更要謝謝，國貿專家李淑茹老師，諸多精采的著作參考及專業的指導，讓此書內容更具專業度及可看性。

鍾莫渝

資深貿易人

目錄

第一回　青春菜鳥　展翅待飛

王宥晴：國際貿易系畢業的社會新鮮人

英文名：Aurora（奧蘿拉）曙光、極光、黎明女神

身材高挑，外型亮麗，娃娃臉美女

蛻變前：活潑無心機，個性樂觀但衝動、細心體貼但自信不足

蛻變後：圓融豁達、善解人意、深俱人緣，是個極具魅力的新女性

王爸：王宥晴父親，資深公務人員

王媽：王宥晴母親，家庭主婦

林致翰：王宥晴青梅竹馬的國中同學

理性、內斂、深情的執業律師

李芳儒：王宥晴大學國貿系學姊

外銷鞋廠

總經理：女鞋製造商

林倩瑜：王宥晴的上司

張廠長：負責廠務

錩盛機械

黃老闆：工具機製造商

林廠長：負責廠務

王經理：內銷業務經理

算命半仙的鐵口直斷

盛夏的六月，剛畢業的宥晴，面對不可知的未來，著實茫然，這天回學校申請成績單準備開始找工作。看著自己千瘡百孔的成績單，不免自我嘲諷一下，不過人如其名，充滿陽光、個性樂觀的宥晴吐了吐舌頭，臉上依舊綻放出慧黠的笑容，對於未來，沒在怕的。

走出校門，在旁邊百貨公司轉角處，有一算命攤子，算命先生年紀不小，仙風道骨，但看起來還算正派，不像胡說八道的江湖郎中，應該不會騙財色吧！宥晴不由自主走了過去，對未知的將來總得找個人來背書一下。

算命仙：「小姐來測個字，想問些什麼？」

宥　晴：「可不可以幫我算一下，我要找什麼工作比較適合，何時才能找到工作？」

算命仙：「好的，請妳先寫一個字。」

宥晴想到自己念國際貿易，便篤定地寫下「貿」字，接著算命仙雙眼微閉，邊掐指、邊在紙上春蚓秋蛇鬼畫符似地狂寫。宥晴心裡七上八下，心想算命仙，你可千萬要有職業道德，別口無遮攔說些讓人「奇摩子」不爽的話來，否則得罪小人很難善了，得罪女人可是沒完沒了喔！片刻後，算命仙終於開口了。

算命仙：「貿字拆開，是卯與貝，是所謂的卯出見貝，卯取旭日東昇之意，貝為財，妳將來前途大好指日可待。至於工作性質，加上錯字旁即成『迎』，此乃舟船有貨之意，妳將來的工作會經常需要出國。」

接著，算命仙請宥晴伸出右手讓他看看。

算命仙：「小姐掌中有印，天資聰穎，以後是個掌權的人，且妳
　　　　驛馬星動，利在遠方。」

宥　晴：「『驛馬星動，利在遠方』是什麼意思？」

算命仙：「意思是妳不管外出經商、旅遊皆主順利有成，到越遠
　　　　的地方工作，越能成功，小姐的貴人在遠方。」

宥　晴：「真的假的，要去多遠，台北或高雄？」宥晴不可置信
　　　　地瞪大眼睛。

　　最後算命仙笑而不答，給了宥晴那張看不懂鬼畫符似的「天
書」，囑咐宥晴心存善念，樂觀助人，可排除一切障礙，化解危
機。他還提供良好的售後服務，日後若有困難或疑慮，都可再拿
這天書來問他。

「真的？」宥晴存著半信半疑，不過滿心歡喜的離開了測字攤。
這仙仔真上道，口出蓮花的演算法，在職訓練做得不錯，真是良
好的心理醫生，在徬惶的人心中栽下美好未來的種子也是功德一
椿。宥晴將天書仔細收好，準備他日有事沒事可再來盧他一下。

　　一路走一路想著未來，這時手機突然響起，嚇了她一跳。
「王宥晴，明天國中同學會，在花緣餐廳，這次妳一定要來
喔。」原來是國中同學林致翰打來的。
「林致翰你嚇我一跳。」宥晴印象中的他，是個不折不扣的書呆
子，話不多，大學居然選的法律系。
「怎麼，正做啥壞事嗎？」
「胡扯，正在想事情卻被你打斷。」
「好啦，別想了，這次我是主辦人，記得明天一定要來。」

「我再考慮看看。」宥晴採迂迴戰術，因為她還是打算不去。

　　國中時期，宥晴念的是資優班，班上多數同學都順利地考上理想的高中和大學，她卻在大學聯考前夕，重感冒連續發燒數日，直到考試當天還發著高燒，腦子昏昏沉沉以致於影響了成績，最後只考上私立大學，讓宥晴日後面對昔日的同學時，不曉得是自尊心作祟，還是缺乏自信，對於參加同學會，總是興趣缺缺，敬而遠之。

　　半個月後，宥晴找到了一家規模不小的鞋廠，開始由間接貿易的業務助理工作做起。

　　業務助理工作：

　　工作內容就是跟貿易商接洽訂單、生產及出貨事宜。主要是將貿易商轉來的國外客戶的英文訂單（Order）轉翻成中文的「製令單」，方便廠長依據製令單來指示作業員上生產線製造。此外，還要負責聯絡採購、將各項物料準備上線；在產品生產時，還須根據預計的完成時間，進行排船，定艙位（Shipping Order）。貨物完成後，請客戶蒞廠做品質檢驗（Q.C.），客戶確認品質無誤後，隨即進行裝櫃（Container loading）、安排貨櫃車拖至特定的貨櫃場，進行裝船（On Board），出貨才算完成。

備受煎熬的菜鳥

　　工作認真的宥晴，才短短的二個月就做得得心應手、有聲有

國際貿易的種類

依貨物進行方向

國內供應 → 國外買家
直接貿易
出口貿易 Export Trade

國內買家 ← 國外供應商
直接貿易
進口貿易 Import Trade

依交易進行角色

直接貿易
Direct Trade

間接貿易
Indirect Trade

轉口貿易
Intermediary Trade

三角貿易
Triangular Trade

多角貿易
Multilateral Trade

過境貿易 Transit Trade

多角貿易

終端買家

轉口貿易

買家

間接貿易

三角貿易

供應商　　買家　　第三國仲介商　　供應商

色，進而引起總經理的注意，決定破例直升到國外部當總經理特助。這可是前所未有的特例，消息傳來，就像打開了潘朵拉的盒子般，引起了許多資深老鳥業務的不滿，業務部煙硝四起，個個帶槍帶砲準備對宥晴展開攻擊。鋒芒畢露的宥晴，並不知自己正陷入職場爭權較勁的殘酷考驗。

總經理站在宥晴背後默默觀察工作忙碌中的宥晴，正專注又有效率的處理事情，心裡想：「可造之材，特助就是她了！」

公告欄上的人事命令，引起業務部一陣喧嘩。宥晴正要起身離開座位，卻發現一群同事正以異樣的眼光看她，互相咬耳朵碎嘴討論著什麼。

孤立在人群中的宥晴，不知風暴將至，只是覺得好奇怪，還頻頻試著和大家交談。

先發打擊手是宥晴的上司林倩瑜，她已經在這間公司二年了，是董事長的親戚，標準的皇親國戚一族，眼看著一個剛畢業的小女孩，居然在短短的時間內就超越她，深感危機，開始在工作上為難宥晴，交待給宥晴的工作故意東漏西漏，讓線上的製造流程差點停擺，宥晴被罵得淚流滿面，不知所措。

第一生產線江組長跑到辦公室。
「王小姐，包裝彩盒沒上線，趕快去找。」宥晴跑到倉庫中找時，廣播響起，張廠長也正找她。
「眼睛脫窗喔，六號鞋跟怎麼上線的是九號。」
「靠夭啊，絲絨蝴蝶結是黑色的，怎麼拿灰色的來。」

今天狀況真多，宥晴在廠房、辦公室（查看製令單）及倉庫跑來跑去，在工廠內主管們粗俗的叫罵聲中，噙著淚一直在想辦法，而宥晴的上司林倩瑜便在一旁袖手旁觀，冷笑著，一旁幾個同夥也同在報復喜悅中。

最後宥晴在諾大的倉庫真的找不到那批彩盒，無助之下蹲在倉庫中哭了起來，氣急敗壞的廠長跑來，問了原委之後：「靠夭，我知道誰幹的好事了。」

成長背景單純，自小受人疼愛的宥晴，面對這樣突如其來的嚴苛考驗，根本招架不住，也不知如何應付，還白目地找林倩瑜攤牌，質問為何要如此對待她，林倩瑜坦白回嗆她：「妳搶了我的未來，還敢如此理直氣壯，無知得有找。」年輕的宥晴，自尊心強、受不得委屈，負氣立刻提出辭呈，儘管總經理多方挽留，但是留不住心意已決的宥晴。

廠長進辦公室跟林倩瑜談了一下，似乎不太愉快，隨後廠長搖搖頭罵了句髒話，快步離去。

哭紅了雙眼，精疲力竭的宥晴找林倩瑜攤牌。

宥　晴：「林課長，為何這幾張訂單的資料都是錯的？」

林倩瑜：「妳沒確認好，怪誰。」

宥　晴：「妳故意整我的吧！」心中暗暗咒罵：惡毒的查某。

林倩瑜：「妳搶了我的未來，還敢找我嗆聲，只是給妳點教訓。」皇親國戚的林倩瑜用全辦公室都聽得到的音量叫嚷著。

總經理聞聲下樓來，想調停二女的紛爭，林倩瑜負氣衝出去。

總經理：「她不是有意的，只是個性急了些，別介意，事情過了

就算了。」

宥　晴：「總經理，很抱歉，我可能不適合這個工作，我想辭職。」

總經理：「我不會讓妳這樣的人才離開的。」儘管總經理眼神堅定地挽留，還是留不住鬧脾氣的宥晴。

宥晴離職一事底定，在辦理工作交接的某一天，林倩瑜突然來找她。

林倩瑜：「妳找到工作了嗎？」林倩瑜一改之前的潑辣，帶著些許的歉疚問著宥晴。

宥　晴：「還沒呢，怎樣？」宥晴心有未甘，沒好氣地回她。

林倩瑜：「我朋友的公司正缺一位專業業務秘書，妳是國貿本科系畢業的，應該很適合，要不要我幫妳引見一下？」林倩瑜滿懷誠懇的說。

宥晴心想見鬼了，前一陣子還尖酸刻薄欺負我，隔幾天態度卻一百八十度改變，不過還是答應了她去試試。結果一面試，隨即被錄取，展開一線業務的挑戰工作。

宥　晴：「您好，這是我的履歷表及英文自傳，請您過目。」

黃老闆拿著宥晴的英文自傳，心想：金害，看攏瞴，趕緊轉移話題。

黃老闆：「妳知道我的產品──車床是什麼？」

宥　晴：「那是什麼？」心想：是製作床的機器嗎？但沒敢說出口。

黃老闆：「呵呵，車床是工具母機的一種，妳以後就會懂了。」

拜本科系畢業之賜，宥晴就這樣被錄取了，心裡還一直想：奇怪，機械竟然還分公機、母機？

塞翁失馬，焉知非福，人生本來就是福禍相倚，剎那間的開心或失落不足為奇，就長遠的人生時間表來看，都只是其中的小小起伏，不需狂喜或狂悲。林倩瑜是宥晴職場上首位貴人，雖然她以負面呈現，但卻是引領宥晴進入國際貿易界的導航員。其實在工作中如果有人老是找麻煩，要原諒他，因為對方一定很不快樂。本性不壞的林倩瑜為一時的嫉妒而生的壞心眼設了停損點，迷途知返，痛改前非，給她按個讚啦。

一條龍式的國貿初體驗

宥晴在錩盛機械開始挑戰第一線的國貿業務工作，直接與國外客戶洽談生意，為此宥晴還將英文名字改為Aurora，期許自己如同黎明的曙光，逐漸綻放光亮。錩盛的產品是宥晴很陌生的工具機械，不但產品難度高，工作的內容更讓還是新鮮人的她吃足苦頭；加上傳統產業的國貿業務，通常是「一條龍」的作業方式：從頭到尾通包，工作包羅萬象，又繁雜、又瑣碎。

宥晴的新工作就從了解機械如何分公的、母的開始。

宥晴：「林廠長，請教您機械如何分公的、母的？」

廠長：「哈哈，機械哪來公的、母的。」超級local的他，一口台灣國語笑答。

宥晴：「不然為啥說車床是工具母機？」

廠長：「很多產品利用工具機生產出模型後再大量生產。」

原來是孕育很多產品的機械，難怪叫工具母機。真糗，宥晴心

想，怎麼一開始就鬧笑話。

看著洋洋灑灑的「工作菜單」，新奇之外，宥晴有滿心的期待。

> 國貿業務內容：
>
> 從調查市場（Marketing survey）、寫英文開發信找新客戶（Sales letter）、回覆詢價（Reply to inquiry）、報價（Quotation）、還價（Counter offer）、追蹤（Follow up）、訂單及預估發票（Order & Proforma invoice）、裝船前驗貨（Per-shipment inspection）、安排出貨（Shipping）、報關（Customs clearance）、收款與催款（Payment & Collection），到客訴處理（Complaint & Adjustment）等。

生性樂觀、喜歡挑戰的宥晴，每日都要面臨全新挑戰，每每遇上工作上的難關，心中總是懊悔，書到用時方恨少，學生時期如果多用點心在讀書上，現在應該不至於這麼慘，英文書信寫得二二六六，國貿的專業知識懂得七零八落，忍不住拿起之前的教科書猛K，也買了更多的相關書籍參考，然而更艱難的挑戰正排山倒海而來。

宥晴盯著電腦，一直看著英文Email，眼睛都快成鬥雞眼了。

宥　晴：「這到底在寫啥，單字這麼陌生？」卯起來查字典，上網拼命google。

傳真機傳來手寫的英文信，宥晴拿起一看，當場傻眼。

宥　晴：「春蚓秋蛇鬼畫符，到底寫些什麼鬼東西？」滿臉川字

出口貿易程序

尋找
潛在買主

行銷推廣

詢價報價

下訂單

訂單確認
PROFORMA INVOICE

信用狀訂金

洽訂艙位

出口檢驗

保險

出口押匯

出口報關裝船

國外買家

的宥晴只好努力「逼明牌」。

　　接著，總機小青大呼小叫著：「救命啊，講英文的越洋電話，趕快接。」

宥　晴：「Hello, this is Aurora speaking.」英文講得坑坑巴巴，
　　　　一直冒冷汗，電話那頭老外說得飛快，加上回音，實在
　　　　聽不清楚在講啥。

宥　晴：「Please send me Email, thank you.」沒辦法只好祭出絕
　　　　招，勉強搞定後宥晴也虛脫了。

林廠長：「阿滷肉，明天要結關的20呎貨櫃還沒拖來，趕快去喬
　　　　一下。」

宥　晴：「我正對船公司發出索命連環call，放心啦。還有，我
　　　　叫Aurora，不是阿滷肉。」

　　儘管宥晴再三糾正林廠長發音，不過他還是阿滷肉、阿滷肉叫個不停，久了宥晴也覺得很好玩不糾正，最後整個公司都暱稱她「阿滷肉」。

　　為了更了解工具機產業的特性，宥晴加緊逼自己下工夫學習，才發覺車床只是工具機其中的一種，這個產業學問可大了，除了上網搜尋關資料，更是頻頻到製造現場請教師傅、了解製程。

　　工具機：

　　工具機依其加工的類別不同而區分成數十種，主要如車床、鑽床、搪床、鉋床、銑床、磨床、齒輪加工機、拉床、鋸床、放電加工機、雷射加工機等。依應用範圍可歸類成二大類，第一類汎用型工具的加工範圍大、比較不受加工件的大小、形狀、重量限制，適合比較彈性的加工，但使用者必

須具備比較多的專業技術，例如對機器特性的了解、刀具的選擇等等。第二類專用型工具機是為了大量生產而製造的機器，加工範圍常受到料件的大小、形狀的限制，只適合加工某領域的零件，故無須十分熟悉的技術即可勝任。

儘管工具機種類多，拜現在工業技術發達之賜，以及盛行整合的趨勢，像是開發綜合加工機、將CNC車床與綜合加工機二者結合、專用型與汎用型工具機融為一體的界線也不再十分明顯；而將汎用型工具機以模組化的方式組合成某一產業合適機器也愈來愈多，所謂的汎用型專用機已經成為廣受大眾接受，而且更能符合客戶需求的機器。

在商展狠狠摔一跤

才剛上班十多天，宥晴就接到一個晴天霹靂的消息，那就是老闆要她跟著去參展。雖然是在國內，卻是個國際性展覽。還是菜鳥的宥晴簡直嚇傻了，幾乎快要窒息。

黃老闆：「王小姐，後天要一起去參加臺北國際工具機展，請妳準備一下。」

宥　晴：「可是我什麼都還不太懂，英文也說得不是很流利，可不可以下一次再去？」

黃老闆：「不可以。國貿業務的工作就要具備英文聽說讀寫都流利才可以，展覽是推廣外銷必要的活動，妳一定要去」。

隨後黃老闆拿了一本英文操作說明書，要宥晴趕快背一背，臨陣磨槍不亮也光。看了那本厚厚機械英文操作說明書，宥晴更沮

喪，不要說是英文版，就算是中文版，單是操作說明書裡密密麻麻的專業名詞，她也未必能了解，但是箭在弦上，不得不發，宥晴懷著忐忑不安的心隨著大家一起北上參展。

　　工具機產業在臺灣算是頗具潛力的產業，精密度雖還比不上先進的德國和日本，不過在價格上與德、日製的機種卻極具競爭力，所以在品質優良、價格親民的優勢下，開展首日的交易就十分熱絡。一早展場就湧進許多外國客戶，宥晴也繃緊神經準備應戰；不久，來了褐髮高大的南歐客戶，宥晴硬著頭皮，開始展場接待。

宥晴：「Good Morning, Sir.」（早安，先生。）

　　接下來緊張的宥晴，本來要接著說「May I help you?」（我可為您服務嗎？）哪知突然喉嚨一緊、變成「May I have you?」（我可擁有您嗎？）只見那位外國帥哥愣了一下，笑了起來說：「Of course, why not, sweet heart.」（當然囉，有何不可呢，甜心。）身旁的同事全都笑不可抑，此時宥晴還搞不清楚哪裡出錯了，強加鎮定繼續跟此客戶要名片。這時宥晴想起了當年英文老師說，英文要說得流利，尾音要輕，速度要快；為了扳回一城，擺脫剛才的窘況，宥晴原本要說「May I have your card?」（可以給我您的名片嗎？）尾音「d」卻輕到省略了，結果變成了「May I have your car?」（可以給我您的車嗎？）或許宥晴的東方娃娃臉長相深受西方客戶的青睞，想故意捉弄一下這個已經手足無措的可愛女孩，就促狹地說了：「No problem, let's go to parking lot.」（沒問題，咱們這就去停車場。）現場頓時揚起一片笑聲。雖說笑者無心但聽者有意，宥晴自信心受到重創，總覺

得大家取笑她英文不好，心想這下真的是三好加一好（死好）了，真想死啊！

而那四天的展覽，就在爆笑的開場下，有驚無險地度過了。只是宥晴像是受了傷的兔子，帶著偷哭過的紅眼，垂著耳朵，拖著沉重的腳步，滿懷心事返家。

宥晴心想，念大學時學校好像沒修過展覽這一類的課，唯一的印象是在國際行銷課中，教授有稍微提了一下，但考試又沒考，因此也不覺有多重要，經過這次慘烈的考驗，才驚覺學校所學的理論跟實務應用差距頗大。行動派的宥晴馬上查了一下相關資料，發現市面上有關參展的書也很少，不過最後還是找到了外貿協會（TAITRA）出版的《如何參加國外展覽》，便趕緊找來好好研讀一番。

透過《如何參加國外展覽》，宥晴才了解原來參加國際展覽，對於拓展海外市場的不可或缺性與重要性。

參加展覽

儘管國際行銷方式有很多種：刊登平面雜誌廣告、網際網路廣告、參展等，其中又以參加展覽獲得的效果最好。全球展覽協會（UFI）對展覽定義為：「具時效性的臨時市集，在有計畫的組織籌畫下，讓銷售者與採購者於現場完成看樣、諮詢、採購之展售活動。」展覽室提供買、賣雙方一個面對面洽商交易的機會，也為買、賣雙方建立聯繫溝通的平台。

然而參加展覽的意義並非只是找尋客戶、下單交易而已，廣義而言還具有：促進買賣雙方見面良機、偵測產業動向、

觀察流行趨勢、發表新產品、有效展開市調等多重功能。展覽的常見的名詞是「Exhibition」、「Trade Fair」、「Trade show」，在國際貿易拓銷中，是不可獲缺的一圜。

破繭而出前的努力

　　展覽雖然已經結束，但帶來的刺激，讓個性不服輸的宥晴不斷地思索，該如何突破工作上的困境，為自己解套。俗話說：「工欲善其事，必先利其器。」宥晴決定就先從自己不夠格的英文能力開始加強，二話不說便跑到英文補習班報名；選課時，宥晴想都沒想，就跳過本國老師的課程，直接參加外國老師的「Free talking」課程，打算給自己來個「置之於死地而後生」的魔鬼訓練方式，把不會游泳的人丟到水中，好激發出自然求生的本能。「希望可以如願當個浴火鳳凰，別成了功敗垂成的烤鳥。」宥晴暗暗對自己許下承諾。

　　接下來的日子，宥晴展現出學生時代從沒有過的用功，白天上班，晚上到補習班上英文課，《空中英語教室》更是隨身攜帶，連晚上睡覺都夢見自己講著一口流利的英文。隨著時間的推進，宥晴越來越有信心了，因為她知道夢是人的潛意識，她相信終有一天會說一口流利的英文，前往國際市場打天下。
「王宥晴，都快八點了，還不起床，上班快遲到了。」王媽高八度音量的起床號，「Don't worry, be there on time」（別擔心，會準時上班。）半睡半醒的宥晴，夢囈似叫了起來。

這天，黃老闆要宥晴一起北上參加外貿協會所舉辦，關於海外國際商展的說明會。到了現場，宥晴發現出席者都是機械界的知名業者，而在這個陽盛陰衰的產業中女性業務是少之又少。中場休息時，大家紛紛起身，熱絡地交換名片，宥晴有些靦腆，不知該如何應付這種社交場面：工具機業者多數是黑手起家的本土老闆，人人豪爽親切，娃娃臉的宥晴被大家誤認為是黃老闆的女兒，帶來見習，少有人跟她交換名片或交談。她觀察了一下，發現現場有位女性業務，俐落合宜的套裝打扮，很自信地融入交談中，幾乎是眾人的焦點。

「您好，我是友佳機械的Lilian，這是我的名片，請多多指教。」

「Lilian，久仰大名，妳應該就是傳說中工具機業的漂亮寶貝『日日安』吧？」

「你們公司有妳，不但外銷業務做得響叮噹，全公司上班氣氛一定很棒，哈哈！」

「哦，我記得妳，上次巴黎展，妳一襲旗袍裝扮走在香榭大道，不知迷死了多少法國佬。」面對眾色胚包圍與調侃，歷練深厚的Lilian優雅、遊刃有餘地周旋著。

「各位前輩們，過獎了，小妹要學之處還很多，還希望各位多多指教。」

「一定一定，我們的榮幸，有什麼可為美女效勞的，一句話。」眾色胚興高采烈地允諾。

宥晴看了看素顏的自己及太稚氣的打扮，突然覺得好遜，越發覺得不自在，不敢與人交談。不過才一會兒功夫，宥晴心中就有了主意：該給自己打理個適合的儀表，使自己更稱職，也能增加

自信。

　　經過學姊李芳儒的建議，宥晴跟著一心嚮往翱翔天際，享受空姐生涯的芳儒進入空姐訓練班。已經參與訓練好幾個月的芳儒雖然還沒考取空姐，不過學到很多東西，像是英、日語及廣東話等語言能力、妝扮技巧、國際禮儀、儀態訓練等。她告訴宥晴，即使不當空姐，光是學會這些知識，以後在職場上也頗為受用；況且是交一次學費，就可以一直循環重複學習，這種吃到飽好康的課程哪裡找。於是宥晴晚上另外撥出時間來上空姐訓練課程，準備對自己來個大改造。

　　語文訓練課程難不倒宥晴，但儀態訓練就令宥晴吃足苦頭，從小就好動的她，總是一襲襯衫、牛仔褲加運動鞋，現在禮儀老師要求得穿窄裙及2.5吋的高跟鞋走台步，頭上還頂一本書，對宥晴來說簡直像少林寺練功。

　　「抬頭挺胸、肩膀放鬆、深呼吸、縮小腹、雙腿夾緊，肩膀放輕鬆，想像自己是優雅的孔雀，走直線。」老師在台上提點著訣竅，台下一大群逐夢的女孩們隨著音樂的節拍，有模有樣努力練習著。

　　「腳跟先著地、膝蓋打直、腰部用力，6號同學繼續走別偷懶。」宥晴的雙腳走得都快起泡了，正想稍微鬆懈休息一下，沒想到被眼尖的老師喵到，只好咬牙再苦撐。

　　妝扮技巧的課就比較有趣，美容老師根據每位學員的臉型設計合適的化妝技巧及髮型建議，她為鵝蛋臉型的宥晴示範適當的妝容，並建議宥晴把頭髮留長，之後on duty時，才可挽起漂亮的髮

髻，這一招真不錯，省了好多上美容院的花費。

「Aurora，下個月華航空姐招聘，妳要報名嗎？」櫃檯小姐熱心的詢問著。

「Sorry，Cindy，我還沒準備好。」宥晴心虛的回答。

「奇怪了，之前新航、長榮招考妳的回答都一樣，要積極一點才考得上喔。」

「謝謝喔，我會加油。」宥晴暗自吐吐舌頭，我才不要當什麼空姐，累死人了。

　　到錩盛機械上班半年後的這天，公司的菲律賓客戶來廠參觀，並商談訂購客製化CNC車床一事。從一大早接機、參觀工廠、開會，宥晴全程參與，送客戶回飯店後，在回程的車上。

黃老闆：「王小姐，妳的英文進步好多，今天的會談很成功，辛苦妳了。」

宥　晴：「謝謝總經理，這是我應該做的。」此時如果不是在車上，宥晴大概要雀躍地大叫大跳：Finally I did。

黃老闆：「對了，妳現在看起來的樣子跟剛來時候不太一樣。」

宥　晴：「請問有何不同，有沒有需要改進之處呢？」

　　改造過後的宥晴挽起的長髮略施脂粉，加上剪裁合身的套裝及高跟鞋，活脫脫就是空姐的架勢。

黃老闆：「呵呵，說不上來，不過妳現在這樣看起來好多了，很好很好。」

　　敦厚善良的黃老闆，雖拙於言辭，但從他眼神裏的讚許，宥晴知道這半年在英文補習班及空姐訓練班所付出的努力，已經讓她

脫胎換骨、逐漸擺脫青澀，邁向歷練專業之路。

首航出擊　國外拓銷參展

　　一個星期後，黃老闆宣布要參加在南非舉行的國際機械展覽，並由負責國內部業務的王經理、國外部業務專員宥晴，和他一同前往南非開疆闢土，拓銷國際市場。宥晴又驚又喜，還伴隨著更多的壓力，不過她樂觀的告訴自己，這絕對是個美好的開始，要做最好的準備，腦中突然想起半年前那位測字算命師的話，還真是應驗了，終於要翱翔天際了，能出國參展就如同領到一張合格的國貿專業證照是一樣的肯定。

　　出國在即，心中除了有期待，更有莫名的不安，宥晴便拿出「天書」往母校去，盤算著再找算命仙仔問問，安撫複雜的情緒，也希望算命仙能再進一步指點迷津，面對全新的挑戰。只是找了半天，就是沒看到算命仙的蹤跡，附近的商家也說沒見過這樣的人，宥晴失望之餘，不免想起了陶淵明的《桃花源記》，算命仙該是上蒼偶然恩賜給的指引吧，人生的路還是要靠自己走下去。這麼一想，宥晴不禁笑起來，要靠自己，不能老是想麻煩老天爺背書。

　　找不到算命仙，又時值傍晚，宥晴順道走向附近的逢甲夜市吃東西，走近夜市遠遠就看見一個熟悉的背影，仔細一瞧居然是林致翰，身旁跟了個美女，宥晴決定嚇嚇他，悄悄地走近他耳邊。「林致翰，談戀愛喔！」說完忍不住笑了起來。

「王宥晴，妳幹嘛嚇人？」他回頭一看是宥晴，顯得有些不自在。

「學你的，還不介紹一下身旁這位美女。」宥晴促狹著。

「方子郁，是我研究所同學，這位是王宥晴，國中同學。」林致翰幫二人介紹，二位美女互相招呼之餘，也彼此打量著。

「你考上研究所啦，恭喜你。怎沒通知一下，怕我敲詐嗎？」宥晴意外得知致翰考上法研所，很替他高興。

「還怪我，是誰上次沒來同學會？妳很不合群耶。」致翰反過來數落她。

「那現在我知道了，該請客吧？」宥晴趕緊轉移話題，怕致翰追問她沒去的原因。

「好啊，子郁久聞逢甲夜市，特地從台北下來要我當嚮導，妳就跟我們一起去。」致翰很阿莎力的答應，也沒注意到身旁的方子郁露出失望的神情。

「開玩笑的，你們去就好，我要到國外出差了，該回去準備一下。」宥晴才不想白目當電燈泡。

「真的假的，妳這個小迷糊要到國外出差？」致翰誇張地糗著宥晴。

「真沒禮貌，等著看好了，日後我一定是個國貿專家。」宥晴誇下海口，說完了自己都覺得好笑，忍不住笑了起來。

「好，我等著看，我的國貿女王。」致翰也跟著忍俊不住笑了。

「周末約會愉快，大律師。」宥晴小聲說著，致翰瞪了她一眼。

　　對這位國中同學林致翰，宥晴印象深刻，當年數學很差的她，考試前都靠他的耐心惡補，臨陣磨槍不亮也光，讓她的數學成績不致於太難看。年少時似有若無，兩小無猜的情懷，在國中畢業後，致翰隨著父母舉家遷居台北而遠颺。

令人期待的首航終於來了，宥晴、黃老闆及王經理一行三人隨著貿協的參展團到南非約翰尼斯堡參展。這是宥晴第二次參展，無論是參展心情或經驗都比第一次沉穩許多，但因爲是第一次出國參展，多了幾分興奮的心情。不過由於在國外，狀況頗多，一開始展場布置就頗不順利；因爲當地人工作不但步調慢、效率差，且一口奇特腔調的英語也讓溝通更加艱辛，幸好在貿協隨團人員的協助下，有驚無險、如期布置完成。

　　不料開展第一天，約翰尼斯堡就發生暴動，數萬個黑人在距離展覽館不遠的廣場集會抗議，從展覽館看過去，一望無際黑壓壓的人潮，塞滿展覽會場四周的道路，像一條黑色長河，不斷往前湧進。大會廣播臨時休會，場內當地的白人個個嚇得面色如土，紛紛抱頭鼠竄「俗辣」得很，而愛看熱鬧的台灣人，反而紛紛走出展覽館，拿著相機猛拍，深怕錯過任何精彩畫面。說眞的，愛湊熱鬧的台灣團當時並不感到害怕，而且部分的團員，還直呼過癮，就差沒搖旗吶喊大叫加油了。

　　接下來幾天，情況稍好，宥晴在展場上以堪用的英語加上豐富的肢體語言，努力推廣自家產品，而這招似乎還滿管用的。來到攤位的訪客還是以當地的白人居多，加上鄰近的一些非洲小國商人來看展，展況並不是太熱絡。由於非洲尚屬開發中市場，買主不僅在價格上錙銖必較，有些甚至還會要求些有的沒的附加條件，簡直像買菜的歐巴桑，買蘿蔔要送蔥薑蒜，令人啼笑皆非。不過每個開發中國家在邁入已開發國家時，總是會有一段「烏魯木齊」的灰暗過渡期，多數不都是這樣走過來的嗎？見怪不怪，奇怪自敗。

機械展參展廠商，都希望能將運過來參展的機械賣出，否則還得支付運回國的成本，可說是「謝媒禮大過下聘金」，很不划算。加上機械是需要售後服務的行業，所以宥晴很努力在展場找合適的代理商，這樣就能一舉二得。總算皇天不負苦心人，認真打拼的宥晴，後來終於找到一位積極的進口商Roger，一位在南非出生的英國裔白人。

Roger一共來了三次，很有耐心聽宥晴以青澀的英語加比手畫腳，努力地解釋機械的性能優勢，所幸Roger對工具機很在行，當宥晴結結巴巴講不出專有名詞，Roger都能即時幫她解圍，讓宥晴大大鬆了一口氣，在敲定現場展品的買賣之後，Roger提出了個請求。

Roger：「Aurora, may I have the pleasure of inviting you to dinner tonight?」（Aurora，我有這個榮幸邀請妳共進晚餐嗎？）

宥　晴：「We will have Buyer's night party this evening, Will you not attend?」（今晚大會有買主之夜的活動，您不參加嗎？）

Roger：「I want to have dinner with you rather than with a group, is that ok with you? May I call you to arrange that later?」（與其跟一大群人，我更想跟妳共進晚餐，妳願意嗎？我可以晚一點再打電話與妳確認嗎？）

高大帥氣的Roger正用麋鹿般深情的眼睛，很認真的提出他的邀請，更放電似的眨眨眼，隨即起身告辭。

這是豔遇嗎？這下子宥晴除了緊張又有一絲竊喜，一時陷入混亂的思緒中，初入武林的小女子，可能遇上的是大內高手，趕緊

問黃老闆如何處理。傳統保守的黃老闆覺得不妥，深怕涉世未深的宥晴發生任何閃失；倒是闖蕩社會走跳江湖多年的王經理見多識廣，覺得應該讓宥晴歷練一下，學習怎麼跟男人相處，以及應付各種突發狀況，畢竟這還是以男性為主的職場，教戰守則第一條就是要學習觀察男人。《孫子兵法》說的：「未戰先算，多算取勝。」王經理果然是個中高手，他叮嚀宥晴跟客戶約在下榻的五星級飯店的餐廳，不但順了客戶的盛情，同時也兼顧了安全。當天晚上黃老闆及王經理參加了大會主辦買主之夜餐會，而宥晴則允諾了Roger在約翰尼斯堡的Sun Tower Hotel的晚餐邀約。

買主之夜（Buyer's night）
　　國際展覽舉行期間，主辦單位除了熱鬧的開幕儀式，通常會在開展的第二晚或第三晚舉辦餐會，藉機讓買賣雙方齊聚一堂，有時會配合大會所舉辦的比賽活動，一併舉行頒獎典禮，無論參展廠商或看展買主都應積極參與盛會。

　　浪漫的燭光晚餐，Roger為宥晴點了頂級海陸大餐，她看著餐桌上多到嚇人的成排餐具，實在不知該如下手。真該死，空姐訓練班不是上過國際禮儀嗎？怎麼一上戰場腦中一片空白忘光光，情急之下，宥情只好看著Roger依樣畫葫蘆、現學現賣，一頓大餐吃得戰戰兢兢。席間，Roger頻頻稱讚她長得很漂亮、應對得體、非常具魅力，宥晴心想外國人把妹都是這樣謊話連篇的嗎？實在無法置信，從小到大不太有自信，從不覺得自己美麗，也不知自己的優點為何。先前還向爸媽抱怨沒把她生成眼大、鼻挺、五官立體的美女，沒想到這會兒自己細長內雙的眼睛及小巧的五

官，居然在外國人的眼裏格外出眾，外國人果眞比較識貨，眼光一級棒。一晚的sweet talk終於讓宥晴肯定自己，覺得原來自己長得剛剛好，不會美到令對方驚豔而忽略自己的實力，眞是命中註定要走國際貿易一途，也感謝父母連長相都客製化、準備好了精準的外貌。

儘管跟Roger的晚餐令宥晴心湖泛起連漪，不過一想媽媽耳提面命，絕對不准「和番」嫁老外，宥晴還是對Roger的柔情攻勢大打太極拳，因此餐後並沒有擦出任何火花。不過這也讓宥晴逐漸相信，自己絕對是有潛力的璞玉，唯有看重自己，愛自己，才能獲得別人的尊重跟賞識。

多年後的宥晴更深刻的體會，外表的美麗會隨時間消失，唯有不斷地成長才能讓自己具有更好的魅力，才是無價之寶，就像法國波爾多左岸所產的長熟型紅酒一般，須經過長時間的等待，才能成就出色澤豐富，口感濃醇的佳釀。

漸入佳境的考驗

南非參展回國後，因爲找到了優質的代理商Roger，成績不錯，黃老闆信心滿滿的又安排了好幾次外國展。短短一年裡，宥晴成了空中飛人，相繼去了日本及馬來西亞參展，外銷業務也漸入佳境，尤其最近韓國的客戶金先生，終於確認了洽談已久的訂單，令宥晴雀躍不已，雖然不是高價的CNC車床，而是自動車床，但以首訂單（Trial order）而言，數量算很好了，共計十台，剛好裝滿一個40呎貨櫃，價格還算不差，付款條件是以70%信用狀（L/C）及30%電匯（T/T）付款，這天剛接到金先生Email傳來的訂單（order），宥晴馬上製作了Proforma Invoice

再Email給金先生，請他檢視P.I.內容，無誤之後簽名回傳確認，並請他盡速開立「即期不可撤銷信用狀（Irrevocable L/C at sight）」給公司。

　　鑑於之前地慘痛經驗，宥晴想等收到信用狀之後，才給廠長製令單，開始備料生產。那時宥晴剛到公司不久，一位馬來西亞客戶下了訂單也簽回P.I.，卻遲遲不匯訂金來，當時公司的習慣是收到訂單，馬上就開始備料生產，沒料到生產完成後，客戶卻反悔，拒絕出貨，宥晴卻一點牽制的籌碼都沒有，這批貨到現在還在倉庫內，因爲這些機器是根據客戶的規格客製化生產，無法賣給其他人，損失不訾。

　　而韓國金先生的訂單，在接洽初期時宥晴就特別小心付款條件，原先要求對方下單後開立全額不可撤銷的即期信用狀，但對方因考量到進口稅的關係，希望以信用狀方式支付七成金額，三成餘額在貨物完成後，買方到工廠進行驗貨（Q.C.）通過後電匯付訖，因爲如此一來出貨時給他的貨運單據（Shipping documents）是根據信用狀金額開立的，這是國際貿易操作進口報關時，常採取的一種避稅方式，叫「貨價低報」（undervalue），以這方式進口，進口關稅是以貨物的七成價格計稅，藉此節稅。

　　不久，貨物完成後的某一個星期三，金先生依約蒞廠驗貨，而這十台機器也已經按客戶要求製做模具（tooling）安裝在機械上，並校正（adjusting）完畢。

　　「The machine looks great, no problem, I will send you 30% balance by T/T ASAP.」（機器看起來很好，沒問題，我會盡速電匯三成餘款給你。）

金先生顯然對驗貨成果很滿意，允諾一回韓國馬上匯三成餘額付清。

　　隔天是星期四機器已全數裝櫃，預計當晚拖櫃車會來將貨櫃拖走，以趕上星期五的結關，宥晴一整天都在等銀行匯款通知，一直到下班前匯款遲遲不到，宥晴在請示過老闆後決定暫停出貨，開始向韓方催款，不管是以Email或電話連絡，金先生似乎人間消失，怎麼都聯絡不上，非常遺憾的是一直到信用狀過期（expired）全數貨物還是滯留倉庫，機器雖然還可賣給其他人，但是客製化的模具，卻得全數作廢，損失不訾。

　　遇上詐騙集團了嗎？這該槍斃的泡菜。最火大的應該就是王經理了，公司為了趕這批外銷貨，將他國內的訂單交貨期完全延後，氣瘋的他不僅在辦公室咒罵了一整天，還半真半假的慫恿黃老闆。

「真是『莊孝維』，就弄幾台舊機台上貨櫃如期出貨，把七成的信用狀金額給押匯出來，給那個死泡菜金先生一點顏色瞧瞧。」

　　其實以信用狀付款的交易，銀行只看單據不問實際貨物狀況，這麼做是有機會可拿到貨款，不過這可是險招。

「我們作生意是要永續經營，怎麼可以這樣亂來。」正派的黃老闆只當王經理氣瘋了亂說，並不理會他的胡言亂語。

　　儘管整個交易過程宥晴已盡可能小心防範了，而且老闆也並未責怪她，但她還是沮喪極了，深知國際交易處處是陷阱，防不勝防。經過這一次挫敗的經驗，宥晴體悟自己要更謹慎，有所失必有所得，當然要將此經驗當做警惕，也更要加強自己的判斷力，面對未來的不斷的挑戰，方有勝算。

昱貿辦公家具

張董：辦公家具製造商

董娘：張董之妻

張友諭：張董獨生子，負責直接外銷業務

衝突後的別離

　　島國經濟的台灣，企業能快速成長，端看外銷是否做得順暢，由於早期外銷都是收即期信用狀，等同現金的交易，金額高，加上信用狀付款方式的交易，經常會有交貨期的限制，使得企業一直以來多重外銷而輕內銷。而這種交貨期的限制，也讓宥晴跟王經理齟齬日增，二人經常為訂單的生產次序起紛爭。

　　「林廠長，我要出高雄加工區的二台CNC車床何時可以完成？」

　　「歹勢啦，王經理，最近都在趕外銷沙烏地阿拉伯的機台，生產線實在沒空。」

　　「騙肖也，你們只趕外銷機台，我的內銷生意怎麼辦？」

　　「阿滷肉說這批貨有最遲裝船期限的規定，晚出貨，會領不到錢的。」

　　「只有她的出貨不可延遲，我的咧？延遲交貨，到時候訂單被取消或被扣錢誰負責？憑什麼她的貨優先生產，踮什麼。」王經理用力咆哮著。

　　「唉呀，人家外銷單量大又幾乎是收現金，你內銷單每次都接個一二台小單，付款票期又開三個月的『竹竿票』你閃邊站吧。」會計主任江小姐弄臣般的挑撥。

　　其實以外銷市場為主，內銷市場為輔一直是公司的政策，而王經理雖不滿，但又無法對黃老闆提出異議，只好拿菜鳥宥晴出氣了。

　　另一頭，宥晴也因為傳統的黃老闆，重男輕女的對待，心生不快。國內部的業務專員清一色是男性，沒有一個銷售業績比她

好，薪水卻都比她高，剛開始宥晴還以自己年輕資歷尚淺來安慰自己；但眼見自己為了配合國外客戶需求，與歐美的時差，經常自動加班以完成工作，但那些國內業務工作卻出奇輕鬆，一天到晚喝酒應酬，摸魚打混，還不時消遣努力的宥晴，令她沮喪不已。宥晴也曾在月例會時提出她也應該享有銷售業績優良獎金，卻被內銷業務部包括王經理在內的同仁一致噓聲反駁，也讓黃老闆很不高興，認為外銷要花大錢參展、廣告行銷，內銷則不必花什麼廣告費，橘子跟香蕉怎麼比？宥晴當下被釘得滿頭包，委屈的不得了。

這天中午才剛過，國內那群業務，小陳、小林、小梁又喝得滿臉通紅，還帶了幾罐啤酒回公司，一副還想再續攤的模樣，資深老鳥小林將一罐啤酒放在宥晴的桌上。

「阿滷肉，來喝一杯！做業務不會喝酒，傳出去會笑死人的。」

「抱歉，現在是上班時間，而且我真的不會喝酒。」宥晴正忙著回Email，面對他的搗亂，實在沒給好臉色看。

「不喝？看不起我，會說英文了不起喔。」酒品差的小林，黃湯下肚就盧到不行，幸好小陳跟小梁將他架走，宥晴氣到不知如何是好。

衝突事件終成壓倒駱駝的最後一根稻草，銅條供應商張董事長是黃老闆多年的合作夥伴，銅條是生產零件不可獲缺的金屬材料，所以經常應買主要求跟機械一起裝櫃出貨，那一次是泰國客戶下單訂機械及銅條，由於客戶預算有限，猛殺價，為了接單，宥晴不得已在黃老闆的授意下，降價給泰國客戶，事後張董收到折價後的貨款大發雷霆，打電話給黃老闆理論。

「黃ㄟ，現在是怎樣，貨款給我折那麼多，我沒那麼好賺啦。」

「歹勢啦，張董，因為我們國外業務王小姐為了拿佣金，對國外客戶亂降價，搶訂單。」為了保持跟張董的友好關係，黃老闆將責任都推給宥晴，還假意地替宥晴向張董道歉。

「關我什麼代誌，叫你們王小姐來跟我說。」黃老闆當然不會讓宥晴接電話，否則就穿幫了。

「年輕人處裡事情欠『眉角』麥生氣，我會叫會計重開支票寄給你，安啦。」黃老闆扮白臉三兩下為自己解套，以為事情就此打住。

　　但這事當然還是經由有心人士傳到宥晴耳中，讓她氣到不行，心想她一個月就領為數不多的固定薪水，哪來的佣金可拿，年輕的她其實不懂，這是職場上的厚黑學，老闆通常有的心態就是：有功我得，有過你背，下屬經常得視情況幫上司揹黑鍋。

　　或許是年輕，總是有任性的權利，碰到過不了的關口，總是想逃，殊不知，這是成長必經的過程。忙碌的工作加上職場上的委屈，如滾雪球般，隨著時日越滾越大，忍無可忍的宥晴終於還是衝動的提出了辭呈。一大早，黃老闆就氣急敗壞將宥晴叫進辦公室。

黃老闆：「妳到底怎麼了，說辭就辭。辭職是好玩的事嗎？」說完，黃老闆將辭呈摔在桌上。

宥　晴：「我覺得所學不足，想再唸書。」（冠冕堂皇的謊話，很「俗辣」沒說實話）

黃老闆：「我花成本給機會栽培妳，現在要辭職，妳『莊孝維』喔？」（怒氣沖天）

宥　晴：「很抱歉。」（哭喪著一張臉）

黃老闆：「二個月後還有英國展，妳叫我怎麼辦？」（怒氣沖
　　　　天）

宥　晴：「我會等找到接任者，移交清楚後再離開。」（堅定地
　　　　承諾著）

黃老闆：「好啦，等找到再說，氣死我了。」（不耐煩地揮揮手
　　　　示意她離開）

宥　晴：「謝謝您。」（眼角含淚，滿腹委屈走出去）

　來接替宥晴工作的Eva是外文系畢業，儘管在國貿方面還不是
那麼熟悉，但是流利的外語能力，這個工作她應該會勝任愉快才
是，宥晴在交接完畢之後，跟大家互道珍重再見。

離開　路更寬

　離開了錩盛機械，宥晴經朋友的介紹，立即到昱貿上班。這是
一家專門生產高級辦公椅的製造廠，跟很多的傳統產業一樣，是
典型的家族企業，公司從上到下，多數是自家親戚，董事長已將
事業逐漸交棒給學成歸國的長子張友諭，安排他在國外部當業務
經理，是宥晴的直屬上司。一開始，宥晴對他的印象頗佳，因為
他可是位高大的型男呢！上班的第一天宥晴趕緊拜碼頭，拉攏一
下，為日後合作愉快鋪路。

「張經理您好，我是王宥晴，您的新助理，請多多指教。」宥晴
熱情的自我介紹。

「妳好。」沉默的他似乎鬱鬱寡歡，標準的省話一哥，看起來有
些懶散不積極。

　但新公司的待遇好，發揮空間佳，宥晴滿心期待這個新的挑
戰，所以並不在意有個怪咖上司，管他倒底是友諭還是憂鬱的。

經過複雜的工具機訓練，宥晴面對新產品——辦公椅（Office chair）簡直如魚得水，就像開始學車是開手排車，學會開車，回過頭來開自排車那樣駕輕就熟。此時辦公家具在台灣儘管是很成熟的產業，卻還是深具潛力，因為此類產品隨著商業的發達儼然成為必需用品，又有固定的汰換期，所以市場性穩定。雖然面對大陸崛起，無可避免地引發了低價競爭的危機，讓許多同業紛紛在對岸設廠，但昱貿並不隨波逐流，反而決定根留台灣，而且為了擺脫與大陸製品低價競爭的劣勢，對於新產品研發不遺餘力。除了接受客製化的訂單之外，更開發高單價、功能性強、式樣新穎的辦公椅，以期多元化的產品能跟大陸製品有顯著的差異化，好區隔外銷市場。競爭日趨激烈的外銷市場，激起了宥晴的鬥志，想在工作好好努力，由於之前在鋁盛機械工作的訓練之下，不管是行銷開發客源、國貿交易流程掌控、客戶服務等，都難不到宥晴，幾乎一上班，就得心應手。

　　辦公椅的零組件很多，包含許多重要的組件像是椅座、泡棉、椅布、氣壓棒、底盤、輪腳涉及專業製造，通常都是要外購（Out sourcing），因此配合的外包供應商都必須慎選。

　　否則一發生客訴客訴索賠，輕者補償了事，重者生意就此飛了，謝謝再連絡。台灣傳統產業的宿命，就是外國客戶老是愛下「中藥單」，而這種量少樣多的訂單，令外銷廠越來越難處理，外包廠也叫苦連天，因此交貨期常延遲，而宥晴接手外銷業務之後發現，外銷的交貨期常因外包廠出包而delay，得罪不少外國客戶，宥晴心想一定要解決。

　　宥晴決定由採購零配件的資材管理陳小姐著手了解。
「陳小姐，請問為何外包廠常常無法準時交貨？」

「沒辦法，我們下零配件種類多，且每個零件所需的數量都不多，外包廠常常抱怨這樣很難生產，邊際成本很高，也因為這樣，他們一定先從數量大的訂單優先生產，像我們這種『中藥單』只能等他們有空才排上生產線，當然經常無法準時交貨。」

「這樣的問題難道都沒想過辦法解決嗎？」

「之前我曾建議，下單時提高採購每個項目的數量，那一陣子交貨期就有改善。」

「後來為何交貨期又不準時了呢？」

「提高每個項目採購數量的結果，在年底庫存盤點時，我被被罵慘了，因為倉庫堆太多庫存零配件了，所以後來又改回based on order的下單方式。」

外包廠之事一日不解決，無法準時交貨的問題永遠存在，在開發新客戶不易之下，保有舊客戶是刻不容緩的大事，宥晴將問題點轉報給上司張友諭經理，請教他可有解決方案。張友諭對廠務並不熟，也提不出什麼意見來，不過他倒是想到了，之前去上生產管理的課程時，似乎有提到過盡量將零配件標準化，意即多種產品可共用相同的零配件，這樣一來或許對解決問題有幫助，不過實際該如何進行，得找廠長跟研發部人員一起討論可行性。

「高單價的零配件比較沒有最低訂購量的限制，我們現在要針對中低價位的零配件進行標準化的整合，請研發部提出意見。」張經理先提出想法。

「如果以舊品項來進行整合的話，我建議先從比較暢銷的幾款產品先行整合，因為零配件標準化須花一筆費用在重新設計、開模及生產上，這樣比較符合經濟效益。」研發部意見中肯實用。

「對，零配件標準化想法很好，不過畢竟需要時間，最好選適當的項目逐步改，才不會影響到正常的出貨。」經常因交貨期被叮得滿頭包的廠長雖贊同，但也提醒千萬不要影響正常的生產運作。

「我想建議藉這個機會重新慎選優質的外包廠，並與他們簽訂賞罰分明的合作契約，這樣對於零配件的品質會更好掌握。」學過企業管理的宥晴也提出了看法。

這一次會議，業務部、廠務部及研發部有了共識，攜手合作改善交貨期。不過改進總需要時間，在過渡時期，宥晴經常藉口抽驗品質，逐一拜訪這些外包廠，不斷溝通協商「搏感情」，灌輸他們要一起為搶外銷訂單而努力。

此外，宥晴更是使出渾身解數，親自致電各外包廠，親切地提醒交期，讓這些外包廠的叔叔阿姨深感備受尊重，交貨期比之前準確許多，大大提升外銷訂單準時出貨率，縱橫商場多年的張董看著這個年輕的女孩積極聰慧，處理事情有條不紊，有無比的潛能，將來絕對能有一番作為，心中不禁浮現了一個念頭，不自覺地笑了起來。

陰錯陽差的誤會

經過一段時間的相處，宥晴越來越無法忍受上司張友諭的散漫態度，她總是雞婆的提醒東提醒西，尤其張友諭要負責計算外銷價給宥晴，為了怕他匯率算錯了會虧本，宥晴每天早上都會先打電話到銀行，詢問主要交易貨幣的匯率，如美元、歐元及日圓等讓他參考；並且每週將匯率變化製作出曲線圖、每月畫條圖，提

供張友諭參考。不過張友諭似乎並不領情，要請他批准的報價跟其他文件，總是毫無理由地一拖再拖，而宥晴也不敢跟董事長說，再怎麼說，張友諭是他兒子啊。

一大早，宥晴就接到馬來西亞客戶的電話，生氣的質問上星期傳來的詢價為何沒有下落。先前宥晴就一直提醒張友諭盡速報價，但一直沒下文，掛完電話後，宥晴再一次請他報價，沒想到不到五分鐘張友諭就算好價格交給宥晴製作報價單。這下可讓她傻眼又不解，這麼容易解決的事幹嘛拖這麼久，存心找麻煩！宥晴隱約感覺張友諭是故意為難她，但又找不出原因。

「經理，以後可不可以早一點給我價格，客戶會罵我，很兇呢。」宥晴輕聲地拜託著。

「我盡量。」張友諭冷冷地回應宥晴的請求。

「經理，這次報價的條件是CIF吉隆坡，價格好像不對。」宥晴一看價格，就發覺有誤。

「妳怎麼看出價格不對？」張友諭有點不可置信。

「上次報給他的價格是FOB基隆港US$36/PC，這一次你報CIF的價格是US$34/PC，除非是降價，否則就是算錯了，因為CIF的價格都會比FOB價格還高才正常。」宥晴總算不負國貿系畢業的美名，專業常識毫不含糊。

「沒錯，我應該是算錯了，謝謝妳。」原以為他會底死不認錯硬拗，沒想到他卻主動認錯還向宥晴道謝，應該不是難相處的人，可是平常怎麼老是一副冷漠的死樣子，宥晴的心中充滿疑問。

馬來西亞客戶Mr. Yong算是老客戶，卻是不折不扣的奧客。雖然經常下單，但數量不多又愛殺價，付款更是超級不「阿莎

力」，每回宥晴報價給他，總是馬上回馬槍殺價。更詭異的是，每次開來的信用狀都是過期的，宥晴第一次接到他的信用狀，檢查內容時發現上面的最晚裝船期限和有效期限都已經過期，簡直傻眼，緊張的想這不是廢紙一張嗎？調閱了之前檔案更發現，怎麼每次的信用狀都過期，到底是怎麼一回事？細心的宥晴趕緊打電話到外匯銀行問個清楚，這下才知道，原來過期的信用狀還是可以用保結押匯的方式押匯，只要進口商依約去付款贖單的話，出口商還是可取得貨款，但是銀行費用會比較高。但是這種方式有其風險，因為一旦進口商臨時反悔，不去付款贖單的話，那出口商就得承受收不回貨款的損失。宥晴心想此風不可長，照這樣下去，即使不被他倒帳，每次的銀行費用都那麼高，太不划算了，於是進一步詢問銀行，看看有無解決的辦法。

「洪襄理，之前跟您提過馬來西亞的信用狀過期的問題，我想請教您，是否有其他方法可避免高額的銀行費用及倒帳的風險？」宥晴虛心求教。

「王小姐，唯一的辦法就是請對方改付款方式。」

「改哪一種會比較好？」

「當然是改T/T（電匯），不過最好是出貨前就匯款，對貴公司比較有利。」

　　對於一向以信用狀付款交易的客戶，要改成電匯付款，而且是出貨前付清貨款，可能有些難度，但宥晴還是想要試試看。

　　這次宥晴又跟Mr. Yong展開你來我往的價格交鋒戰，對他咄咄逼人的殺價攻勢，宥晴事先問過張友諭可降價的幅度，張友諭

給了個不痛不癢的降幅，想當然耳Mr. Yong一看新報價馬上又Email來抱怨，宥晴對於Mr. Yong殺價成癮很不以為然，心想一定要想個辦法，不要再讓他輕易得逞了。

「經理，Mr. Yong執意要價格降到他要的目標價格（target price）否則不下單。」

「他真的很麻煩，每次下單都很囉唆。」張友諭面露嫌惡之色。

「經理，我想到一個方法，如果他願意把付款條件由30天遠期信用狀改成出貨前電匯付款，那我們就接受他的target price。」宥晴提出了她的計策。

「這樣划算嗎？」

「算過了，原來的付款條件30天的利息加上保結押匯的費用不少，若改成電匯，省下的費用及風險，跟降價幅度相差無幾。」

「如果真如妳評估的結果一樣，著實是一石二鳥之計，妳不妨跟Mr. Yong談談看，對了，以後別經理、經理的叫，叫我英文名字Frank好了。」

徵得同意之後，宥晴向Mr. Yong提出有條件式的接受還價，幾番交涉之下，Mr. Yong居然被宥晴說服了，答應在出貨前全額電匯付款，宥晴也依約把價格降到他的target price，皆大歡喜，這下子連財務大臣董娘都對宥晴另眼看待。

這天宥晴要寄椅子的布樣品給英國客戶，必須到郵局寄國際快捷（EMS），天空下著雨，穿好雨衣、準備騎著小綿羊前往郵局的宥晴邊嘀咕著，天雨路滑可別「犁田」才好；這時張董事長與夫人剛好開著Bens 350要出門，招手要宥晴一起上車，原本以為他們是有事外出，順道讓她搭便車去郵局，一上車才知道他們

是專程開車送她去的，一路上愉快的聊著。

董娘：「宥晴，你來公司之後，外銷業務蒸蒸日上，謝謝妳。」董娘親切地握著宥晴的手說。

宥晴：「您過獎了，那是我份內該做的事。」宥晴突然有些受寵若驚不知所措。

董娘：「妳要多幫幫友諭，他所學及興趣都是音樂，對作生意不在行。」

宥晴：「我也還在學習中，不過一定會盡力做好，請放心。」

董娘：「我們家大業大，友諭是獨子，以後這一切都是要留給他。」宥晴心想，可憐的張友諭，父母的期待這麼深，難怪成天眉頭深鎖憂鬱到不行。

宥晴：「張經理很優秀，沒問題的。」

董娘：「友諭需要一個好幫手，我們都很喜歡妳，希望妳幫友諭一起努力拓展外銷業務。」董娘深深的看著宥晴。

宥晴：「一定會的。」單純的她並未察覺，兩人對她其實有著特殊的期許。

努力拓展業務

受到董事長夫婦高度肯定與讚美的宥晴，在工作上更加努力，而且她發現這個月又加薪了，這已是半年來第二次加薪了，幅度之大，令她有些訝異，幸好員工薪資都是最高機密，否則她一定會被當箭靶，忌妒死了。為了不辜負董事長夫婦的託付，宥晴更努力的配合張友諭，但他依舊心不在焉，偶而還會憑空消失找不到人，由於是家族企業，不但張友諭如此，其他的同仁也是一樣，會開小差搞失蹤，且來去自如，幸好大家也都還頗有自制

力，不會太離譜，時間一久宥晴也就見怪不怪了。這段期間，宥晴也養成了一個習慣，在下班前會放個Memo在張友諭的辦公桌上，提醒他明天待辦的事項，因為她知道他下班後習慣獨自待在辦公室一陣子，一定會看到她留的Memo，這樣她就能與張友諭取得基礎的溝通管道。

只是張友諭對她態度還是維持一貫的冷漠和疏離，百思不解的宥晴還一度懷疑張友諭是否討厭她；還好天生樂觀的個性，很快就判定，也許是好命的大少爺都會這樣擺譜吧，反正彼此是二條平行線，他愛怎麼樣就怎樣。

韓國代理派了個工程師Kim來工廠駐廠，學習一些維修技巧，以便日後作售後服務。宥晴忙著安排他到各個零件外包廠，參觀了解各零組件的結構及製程。細心的宥晴除了體貼的打理好Kim的餐飲問題，也將Kim安排住在工廠內的貴賓套房，讓他能心無旁鶩的工作。第三天時，宥晴看他似乎精神還是不佳，想關心一下到底是水土不服還是怎麼了。

宥晴：「Kim, you look tired, do you sleep well?」（您看起來精神不佳，睡得好嗎？）

Kim：「I could not sleep, Aurora」（我無法入眠。）

宥晴：「What's up? Is anything wrong?」（怎麼了？出了什麼事？）

Kim：「I saw a ghost.」（我看到鬼。）

宥晴：「Wow, really?」（真的？）

這下代誌大條了，Kim居然看到鬼，這是怎麼一回事？Kim說他晚上都看到鬼火，嚇得他整夜睡不著，仔細詢問下，原來Kim

口中的鬼火是工廠內、神龕上祭拜土地公的紅燭燈。原來在韓國鬼火是紅色，這真是文化差異下的誤會，為了避免影響工作情緒，宥晴立即幫他安排到鄰近的飯店住宿，問題便順利解決。後來宥晴看韓劇，發現韓國人鍾愛的顏色原來是白色，無論是喜慶婚宴、婚禮，用的都是白花、白燭、白色基調的會場布置，搞得像是台灣的告別式，這真是不小的文化差異呢。

　　為了擴大外銷市場，昱貿跟幾個主要交易的國家廠商都簽定了代理合約，因此才送走了韓國的Kim，接著印度的代理商也派兒子到廠受訓。一回生二回熟，宥晴不敢怠慢，熱心地招呼著說著一口印度腔英文的Sanjay，這個長相英俊如同王子的帥哥一開始就告訴宥晴他吃素，這倒也不難，臺灣的素食餐館那麼普遍，比較麻煩的是，Sanjay對素食的定義，隨性又無法可遵循，令宥晴啼笑皆非。

宥　晴：「Sanjay, lunch time, let's go to vegetarian restaurant.」
　　　　（Sanjay，午餐時間到了，我們一起去素食餐廳吧。）

Sanjay：「Not for me, I don't trust your vegetarian restaurant, Mom.」（不了，我不信任你們的素食餐廳。）

　　這下可令宥晴傻眼了，心想可能遇到是恪守宗教戒律的教徒了，不過肚子餓了還是得吃東西，得想個辦法。令宥晴最不解的是這個傢伙怎麼一直稱她「媽」？

宥　晴：「Do you have any idea for lunch?」（那中餐您想吃什麼？）

Sanjay：「Mcdonalds is perfect for me, Mom.」（麥當勞好了。）

　　宥晴睜大眼睛想，麥當勞哪來素食？但來者是客，管它的，他

可能想去吃個沙拉或蘋果派之類的吧。

　　司機載著二人前往鄰近的麥當勞，由於Sanjay是第一次來台灣，對台灣的街景很感興趣，頻頻發出讚嘆，於是宥晴請司機多繞幾圈，讓他看個夠，最後來到了麥當勞，準備點餐吃。

宥　晴：「What do you like, Sanjay?」（想點什麼餐，Sanjay？）

Sanjay：「Mac Chicken, please.」（麥香雞漢堡。）

宥　晴：「MacChicken is made from chicken, not for vegetarian.」（麥香雞是雞肉作成的，不是素食。）

Sanjay：「It is vegetarian food for me in this moment, Mom.」（此時此刻對我而言，麥香雞就是素食。）

　　真是被他打敗了，宥晴忍不住笑了出來，Sanjay看她笑也跟著笑，氣氛霎時輕鬆起來，二個人一邊吃速食、非素食的漢堡餐，一邊開心聊著，宥晴忍不住問他為何一直稱她為「媽」，Sanjay解釋那是對女性的尊稱，搞了半天原來他說的是Madam的簡稱「Mam」，但是印度腔太重的結果，聽起來很像「Mom」，一時間二人狂笑不已。

　　接下來的幾天，二個人互動很熱絡，Sanjay一直叫宥晴「Mom」，而她也不遑多讓回敬他「Good son」，交情好得像是熟識多年的好友，Sanjay為期一星期的訓練順利完成，愉快返國了。張董夫婦不時在觀察這個具有特殊魅力的女孩，陽光般的笑容，事情到她手上似乎都迎刃而解，一點也難不倒她。

天上掉下來的大客戶

　　最近運氣似乎不錯，外銷訂單持續增加，除了舊客戶下續訂單

（repeat order）之外，新客戶也接著來，最近一位英國大客戶詢價不到一星期，就表示要蒞廠拜訪，令宥晴非常期待。一大早見到張友諭馬上提醒此事。

宥　晴：「Frank，英國客戶O.T.的Paul後天要來洽談訂單跟代理，到時一起去接機。」

張友諭：「請司機載妳去，我有事沒辦法去。」

宥　晴：「可是董事長說這位客戶很重要，一定要你親自出馬，況且你曾在英國留學，跟他應該比較有話聊。」

張友諭：「妳是聽我的，還是聽董事長的？」吃到炸藥？宥晴很少看到張友諭如此不快，看來氣氛不對。

宥　晴：「好，那下午二點開會談合約，麻煩你一定要到。」真倒楣，招誰惹誰了。

張友諭：「下午妳先跟Paul談合約內容，我再check內容就好。」張友諭連跟Paul開會都不肯。

宥　晴：「這樣好嗎？」

　　張友諭也不知道在嘔什麼，一點也不肯妥協，遇到這樣的怪咖宥晴只好硬著頭皮求助董娘，只見她嘆氣兼搖頭的安慰宥晴，承諾下午會和董事長陪她一起和英國客戶開會。這下子宥晴才鬆了一口氣，心想這二個父子是怎麼了，張友諭也實在太誇張了，居然像個孩子般賭氣，真幼稚。

　　張董夫婦與宥晴一起和Paul初步meeting後，直覺這是樁不對等的交易，對方非常強勢，儘管他允諾的訂單數量頗佳，每次出貨以一個40呎貨櫃為M.O.Q.（最低訂量），但多數的交易條件都以他們的利益為考量，最令人擔心的是付款條件，Paul居然

要求貨到他們的倉庫之後30天電匯（T/T）付款，這是風險極高的「Open account」（放帳），開會後，張董要宥晴跟張友諭討論，她只好趕緊找張友諭商討該不該接這筆生意。

宥　晴：「Frank，跟Paul洽談的報告看過了嗎？考慮接受訂單嗎？」

張友諭：「可以接，O.T.在英國是頗具規模的進口商。」看來賭氣規賭氣，他還是有做一些功課。

宥　晴：「但是交易的風險很高，確定接嗎？」

張友諭：「不必擔心，我會跟董事長報備，妳盡快跟Paul連絡訂單及出貨細節。」

宥　晴：「需要加保貨價險（輸出保險）以防萬一嗎？」

張友諭：「妳先評估一下保費再說。」

　　對於一個貨櫃約一百五十萬台幣的放帳交易，宥晴感到很不安，於是先問公司指定的外匯銀行看是否有辦理輸出保險的服務，以求避險。

「洪襄理，我們最近考慮接一筆英國客戶的生意，但是付款條件是放帳，我們可以跟貴銀行加保輸出險嗎？」

「王小姐，我們沒有做輸出保險的服務，要買這個保險，可向中國輸出入銀行加保輸出險。」銀行洪襄理提出正確的投保建議。

　　宥晴隨即跟中國輸出入銀行洽詢輸出險的服務內容及費用，經評估後張友諭同意加保輸出險。只是，加保輸出險必須進行相關的前置作業，首先由中國輸出入銀行針對進口商進行徵信調查，根據徵信報告才能核訂信用額度；但O.T.急著下單，眼看第一張訂單肯定來不及加保，實在是很兩難的局面。張友諭跟董事長討

論之後，還是決定先接下此單，以免此客戶被搶走，因為競爭激烈的傳統產業，得要有冒險精神，俗話說，富貴險中求，真是一語道盡。

由於農曆年關將近，宥晴盡速打了P.I.給Paul簽回確認，工廠也火力全開趕工。，終於在農曆年前把O.T.的第一個貨櫃裝船出貨。出貨後，董事長突然給張友諭及宥晴一個任務，要兩人過完年後一起到英國拜訪O.T.。乍聽此事，宥晴覺得實在奇怪，貨都已經出了，此時去拜訪似乎沒多大意義，更奇怪的是，拜訪O.T.的天數只有三天，訂的機票卻是得在英國停留八晚的特別票；董事長指示除了拜訪O.T.，其餘的時間要他們二人在英國四處逛逛，做一下市調。雖然張友諭還是垮個一張臉，宥晴卻暗自竊喜，絲毫不影響好心情，因為一來宥晴還沒去過英國，二來行程輕鬆，正好有機會順道瀏覽英國風光。

「Frank，你知道張董為什麼要我們去英國拜訪O.T.嗎？」宥晴還是滿心疑問。

「什麼為什麼，董事長的意見就是聖旨，有意見嗎？」張友諭冷冷的諷刺著。

「我只是覺得這時間點去好像也沒多大意義，所以就多問了一下。」

「妳住海邊啊，管那麼寬，就當成國外旅遊，想那麼多。」看張友諭似乎情緒不佳，宥晴趕緊住嘴，一溜煙似的跑掉。

英國的拜會

年假結束後，宥晴逕行到機場跟張友諭會合，一見面發覺他一

臉慘白、神情虛弱，原來張友諭已經重感冒好幾天了，昨天還發高燒到醫院打點滴呢。真是糟糕，這樣出國很危險，怎麼事先都沒說，宥晴很是緊張，但張友諭一臉倔強直說沒關係不礙事。宥晴像個盡責的褓母，一邊辦理登機手續，一邊還要看著病奄奄的張友諭，最後二個人還是搭上飛機出發了，只不過整個航程宥晴不太敢休息，因為張友諭持續發燒，更糟的是他居然忘了帶感冒藥，宥晴只好向空姐求救，要了退燒藥及感冒藥緩解，還拿了一大瓶礦泉水讓他補充水分，看到他因為退燒而大量冒汗，更忙不停幫他擦汗。

「Frank，你睡好久了，該起來吃點東西，吃藥時間到了。」一上飛機就睡的張友諭被宥晴搖醒。

「我不餓，不想吃。」張友諭連眼睛都懶得張開。

「起來啦，吃完再睡，我們這個走道的空姐很辣耶，你好歹也起來看一下。」為了讓他醒來吃東西、吃藥，宥晴開始耍寶，張友諭勉強起來吃些東西，吞了藥又繼續沉睡，她就這樣一路忙到飛機抵達機場，張友諭的狀況似乎好多了，一臉虛弱的笑容謝謝宥晴的照顧。可能看慣了他的冷漠，宥晴一時不太習慣他的友善。

由於清晨五點就抵達倫敦的Heathrow機場，時間太早，無法到飯店check in，曾在英國唸書的張友諭提議先到市區做個city tour。顧及張友諭的體力，寄放好行李後，宥晴與張友諭搭上tour bus，重點式的逛了大笨鐘、西敏寺、白金漢宮、倫敦鐵橋，沿途宥晴興奮得跟孩子似的，冷冽的天氣絲毫沒有影響。

這時，張友諭突然說想吃麻辣鍋。

「這怪咖也實在想太多，真是磨人精。」宥晴內心嘀咕著，倫敦哪來的麻辣鍋。

不過生病的主子最大，還是要使命必達。張友諭說China Town
可能會有，去碰碰運氣；結果運氣不錯，雖然沒有麻辣鍋，但總
算找到一家餐廳有海鮮火鍋，誰知火鍋才上桌不久，張友諭吃幾
口就說吃不下，因為他又開始發燒。宥晴哀怨地看著才剛下鍋的
龍蝦，顧不得還沒吃飽，立即起身忙著找醫生。當天是禮拜天，
找了附近的幾家診所都休假中，而張友諭因為天冷發抖得很厲
害，為了怕他病情加劇，宥晴先將他安頓在一家咖啡館，冬天的
英國天色暗的早，宥晴很著急，更凍得發抖忙著打聽醫院位置，
想將送他去掛急診。

　　冥冥之中菩薩保佑，千鈞一髮之際，突然看到對街有一家寫著
中文招牌的診所，燈亮著，似乎未休假。真是得救了，宥晴趕緊
扶著燒得眼冒金星的張友諭進診所。

　　那是一位移民英國的香港醫生，最好笑的是，他不會講國語，
宥晴也聽不懂他的廣東話，最後二人是以英語交談，醫生還打趣
說感覺很怪，明明都是中國人，卻要用英語溝通，看來該檢討的
是他。香港醫生跟宥晴談的很投機，主動打折還多給了一些藥，
怕萬一她也被傳染時可派上用場。張友諭打了針，外加三天的
藥，收費60英鎊，英國醫療費用之高真不是蓋的。這時張友諭好
多了，對宥晴也不再劍拔弩張，二個人安靜地走在倫敦街頭，來
到了King cross車站拿寄放的行李，宥晴攤開地圖查看該如何搭
地鐵到飯店，終於在傍晚時分找到了他們下榻的飯店，吃了簡單
的晚餐，就各自回房休息，奔波一天加上時差，這一天實在是累
壞了。

第二天一大早搭火車到Nottingham拜訪O.T.。公司還頗具規模，只不過對他們的到訪不是很熱絡，大家好像都很忙，還把二人晾在會客室半小時才來接待，對於重人情味的台灣人而言，這真是很沒禮貌，不過宥晴心想或許是文化差異吧，張友諒也說英國人就是這種愛端架子的死樣子，不必在意。

隔天O.T.的工作人員Mia帶著二人到鋪貨的連鎖店看辦公椅的銷售情況，一切正常，看不出有啥需要注意的事項。宥晴心想或許是自己多慮了，如果O.T.是營運正常的公司，依照其下單的頻率來看，會是個頗具潛力的大客戶，心情頓時輕鬆起來。結束了O.T.的拜會，離返台日還有二天的時間，張友諒和宥晴聽從Mia的建議搭火車前往鄰近的約克古堡（York Casstle）度假。到了當地車站，居然找不到計程車願意載他們，原來飯店距離火車站不遠，司機建議他們走路就好，原來在英國也拒載短程，還真誇張！約克古堡是個古城，被有如護城河般的城牆圍繞，漫步在約克的街道上，可以看到許多保存良好的中古時代的房舍，特別是都鐸式建築，這樣優美浪漫的小城據說還是個鬼城，真是難以想像。

敞開心扉　真相大白

晚餐時分，外面的天氣實在太冷了，於是二人就近在飯店的餐廳用餐，張友諒一反之前對宥晴冷漠的態度，不但為她點了豐盛的海陸大餐，還開了一瓶法國勃根地紅酒，邊用餐邊聊天，張友諒臉上的線條也柔和許多。也許是酒精的作用，加上和諧氛圍的催化，他娓娓道出心中長期以來積累的鬱悶。原來他有一段不被父母接受的戀情，那是多年前母親節前夕，他在購買保養品作為

母親節禮物時，認識了接待他的櫃姐江立薇，她的學歷不高又大他二歲，他的父母為了阻止這段戀情，硬把他送出國念書。但相愛的二個人還是保持著聯絡，回國後他放棄最愛的音樂，接受父親安排，準備接班，為的就是希望父母能夠接受江立薇，不過他父母顯然有另外的打算。心軟的宥晴也不免為二人的苦戀而感動。

張友諭：「他們一直在為我物色適合的對象，最近更是找到一位
　　　　很滿意的人選。」

宥　晴：「那真糟糕，是要跟哪家企業的千金來個商業結盟聯
　　　　姻？」

張友諭：「企業家的千金通常驕縱難伺候，他們想找的是能力
　　　　強、能夠幫助我事業，個性好的女孩。」張家是地方的
　　　　大地主，加上努力經營事業成功，家境一直優渥。

宥　晴：「也對，你爸媽很有遠見，掌聲鼓勵鼓勵。」宥晴開心
　　　　搞笑著。

張友諭：「他們一直以高薪聘請國貿業務當我的助理，然後想從
　　　　中挑選最佳人選。」

宥　晴：「什麼，簡直是古代皇帝選妃的現代版，結果呢，最佳
　　　　人選是誰？」

張友諭：「那個人選就是妳，傻瓜。」他一臉無奈的苦笑。

宥　晴：「這……怎麼可能。」大概是太令人驚訝的答案，她不
　　　　由自主的結巴起來。

　　用餐完畢回房後，宥晴的思緒一團混亂，加上不勝酒力，最終像個孩子似的啜泣起來了。原來張董高薪聘請她，並不是因為能

力優異，而是有特殊的目的，感到無比洩氣的宥晴在冷靜之後，想起先前張友諭對自己的冷漠，有時候甚至是故意刁難，應該就是用行動在抗議父母的一意孤行吧。

而董事長夫婦對她超乎常理的相待，更在在提醒她，自己似乎是別人棋盤中的一顆棋子，卻渾然不知。真相大白後，著實讓她難過且自信心受損，心情不由得低落了起來，自己怎會落入如此不堪的處境呢。

第二天她藉口要自己逛逛，一溜煙的消失了。這一天宥晴獨自造訪約克大教堂及旁邊據說猛鬼集中營的Treasure's House、屠夫之街、老鐘樓，還在名為「Yeats」的餐館吃了道地的英式午餐，整天像遊魂似的在約克古城飄盪閒晃，真有時空交錯之感。而另一方面張友諭因她獨自外出，察覺出她的沮喪而焦急不已，經過這幾天跟宥晴的相處，張友諭發覺她真是個難能可貴的好女孩，之前因為跟父母賭氣冷漠以對，深感內疚。

張友諭決定要跟宥晴好好談一下，當晚約宥晴去飯店的咖啡廳閒聊，宥晴也因為自己任性丟下他外出散心而想跟他道歉。這晚二個人都不約而同的點了愛爾蘭咖啡，這是想清醒又想沉醉的矛盾心情寫照，而這又是咖啡又是酒的奇特飲品卻讓二人敞開心扉，徹底卸下心防。張友諭真誠地肯定了宥晴的能力，恢復了她的自信，宥晴則想盡力幫助張友諭的苦戀。

張友諭：「宥晴，要不是認識立薇在先，妳絕對是我最佳人選，我爸媽的眼光真的很準。」他很認真地強調。

宥　晴：「不要吧，你不是我的菜，我不喜歡大叔型的啦！」開心地糗著大她六歲的張友諭。

張友諭：「喂，沒禮貌，居然這麼目無尊長，口沒遮攔，回國後
　　　　一定罰妳減薪。」他原來還很幽默會開玩笑，笑起來的
　　　　他，還蠻迷人。

宥　晴：「放馬過來，你不是我的對手，哈哈哈。」

　心結一旦講開了，二人便像是熟識多年的麻吉好友，在約克古
堡的最後一天，他們同遊美麗的古城，張友諭更像是找到知音一
樣，一股腦兒說著他跟江立薇交往的經過，還拿出隨身攜帶的照
片，獻寶似的拿給宥晴看。

「哇塞，怎麼會有人美成這樣子，簡直是超級名模。」宥晴誇張
的讚美。

「她不只外表亮麗，內在更是溫柔體貼。」由張友諭驕傲到不行
的表情，讓宥晴感受二人深刻的戀情。

「那你爸媽知道你們還在一起嗎？」

「他們不知道，因為我怕他們知道後，不知道又要怎麼拆散。」
說著說著張友諭的表情又陰霾起來。

「別想太多，事緩則圓。」宥晴趕緊安撫一下。

「妳會站在我們這一邊，幫助我們嗎？」張友諭試探性地問道。

「一定挺你們，這還用說！」宥晴正義小天使的個性又上身了。

　聊著聊著，宥晴突然瞥見江立薇照片背面有一首詩：

　「如何讓你遇見我

　　在我最美麗的時刻　為這

　　我已在佛前求了五百年

　　求祂讓我們結一段塵緣

佛於是把我化做一棵樹

長在你必經的路旁

陽光下慎重地開滿了花

朵朵都是我前世的盼望

當你走近　請你細聽

那顫抖的葉是我等待的熱情

而當你終於無視地走過

在你身後落了一地的

朋友啊　那不是花瓣

那是我凋零的心」

　　張友諭說那是席慕容的詩〈一棵開花的樹〉，是當年江立薇打動張友諭的關鍵情詩，當時張友諭被爸媽逼得想放棄這段感情，幸而江立薇的堅持，二人才決定繼續走下去。宥晴真心覺得張友諭的戀情真是浪漫得令人揪心，下定決心一定要好好幫她們圓夢，二人愉快地飛回台灣。

第三回　職場愛情學

昱貿辦公家具

張友嵐：張友諭二姊，負責間接外銷業務

陳老闆：椅墊外包廠老闆

江立薇：百貨公司櫃姊，張友諭女友

小江：張友諭表弟，內銷業務

Amy：王宥晴大學國貿系學妹

林爸、林媽：林致翰父母，進口馬達經銷商

江立恆：江立薇哥哥，廠務

Ada：江立薇表妹，外銷業務助理

迎面而來的大挑戰

　　從英返國後，張友諭和宥晴一改之前的生疏，二人互動良好，默契也與日俱增，因此工作效率大增，更常常一起結伴出門，讓董事長夫婦自認為安排了英國行是明智之舉，奇招奏效。殊不知二人正默默策劃者，如何讓張友諭的苦戀早日撥雲見日，開花結果。

　　另一方面這次英國拜訪也收穫頗多，回國不久，O.T.馬上又下單了，又是一個四十呎櫃，而且這次訂購的是高級的主管椅，單價比之前採購的型號高出一倍，等於大約三百萬台幣的生意，當然付款條件還是放帳，儘管如此，張友諭跟宥晴還是興奮不已，當場Give me five的擊掌慶祝起來，不明就裡的同仁，也曖昧的笑著，猜想這二個冤家應該已經陷入愛河。

　　之前宥晴已經向中國輸出入銀行申請，對O.T.的徵信調查，以便第二張訂單出貨時可保輸出的貨價險，她心中盤算著，一個月後，希望徵信調查的結果會出爐，那時候貨物也剛好完成可以安心裝船出貨，希望一切都能在掌控下順利進行。

　　就在這批貨在緊鑼密鼓生產中的某一天，廠長突然告訴宥晴：「有問題，這批椅座的泡棉不對，卡緊查一下。」資深的廠長機警敏銳的說。

　　由於這主管椅係高價產品，O.T.要求的材質均需高檔且符合國際認證，因此這款椅子必須採用一體成型的PU（聚氨酯）泡棉椅墊，且符合英國BS5852的防火測試標準。為了謹慎起見，她立即打電話到椅墊發泡材料供應商確認正確材質。

　　「陳老闆，出英國那批英規PU泡棉，好像跟之前確認樣品不一

樣？」

「夭壽喔！我老婆做月子，叫會計處理，一定是她弄錯了，我查一下。」

追查後才發現出錯材質了，出給昱貿的PU泡棉是符合美國加州117防火標準，但美規跟英規有價差且品質不同。茲事體大，絕對不容小覷，宥晴覺得應該要換回正確的泡棉才好，張友諭也同意，只不過這樣的話交貨期會延後10天左右，他們請示董事長，董事長覺得這是小事，不必為此更換泡棉延誤交期，宥晴一再說服董事長，且表示一定會跟O.T.溝通，之後終於獲得O.T.延遲交貨的允諾，此事才告一段落，而交貨期也從先前定的三月中旬延到三月底。

三月底已到，除了第二張訂單即將出貨之外，第一張單的貨款也要依規定必須將於三月底電匯入帳，早在一星期前，宥晴除了發出貨通知（Shipping advise）給O.T.通知第二張單的裝船資料，同時也提醒他們第一張單的貨款即將到期，請他們務必準時電匯付款給昱貿，接單是業務，收款是任務，缺一不可。

出貨通知（Shipping advise）：給購買方的裝船資料，內容包括船名航次、訂艙號碼、預定啟航日、預定抵達日。

3月31日這天終於到了，但卻出人意料之外的不順，早上船公司通知船班因故必須延一星期結關，宥晴心想還好這批貨是以FOB為貿易條件，船公司是O.T.指定的，否則這下突然延一星期結關，很難向客戶交代，下午O.T.的Mia傳來Email說他們的財務

長今天請假無法匯款,明天會匯款。

「哎呀,這是什麼鬼日子,真是諸事不順。」宥晴不禁嘀咕。

「別煩了,天塌下來,都有高個子頂著,況且能解決的事不必煩惱,無法解決的事煩惱也沒用。」張友諭饒富禪意試著讓責任心過重的宥晴寬心。

「謝謝Frank大師開示,不過在下慧根淺,還是很煩。」

「晚上請妳跟立薇吃大餐,這樣妳有沒有覺得開心一些?」

「你慘了,我一定要點最貴的頂級海陸大餐喔,納命來吧!」宥晴壞壞地笑著。

「妳儘管放馬過來,我會帶著無限卡備用,開心了吧。」

接下來的這個星期令宥晴緊張萬分,儘管每天都Email催款,但O.T.的匯款一直都沒進來,而中國輸出入銀行對O.T.的徵信調查也遲遲未有消息,現在面臨著第二批貨是否要出貨的的兩難局面,這天宥晴和董事長、張友諭、廠長共同開會討論,是否要出第二個貨櫃。

「貨品做好了,就應該要出貨,而O.T.在英國頗具知名度,應該不會出問題。」

廠長:「是啊,而且貨品一切都按照英國規格,沒出貨日後處理很麻煩,倉庫已經快放不下了。」董事長做了決定。

對於董事長決定還是要出貨,張友諭跟宥晴則持較保守的看法,他們倆評估,如果出貨後收不到貨款的損失會遠比貨物不出還來的大,但他們仍尊重董事長,結論還是再等幾天,視情況再說。

才沒幾天，負責國內業務、張友諭的表弟小江傳來關鍵性的消息。

「大ㄟ，O.T.最近同時跟好幾家同業下單，數量頗多，像是大掃貨，依這情況來看，到時候他們一走了之，那就真的倒屎了。」小江神色凝重的說。

「真的，消息正確嗎？」張友諭大驚。

「雖然是台面下消息，但百分百正確。」小江拍胸保證。

小江主要負責國內市場推廣，經常得在外遊走拜會，因此得到的業界訊息通常是最新且獨家，最後張友諭跟董事長討論過後，決定先停止出貨給O.T.。

接下來儘管宥晴用盡了一切方法持續對O.T.催款，軟硬兼施都徒勞無功，反正他們一皮天下無難事，每天下五點宥晴打電話給Mia變成是例行公式，每天到了這個時候，她的胃總不由自主的痛了起來，就這樣持續幾星期，情況卻越來越不樂觀，Mia編的藉口越發離譜，最後居然說公司在復活節遭小偷，電腦被偷，沒資料所以無法匯款，張友諭再也看不下去了。

「宥晴，別再浪費時間了，我來找專業的討債公司來處理。」

張友諭決定委由一家國際徵信公司來催討，其實他心知肚明，一但對方蓄意倒帳，那還真的沒輒國際徵信公司充其量也只是做最後的努力。經過一個月的催收，O.T.正式宣布破產，雖然有心理準備，但是得知消息的當天還是讓宥晴難過不已，不過很意外的是，董事長居然還嘉許了張友諭跟宥晴。

「還好當初聽從你們的仔細分析及建議，否則第二批貨物也早就裝船出貨，那這下可真的慘了。」真是正面思考的長者。

年輕人在職常上最需要的就是不斷的鼓勵與肯定，尤其是在經歷危機及挫敗後，這像是激勵的萬靈丹，記取教訓，不再重蹈覆轍，宥晴經過這一番社會大學的洗禮讓她決心要在工作上更努力，以不辜負張董一家人對她的肯定及厚愛。

收拾殘局

　　小江事後透露O.T.倒閉，臺灣約有7家廠商受累，昱貿算是受損情況輕微的。

　　「大ㄟ，要經常走跳江湖，探查虛實，才能知己知彼，老是扮書生，怎麼識破江湖險惡。」小江老氣橫秋的說教著。

　　「哉啦，以後拜你為師，改叫你大ㄟ好不好？」張友諭學著小江的口氣。

　　表弟小江雖然書唸得不夠好，但個性活躍機伶，跟同業互動良好，張友諭也覺得自己應該多跟同業互動，彼此競合，不是競爭，這樣才會團結力量大。

　　自此之後張友諭常跟小江一起外出拜訪客戶、參加同業公會研討會、餐敘，卯起來努力進修重要的「社會大學」，期許自己更貼近這個產業，不過也因為這樣，應酬也多起來了。張友諭跟著小江走跳江湖後，一掃之前鬱鬱寡歡的形象，變得親和好相處，偶而還可聽到他跟小江對話粗魯甚至飆髒話互相鬥嘴，宥晴不僅竊笑搖頭。

　　留學英國的張友諭，王子般優雅的形象到底全毀了，究竟是與生俱來的劣根性還是被污染得太到位也就不可考了。不過很意外的是，因為這樣的改變，使得張友諭拉近跟員工的距離，不像之前高高在上，同事們都覺得他跟大家是一掛的了，其實從事製造

業又是傳統產業，走台客風會比貴族風要來的受歡迎。

「大乁，晚上名將家具20周年廠慶，一起去吧。」下班前小江又在招兵買馬了。

「今晚有事，你找業務部那幾個小夥子跟你一起去吧！」張友諭喜上眉梢推拖著。

「怎麼？周末夜晚要跟宥晴去約會？」小江曖昧的笑起來了。

「張友諭是去約會，可惜女主角不是我。」宥晴跟張友諭會心一笑，留下丈二金剛摸不著頭緒的小江。

以出口辦公家具著名的貿易商「俱豐」近日將在台北凱悅飯店舉辦20周年慶，昱貿當然是受邀廠商之一，張董特別派張友諭和宥晴連袂出席，並囑咐他們，隔天是假日就在台北度假，二人很有默契笑了起來，深知董事長打的是什麼算盤，其實宥晴是負責直接外銷，間接外銷由張友諭的二姊負責，應該要派她跟張友諭去才恰當。

「大肚婆行動不便，不適合長途奔波啦，宥晴，妳代我去參加吧。」懷孕的二姊用此當藉口讓她完全無法拒絕，看來他們一家人真團結，全力撮合他們倆。他們還是依約出發，只不過中途還繞道去接江立薇一起去，初次見到她，精巧的五官加上長髮披肩、合宜的妝容比照片上還漂亮，真令人驚艷不已。

「難怪張友諭對妳一往情深，妳真得很漂亮。」

「宥晴，別取笑我了，倒是張友諭常提到妳。」江立薇心花怒放。

「他一定說我壞話吧。」

「才不，他很誇妳，謝謝妳這麼幫忙。」她一臉笑意說著，張友

諭嘴角上揚滿臉洋溢著幸福。

　　餐會結束後宥晴這個電燈泡當然要自動消失，到學妹Amy家去借宿一晚，上了捷運板南線之後，想著自己這樣幫他們掩護，到時候如果東窗事發，真不敢想像董事長夫婦會對她多麼失望，但是已經答應要幫忙就要幫到底。後來只要是二人出差一定會帶江立薇同行，宥晴一直是熱血沸騰的正義天使，重承諾守信用，又樂觀過頭，結果會如何，她可沒想那麼多。

　　由於隔天學妹Amy有事無法陪宥晴，而張友諭又跟她約隔天下午四點在東區SOGO碰面一起南下，這段空檔總得找事情來殺時間，於是她想起國中同學林致翰依稀就住在附近，於是打個電話給他約一起聊天、吃飯，時間過得就快多了。

「Hello，林同學，我是宥晴，明天有時間嗎？想找你出來聊聊天。」

「妳在台北？可以啊，在哪裡碰面呢？」一聽到是宥晴打來的，林致翰很高興。

「明天早上十一點，我們約在SOGO大門口見面。」宥晴很開心，終於找到同學可以打發時間了。

「Ok，明天見。」

　　隔天林致翰準時出現在SOGO大門口，二人見面後晃進SOGO，邊逛邊聊，順道討論午餐地點。

「難得你假日居然在家，沒跟女朋友約會？」宥晴與致翰一見面就開始抬槓。

「我正準備考律師執照，忙得很哪有時間，何況我根本沒女朋

友，怎麼約會？」

「上次跟你逛逢甲夜市的大美女方子郁，不是你女朋友嗎？」

「她是我法研所的同學，不是女朋友，別看到黑影就開槍好嗎。」致翰覺得滑稽。

「不是女朋友，那也一定對你有意思，不然怎麼會大老遠去台中找你陪她逛街？」

「以此邏輯推斷，妳大老遠到台北來，找我陪你逛街，妳算是我女朋友或是對我有意思囉？」致翰果真是法律系才子，反應快，口才好。

「誰對你有意思，討打啊你，胡扯一通，越來越油條了。」宥晴追打著致翰。

「開玩笑的，恰查某，先請妳吃飯陪罪，再到我家去坐坐。」

「好啊，好幾年沒見過你爸媽了，也應該順道向他們請安問好。」

　　於是二人吃完飯後一起到致翰家，恰好林爸跟林媽都在，宥晴很有禮貌招呼。

「是宥晴，真是女大十八變，亭亭玉立真漂亮，致翰之前提過妳，聽說妳做貿易，真不簡單，女強人呢。」林媽一見面就拉著宥晴說個不停。

「這麼厲害，那妳會進口業務嗎？會的話以後也幫我進口馬達，現在透過貿易商，利潤越來越差。」林爸眼睛一亮，也加入對話。

「林爸林媽過獎了，我沒還未做過進口，不過進出口本來就是一家，有機會需要我幫忙的話，請別客氣。」宥晴跟他們二位一見

面就聊開來了。

「她呀，是女超人，整個外銷業務她都能掌控，還要飛來飛去去國外去參展或洽商。」致翰也加入談話。

「女孩子這樣很辛苦喔，以後結婚，這樣的工作就很不方便照顧家庭。」林媽開始以女性的觀點來衡量宥晴的工作。

「現在的女孩子就是要這樣啊，爸媽我要給宥晴看一些東西，失陪。」隨即拉著宥晴往書房去，一進書房，音響裏傳來理查・克萊德門的〈夢中的婚禮〉。

「王宥晴，妳要實踐妳的諾言，要對我另眼看待喔！」致翰笑得有些靦腆。

「我啥時給的承諾，我怎麼一點都不記得了？」宥晴一下子有點搞不清楚狀況。

「國二音樂課，每個人要分享一首最喜歡的樂曲時，當時妳說最愛這首，以後若有人以這首歌來歡迎妳，妳將會對此人另眼看待。」致翰的記憶力超好。

「哇塞，你功課好果然不是蓋的，記憶力這麼好，重諾不輕許，一言爲定，哈哈。」宥晴很訝異致翰還記得她說過的話，心中不僅湧起一絲溫暖。

　　二個人一起聽音樂聊天，還看了國中時的老照片，笑聲不斷。快樂的時間總是容易過，一轉眼即將到四點了，宥晴起身告辭，致翰送走了宥晴，一進門林媽說話了。

「兒子啊，你很喜歡宥晴是不是？不過她不是你結婚的對象，你阿公一定不同意。」

「媽你想到哪裡去了，我們只是同學而已，況且她的工作很好

啊，現代新女性呢。」致翰不想在媽媽面前承認對宥晴的情愫。

「阿公傳統而保守的想法你心裡有數，你這個金孫的老婆將來最重要的是照顧家庭，她這麼忙，哪能兼顧。」林媽也開始有著身為人母疼惜兒子的立場。

「媽，妳想太遠了，宥晴很搶手，未必會看上我，別瞎操心。」致翰安撫媽媽的同時，心裡也浮起一絲莫名的混亂，陰影隨之而來。

台北行回來之後，張董夫婦撮合張友諭跟宥晴的態勢更明顯，不斷地給宥晴更多特殊待遇，因為配合國外客戶的上班時間，宥晴常常必須比較晚下班，張董夫婦便要宥晴晚一點再上班，也不必跟辦公室其他人輪流當值日生，負責辦公室清潔及泡茶接待客戶等瑣事。但宥晴畢竟已歷練過了，深知這些特殊待遇不會帶給她好處，只會讓其他同仁忌妒她，人與人之間的微妙關係，經常要從小細節著手，所以她還是跟大家一樣，沒接受那些特殊的禮遇，而此舉又讓張董夫婦更讚許宥晴的懂事跟識大體，更公開在開會時稱讚宥晴。

張董：「自從宥晴來我們公司之後，外銷業務蒸蒸日上，跟同仁們也相處和諧，希望將來妳別嫁太遠，否則少了妳，外銷業務會大受影響。」

董娘：「這麼棒的女孩，誰能娶到她，絕對是莫大的福氣。」意有所指的看著張友諭。

小江：「大ㄟ，就是你了，給他喬下去，先下手為強啦。」

廠長：「對啦，對啦，天作之合送入洞房。」辦公室的同仁們都一副了然於心，笑著起鬨，而宥晴則是尷尬到不知如何是

好。這可怎麼辦才好，情況越來越不妙。

誤解的媒合

宥晴對於張董夫婦撮合的心思，越來越擔心，但張友諭總是安慰她，會找時間跟父母攤牌，絕對不會讓她為難，這是下雨的星期六，宥晴盡興的睡到自然醒，突然接到董娘來電找她。

董娘：「宥晴啊，妳下午會在家嗎？」

宥晴：「張媽媽，我會在家，有什麼事嗎？」董娘為了要拉近跟宥晴的距離，都要宥晴叫她張媽媽。

董娘：「董事長跟我要去拜訪妳父母。」

宥晴：「為什麼？」緊張節巴起來，就像小學生聽到老師要來家庭訪問一樣。

董娘：「妳上班之後，幫我們好多忙，理應要登門拜訪謝謝妳父母。」

宥晴心想該來的總是會來，既然無法回絕，加上王爸加班不在家，趕緊找媽媽商量。王媽看著寶貝女兒緊張成那樣子，只有笑笑安慰她，水來土掩兵來將擋。下午張董夫婦和張友諭依約開著Bens350來到宥晴家，小巷子突然來了一部豪華房車，令鄰居側目，紛紛探出頭來一查究竟，宥晴深覺得這下有理講不清了，等一下隔壁的媽媽們一定過來問東問西的，真的好糗。

一進門，雙方客套寒喧一下，很快就聊到核心話題。

王媽：「董事長、夫人謝謝您們對宥晴的照顧。」

張董：「王太太，您教子有方，宥晴真的很優秀，我跟內人都很喜歡她。」

董娘：「這是我兒子友諭，這些日子多虧宥晴協助，是他得力的
　　　幫手。」

王媽：「謝謝誇獎，宥晴一直是個認真的孩子，總是怒力將工作
　　　做好。」

董娘：「所以如果您跟王先生不反對的話，是否可讓宥晴跟友諭
　　　交往，我們很中意宥晴當我們的兒媳婦。」天啊，宥晴差
　　　點昏倒，沒料到董娘竟然用這麼直接、勁爆的方式來說
　　　媒。

王媽：「謝謝董事長跟夫人的抬愛，宥晴的爸爸和我一向都尊重
　　　她的想法，如果年輕人喜歡的話，我們沒意見。」智慧的
　　　王媽還是把決定權拋回給宥晴，之後三人起身告辭，宥晴
　　　還埋怨王媽怎麼跟董事長夫婦一塊兒起鬨。

王媽：「挑丈夫要選才不選財，友諭的人品很好，不過他們家大
　　　業大，又是家族企業，嫁進門的兒媳婦壓力一定大。」淡
　　　定的王媽很理性的給宥晴意見。

宥晴：「媽，我跟他不可能啦，他已經心有所屬了。」宥晴將實
　　　情說給王媽聽。

王媽：「唉喲，沒妳的事，自不量力亂幫忙，遲早麻煩上身。」
　　　洞察世事的王媽憂心女兒涉入此事，肯定會招惹麻煩。

　　大概張友諭也意識到他跟江立薇的事不能再隱瞞了，決定跟父
母攤牌。他事先知會宥晴，讓她有心理準備，也拜託她伺機說好
話從旁幫忙，畢竟這會是一場冰風暴來襲，受傷絕無法倖免。

　　一早進辦公室，宥晴就看到眼睛佈滿紅絲，嚴重睡眠不足的張

友諭，董事長則鐵青著臉走入董事長室，辦公室瀰漫著一股山雨欲來的肅殺氣氛。她心裡有譜，應該是攤牌了，宥晴連呼吸都小心翼翼，埋著頭回著Email，努力打著報價單。突然間，董事長以電話內線請宥晴進去，她的心噗通噗通跳得很厲害，只見董事長夫婦滿臉沮喪坐在沙發上。

董娘：「昨天友諭跟我們說了他跟那女人的事，父子兩人大吵。」幸好張友諭還是很保護宥晴，沒有將她牽扯進來。

宥晴：「怎麼會這樣？」她心虛的不敢看他們。

董娘：「友諭這次真的鐵了心腸，要跟她在一起，威脅我們，非她不娶，這孩子很傷我們的心。」

宥晴：「經理他很孝順，或許有苦衷。」宥晴盡量避重就輕，深怕講錯話。

董娘：「當初我就看透了這個女人，她是有計畫接近友諭的。」原來江立薇藉著售後服務之名，頻頻打電話給張友諭，更藉由贈送頂級新產品試用包，讓張友諭再三到專櫃去找她，就這樣一來一往讓張友諭墜入情網。

董娘：「我們對他很失望，宥晴，可不可以幫我們把這個兒子搶回來。」她真的焦急到病急亂投醫，怪想法一堆。

宥晴：「感情的事無法勉強，很抱歉，張媽媽，這事我恐怕愛莫能助。」宥晴很無奈的婉拒。

　　不受到父母祝福的戀情畢竟辛苦，宥晴衷心希望他們二人可以堅持下去。

　　經過這一鬧，張友諭跟江立薇的戀情算是公開了，但是董事長夫婦還是一直不認同，經常當面給江立薇臉色看，因此江立薇也

常打電話給宥晴訴苦。其實張董夫婦反對的理由很簡單，二個人之間學歷及家世背景相差太懸殊不說，江立薇從事美容業，未來怎麼幫張友諭繼承家業的重責大任，宥晴除了盡力安慰二老，也盡力說好話。而江立薇為了要當張家的媳婦，聽從宥晴的建議，開始學習英文、國際貿易等課程，不過她也抱怨連連。

江立薇：「宥晴，英文好難，今天學的明天就忘，永遠記不住，怎麼辦？」這也難怪，她從小對讀書就沒興趣，所以才會選擇職校學美容。

宥　晴：「慢慢來，妳學基礎的商用英文就好，其他的部分，張友諭會罩妳啦，放心。」

江立薇：「國際貿易也很難，英文專有名詞那麼多，我怎麼背？」挫折感讓她不禁要發脾氣。

宥　晴：「沒關係，日後你進來公司後，套入實務運用，很快就上手，不會很難的。」唉，把一個人硬安排在不對的位置，真是險招。

曙光乍現

　　父母最終還是鬥不過子女，張友諭和江立薇使出最後絕招，就是搞出「人命」來了。

　　張董夫婦看在孫子的份上勉強同意這件婚事，而婚禮也隨即舉行。按照常理，以張家在商場上的人脈，加上張友諭是獨子，婚禮應該是隆重盛大才是，但這個婚禮卻比預期還簡單許多。婚禮上張董夫婦沒什麼笑容，而張友諭和江立薇也笑得很勉強，看來不受父母祝福的婚姻，從開始就註定辛苦，而擔任招待的宥晴將這一切都看在眼裡，同時還要應付一大堆賓客好奇的詢問。

「王小姐，怎麼新娘不是妳？」

「對啊，張董夫婦很誇妳，簡直就把妳當準兒媳婦看待了。」

「唉呦，妳怎麼那麼『含慢』，近水樓臺，居然還被別人先下手。」

「就是說嘛，準少奶奶的寶座就這樣拱手讓人，我都替妳嘔死了。」

「我弟那麼優，怎麼就不是妳的榮？無緣的弟媳，來跟二姊乾一杯。」連二姊也來湊熱鬧。

　這一晚，宥晴疲於應付這些好奇的八卦賓客，她實在沒想到，張董夫婦將她視為兒媳婦這事兒，居然廣為人知，真是尷尬極了。

　婚後的江立薇辭去了櫃姊的工作，進入昱貿工作，張友諭讓她先從間接外銷的業務助理開始，由他的二姊帶她先學船務（Shipping），不過真的是隔行如隔山，二姊帶得很辛苦，經常聽到她音量越來越高。

「船期要儘早敲定，跟妳講過幾次了。」

「可是船公司說沒船位。」江立薇也會辯駁幾句。

「妳可以問我看怎麼處理。」二姊更氣了。

「妳又沒有說，怎麼知道這個要問妳呢？」印象中溫柔可人的江立薇似乎變了一個人。大概二個都是孕婦，情緒都比較差，很容易一言不合起衝突，這時宥晴就得跳出來打圓場。但日子一久紛爭也越來越多，二人越發水火不容，除了張友諭之外，全家人都認為江立薇根本是想攀龍附鳳，要心機嫁進豪門，因此對她一直有不好的刻板印象。關於這二個女人的紛爭，張董夫婦根本不

管，可能也想藉著這個能力強、個性悍的女兒調教一下媳婦，而可憐的張友諭就像夾心餅乾，幫誰都會中槍，一點新婚且將為人父的喜悅都沒有。原來童話故事裡，公主與王子從此過著幸福快的日子是騙人，現實的考驗才正要開始呢。

　　一早二姊氣呼呼跑來跟宥晴商量解決辦法，原因是出口哥倫比亞的裝船文件正本寄丟了。下單的天駒是配合很久的貿易商，因為他們跟哥倫比亞的交易是採透明的佣金交易，且交情穩固，無需提防昱貿會和客戶直接作生意，所以交易模式是由他們幫客戶下單給昱貿，再由昱貿直接出貨給哥倫比亞的三角貿易。昱貿向來和貿易商互生共利，加上長袖善舞的二姊，很會跟貿易商哈啦，喬訂單，處理事情效率好，精準度高，很少出差錯，現在卻因為要轉出部分工作給弟媳江立薇，讓她精疲力竭。

「早上天駒的Winne打電話來說，船已經到Tumaco港了，客人至今還沒收到出貨文件。」

「文件不是幾個星期前就寄出去了嗎？」裝船文件二姊總是習慣以快遞寄給客戶。

「是啊，可是江立薇居然不用快遞，以掛號郵件寄送，最蠢的是全套三份提單都寄給客戶，沒留底，不懂也不問，瞎搞亂搞一通，根本沒帶腦袋來上班。」二姊氣到口不擇言。

「中南美洲的郵政不太穩定，經常丟包，提單如果丟了很麻煩。」宥晴不禁擔心起來。

「我弟一定卡到陰，才會娶她。」二姊氣到抓狂。

　　為了怕二位孕婦再起衝突，動了胎氣，宥晴趕緊試著處理善

後，先請台灣的郵局直接跟哥倫比亞查郵件，果然不出所料，查不到此郵件，證明郵件已遺失，這下代誌大條了，很難補發，不過宥晴還是硬著頭皮跟船公司開口。

「Linda，很抱歉B/LNo.TPE056068的提單寄丟了，可否補發？」

「妳也幫幫忙，小姐，海運提單是有價證券怎麼可以隨便補發，萬一我補發，有人拿原先提單去提貨，責任誰負？」的確，正本海運提單一式三份，只要其中一份即可提領貨物，且剩餘的二份立即失效，認單不認人，船公司的堅持自有道理。

「那有何方法可以補發？」

「首先登報申明作廢一天，接著按貨品價值總額，提供台支（台銀本票）押票，押期半年。」

「沒問題，我盡速準備所需的資料。」

「對了，來辦理前，還要準備一份有公司抬頭的提單補發申請書並加蓋公司大小章。」

　　有了解決方法，宥晴隨即開始準備所需的資料，不過光是開「台支」就令財務長董娘很不高興，要開立台幣二百萬面額的「台支」必須拿同額的現金存入銀行，意即這筆錢要放半年，光是利息就很可觀，再加上貨物已經到港，因為沒提單提貨，貨物滯留海關十多天的倉儲費高達美金1200元，江立薇這次的失誤讓公司損失不少，不過一家人也因為她懷孕，不忍苛責她，但不滿的表情還是無所遁形，更讓她內心備受煎熬。

接踵而來的考驗

這一陣子宥晴忙翻天，因為二姊生產做月子中，工作由她跟江立薇暫代，也因為江立薇常出包，所以宥晴還攬下了主要的工作，不過看得出江立薇一直想有所表現，讓大家刮目相看。這天江立薇收到一封中文的詢價信，她很興奮，拿給宥晴看，心想終於可以表現一下，其實她也已經在公司學了半年，雖然英文還是不行，但給貿易商簡單的報價還是沒問題，之前二姊總是不放心讓她報價，所以她一直沒機會。

「宥晴，這封詢價信，可以由我處理嗎？」江立薇拿給宥晴看，很期盼地問道。

「可以，價格就照之前二姊給的一般報價，那這次就麻煩妳全權處理。」

儘管二姊叮嚀報價的事不能給江立薇處理，但宥晴實在不忍心讓她失望，況且順達是沒有合作過的新客戶，只是報個價，應該沒什麼問題。

「真的嗎？謝謝妳。」江立薇雀躍不已，露出像是獲得大獎般的笑靨。

「一切拜託，有問題隨時問我。」宥晴突然心疼起江立薇來了，她是這麼努力想得到張家的認同。

接下來宥晴除了忙著日常的工作之外，還必須準備下個月的台北國際家具展，於是也沒多注意江立薇處理此報價的後續狀況。

二個星期之後，一大早江立薇急著找宥晴，因為新客戶順達出狀況了。原來江立薇報價之後，客戶馬上回覆說美國客戶，想下一張樣品單，藉此先測試市場，如果反應好再下正式訂單，金額

大約台幣十萬元左右，此貿易商的付款條件是貨出之後以14天到期的支票付款，由於金額不高，看起來又是很一般的交易，江立薇想趁機表現一下，心想如果順利的話，就能讓二姊放心的將主要的工作交給她，所以她決定自己來處理這張訂單，並未知會宥晴。由於樣品單所訂的那幾款都是暢銷椅款，倉庫有現成品，她就直接開出貨單，交由貨運公司送抵客戶指定的地點。

一般而言，只要是新合作的貿易公司，二姊習慣先上經濟部國貿局商業司的網站，查閱該公司營業登記的狀況，再跟銀行照會一下，做簡易的徵信調查，而且一定要求先收款，即使是14天期票，也會要求在出貨前先寄支票來押票，可是這些「眉角」江立薇都不知道。

「立薇，妳要接這張單，應該先知會我一下，這樣我才能告訴妳接單流程。」宥晴終於體會二姊無奈的心情。

「我並不知道要先收支票，我以為出貨之後再收就可以了。」她哭喪著臉試圖解釋。

「那你何時發現出問題的？」問題已經發生，只能面對。

「我一時疏忽，忘記收款的事，直到今早會計提醒我這筆未收帳，等我打過去才發覺早已人去樓空了。」顯然是遇上有預謀的詐騙集團。

由於跟貿易商的間接貿易，一向由二姊全權處理，但細心的她請產假前，給了宥晴一張她工作內容的SOP，裡面巨細靡遺記載所有她負責的工作細節。根據這張祕笈，宥晴代理她的工作遊刃有餘，她現在很後悔沒多注意江立薇，現在又出差錯，又會是一場不能避免的風暴，因為她是職務代理人，所以也必須負連帶責

任，於是找張友諭商量該如何處理，當宥晴說完了事件始末，他不禁眉頭深鎖，嘆了一口氣。

「立薇是求好心切，加上預產期快到了，麻煩妳多擔待一些，別讓我爸媽太責怪她。」

這個可憐的男人，正在懇求宥晴幫忙擋這一劫。

「Ok，我沒有把握能幫多少忙，但盡量就是了。」宥晴身陷無奈為難中。

宥晴上經濟部國貿局商業司網站，查這家公司的底細，居然查不到合格登記，可見順達根本是空殼公司，這下真是「寡婦死了兒子」沒指望了，這筆收不回來的帳款勢必要列為呆帳損失，硬著頭皮還是去稟告財務部長董娘，生氣的董娘叫江立薇進來。

「立薇，妳二姊產前不是都將工作交待給宥晴了嗎？妳幹嘛自作主張接什麼單。」

「媽，我有問過宥晴，是她說我可以處理的。」立薇避重就輕地想拉宥晴一起下水。

「宥晴，妳也太大意了，她還生疏妳怎可讓她接單？」董娘不禁埋怨起宥晴。

「很抱歉，我只讓她報價，後續的接單我並不知情。」宥晴努力解釋著。

「不是妳要我全權處理的嗎？我看妳很忙，所以就自己處理。」宥晴看著理直氣壯、一直要將責任往她身上推的江立薇，突然有種很陌生的感覺。

「不管怎麼樣，以後妳要多跟宥晴學，不要再自作聰明。」董娘訓斥著江立薇，而她目露怒意瞪了宥晴一眼，儘管時間很短，但

是還是被宥晴看到了。宥晴倒抽一口氣，憶及張友諭的請託，她不再辯解，跟董娘道了歉，默默的走出辦公室，心中的鬱悶卻無計可消除。

　　二姊終於產假期滿，恢復上班，讓宥晴鬆了一口氣，而江立薇距預產期還有二個月，由於懷的是張家二老最盼望的男孫，為了體貼她，張友諭跟二姊商量後，就讓江立薇留職停薪放待產假。待產中的江立薇還是會經常到公司來晃一晃，或許是產前憂鬱吧，她似乎更沒安全感，成天黏著張友諭，對於張友諭和宥晴在工作上頻繁地互動漸生不滿。這天美國客戶Sam來訪，一大早張友諭和宥晴就一起去飯店去接Sam到公司開會，由於Sam在會議中提及新的開發案中所使用的新材質工廠在高雄，希望他們二人午餐後跟他一起到高雄鑑定新材質的可行性。沒想到江立薇知道行程後，一直吵著也要跟去高雄，張友諭不答應，她居然哭鬧起來了，沒辦法，張友諭最後請司機載Sam跟宥晴下高雄。

　　這件事情後，江立薇變本加厲，只要張友諭跟宥晴一起外出，她就開始奪命連環call，查勤的電話打不停，常常讓工作中的二人不得不暫停，令人困擾不已。張友諭因為她即將臨盆一昧隱忍，但有個性的二姊卻看不下去，她實在沒辦法苟同孕婦就可以這樣任性無理取鬧，決定跟江立薇好好談一下。隔天一早，二姊迫不急待告訴宥晴她盤問的結果。

「江立薇真是頭殼壞掉了，居然把妳當成假想敵了。」二姊深覺不可思議。

「怎麼會這樣，她到底怎麼了？」宥晴驚訝到不行。

「她懷疑妳喜歡張友諭，跟他搞曖昧。」二姊像在說笑話般。

「那妳有沒有替我解釋，真是天大的冤枉。」

「我鄭重的告訴她，如果妳對張友諭有意，早出手了，她根本一點機會都沒有。」二姊更激動的將之前全家人都屬意宥晴當張家兒媳婦，但宥晴一點兒都不動心的過往說給江立薇聽，希望她就此打住別再胡思亂想。

「無緣的弟媳，當初妳怎麼就是對我弟無動於衷呢？否則現在應該不會是這樣。」宥晴心中湧起一股不安的複雜情緒，不知說什麼才好。

出生的喜悅　停不了的夢魘

江立薇終於生了金孫，張董夫婦逢人就炫耀著金孫說有多可愛就有多可愛，洋溢著含飴弄孫的幸福，而張友諭更是滿滿的喜悅似乎要溢出來了。江立薇可說是母憑子貴，張友諭讓她在一家貴婦級的月子中心做月子，宥晴不能免俗精心挑選了禮物，想到月子中心探望江立薇，分享她的喜氣，下班後張友諭邀她搭便車一起去。

走進這家像五星級飯店的月子中心，氣氛溫馨舒適，沒有醫院的藥水味，也沒有傳統的麻油雞酒味，只有淡淡的玫瑰花香，而江立薇就像是女王般的被花海簇擁著，令宥晴很羨慕，原來結婚、生子是這麼幸福的事。

「恭喜妳，幸福女王。」宥晴發自內心真誠地讚嘆著。

「你們怎麼會一起來？」江立薇不悅的表情很明顯。

「宥晴沒車，下班我順道載她過來。」張友諭笑著解釋。

「最近比較忙下班都晚了，搭公車較不方便，所以搭Frank的便車。」

「妳忙就不必來，不必那麼客氣。」江立薇很冷淡的說著，空氣中凝結著不尋常的尷尬氣氛，宥晴不知道要說什麼話題才恰當，在一陣沉默之後，便想起身告辭。

「不打擾妳休息了，這是我幫貝比挑的禮物，希望他健康快樂，一眠大一吋。」

「我們家貝比的衣服已經很多了，妳就不必破費。」面對江立薇的拒絕收禮，宥晴尷尬得不知如何是好。

「我代替貝比跟阿姨說謝謝，宥晴，搭我的車回去吧。」張友諭接過了禮物，順勢拿起了車鑰匙。

「不用了，你多陪陪老婆，朋友會來接我。」宥晴盡速離開。

　　張友諭希望江立薇留在家照顧孩子，暫時別來上班，此舉讓二姊跟宥晴都鬆了一口氣，不過公司業績頗有成長，勢必要再增加人手。剛放完年假，公司來了二個新同仁，一位是江立薇的哥哥，被安排在廠內學習廠務；另一位是江立薇的表妹Ada，應用外文系剛畢業，長相亮麗，要來當二姊的助理，同時也希望多跟宥晴學直接外銷的業務。這樣的安排令二姊很不以為然，不過礙於她是已嫁的女兒，就像潑出去的水，沒什麼立場置喙，只能找宥晴發發牢騷。

「宥晴，妳有沒有覺得外戚的魔爪逐漸深入，這外戚干政會禍國殃民，真危險。」

「二姊妳古裝劇看太多了，哪有那麼嚴重，張友諭做事一向有分寸。」

「我是怕他被他老婆下符，頭腦不清楚。」

「別擔心，如果他真的被下符，咱們再找大師幫他解，呵呵。」

「妳看她大哥一副不成才的樣子，那個表妹八成跟他表姊一樣只長臉蛋，不長腦袋。」

「江大哥看起來還滿老實的，而且願意在工廠內學習組立椅子，很不錯啊；表妹Ada長得很漂亮，以後男客戶來訪都請她接待，業績一定大增，她可能是我們業務部的祕密武器呢。」

「我看妳真是樂觀過頭，外表老實說不定是扮豬吃老虎，外表美麗鐵定有公主病。」

二姊鐵口直斷，雖然表面上宥晴哈拉搞笑企圖緩解氣氛，其實內心也不免有些擔心，以後要面對二個皇親國戚，不曉得這會不會又有啥麻煩事要發生。

一陣子之後，經宥晴仔細的觀察，二姊的猜測只對了一半，江立薇的大哥江立恆人其實不錯，只不過之前的工作不太順利，因為他學歷不高又沒有專業技能，所以經常換工作，加上有家庭、小孩，卻沒有穩定的工作，一直過得很辛苦；這次經由妹妹的引薦來昱貿，看得出他很珍惜也很努力，只不過整個公司都是張家親戚的勢力範圍，看待他這個外戚，總是會有戒心兼排斥。所幸他總是很認真默默地做，儘管妹妹是少夫人，但他一切按規矩行事，絲毫未耍特權討人嫌，用心很值得肯定。至於表妹Ada就完全相反，不但能力普通且生性驕縱，有嚴重的公主病，二姊對這位外戚早有先入為主的反感，加上剛上班不久就頻頻出包，把二姊氣得半死。

這天一早又聽到二姊提高音量質問Ada，原來有一批貨要出空運，二姊交代Ada在空白貨運單據上蓋公司大小章及發票章，然後寄給空運forwarder準備製做報關文件，不料Ada又出包了。

「Ada，怎麼搞的，空運的空白貨運單據妳蓋章怎麼那樣的蓋法？」

「Commercial Invoice及Packing list各三份及委託書全都蓋了章，也寄給Forwarder了，有什麼問題嗎？」Ada不解地辯駁著。

「Forwarder剛才打電話來罵，妳有沒有commonsense，公司大小章有人用黑色印泥蓋的嗎？」

「為什麼不可以，發票章不就用黑色印泥？」她的理直氣壯一點兒也不輸江立薇。

「依我看妳不叫Ada，應該叫『阿達』才對，頭殼壞掉啦！」嗆辣的二姊極盡譏諷。

「張友諭我跟你有仇嗎？幹嘛找個白目女來凌虐我，趕快把你的小姨子調走。」二姊再也忍不住，立刻叫張友諭火速處理。

　　張友諭在二姊的強力要求下，不得已只好將Ada安排在自己的部門，請宥晴帶著她慢慢學，宥晴從最簡單的英文開發信及回覆詢價信開始，讓她循序漸進地學習；照理說應用外語系畢業，該有一定的英文能力，但每次宥晴請Ada寫封英文信，糟糕的文法加錯誤的語法，總是讓宥晴得花很多時間改寫，幾乎是重寫一次。

　　宥晴有感於當自己是新手時，沒人帶她，讓她自己在國際貿易一途摸索得很辛苦，現在換她帶新手，自覺應該多提點一些，讓新手少走些冤枉路。不過往往事與願違，Ada對於宥晴的提點並不領情，常擺臉色，宥晴不禁嘆道這是什麼年代。

「Ada，昨天傳來的二封詢價信妳回覆了嗎？」

「Aurora，每次都被妳改得面目全非，乾脆妳自己寫，免得浪費

時間。」

「Ada，這不是妳該有的態度，請妳趕快回覆。」面對這個白目的皇親國戚，宥晴還沒拿捏好該如何跟她相處。

除此之外，她似乎是江立薇派來臥底的，張友諭跟宥晴難免會因為討論公司而聚在一起，又因為共事久了，交情好默契佳，總是氣氛和諧有說有笑，這時候就有狀況會發生，屢試不爽，當張友諭下班回家後江立薇就會開始盧他，內容千篇一律。

「為什麼你跟宥晴就有說有笑，跟我說話就這麼不耐煩？」

「妳到底到盧什麼，我跟宥晴都在討論公事，妳吃哪門子的醋。」

「宥晴是妳的得力幫手，妳當初怎麼不娶她？」

「我們只是同事，我為什麼要娶她？妳有完沒完。」

「你跟她常常出差，你們之間一定有什麼不可告人之事。」

「江立薇妳閉嘴，說夠了沒？」

秀才遇見兵，有理講不清的結果就是盡速閃人。

相愛容易　相處難

愛情最大的難處在於是和對方的優點談戀愛，卻和對方的缺點生活在一起。婚後的生活像擦過的火柴，擦亮之後就再沒有光采，隨著江立薇的情緒越來越容易失控，甚是到了歇斯底里的地步，連個性不錯的張友諭也漸漸無法忍受，經常一大早就眼泛血絲、猛灌咖啡，表情痛苦。

「張友諭你有沒有吃早餐？黑咖啡當喝水，當心胃穿孔。」宥晴順手遞了一包蘇打餅乾給他，怕他的胃潰瘍又發作了。

「大概他老婆昨晚又盧他了，她整天閒著沒事，就等老公回家盧死他。」二姊帶氣地消遣張友諭。

「大ㄟ牙勢啦，昨天喝太晚了，害你回家被嫂子修理，不過老婆太盧的話，應該要教一下，男人在外工作很辛苦，拿出你的男子氣概叫她別太超過。」原來昨晚張友諭和小江一起跟客戶吃飯，又續第二攤喝酒晚歸。

眾人你一言我一語，只讓張友諭的眉頭更緊，什麼都不說，宥晴看著張友諭憔悴的神色，不僅感慨，當初愛得死去活來，不計一切代價也要在一起的二人，現在怎會變成這樣呢？當初她全力幫助他們，到底是對還是錯？

下個月將要去日本參展，到時候張友諭不知是否還能一起去？想到這裡宥晴不僅憂心忡忡，因為要訂機票跟飯店，還是得跟張友諭確認。

「下個的日本的IFFT展（日本東京國際家具展）你可以一起去嗎？我要預定機票跟飯店。」

「這還要問？我跟渡邊先生約好要談一個新的企劃案，一定得去。」

「可是立薇最近情緒不佳，她會讓你去嗎？」想到江立薇的歇斯底里，宥晴很擔心。

「不用理她，不能讓她的情緒化影響到我的工作，展完後我們再多留二天，順道去大阪拜訪佐佐木先生，妳盡速安排一下。」

準備參展雖然忙碌，但是宥晴依舊開心，因為日本展即將到來，讓愛吃日本料理的她期待不已，出發到日本的前幾天宥晴接獲一封來自貝南Mr. King fat的詢價信，她還查了地圖，看貝南到

底在哪裡？原來是非洲的小國家，直覺應該不是看好的潛力客戶，不過無論如何還是依慣例報了價，此客戶很快回覆，想買其中五款椅子當樣品，並表示這些樣品將在二星期後舉行的展覽會上展示，時間非常非常急迫，請昱貿盡速將這些樣品以空運的運費到付方式寄出，他願意付樣品費。

宥晴覺得有些怪，他選的都是高單價的椅子，這些通常是已開發國家才會訂購的椅款，但是她還是打了P.I.總金額550美元給此客戶，請他先電匯貨款再寄樣品，數天後他傳真了一張類似匯款書的收據，表明已匯付樣品費，請工廠盡快將樣品寄出，宥晴查了銀行，這筆匯款尚未入帳，所以她將這批樣品先候著，而她即將前往日本參展，所以將此事交代給Ada，並囑咐她務必要款項匯入公司戶頭，才可寄出，宥晴隨即和張友諭赴日參展。

一個星期回國後，一大早宥晴上班正看Ada給她的已辦事項紀錄，發現這批樣品椅已經寄出。

「Ada，貝南客戶的樣品椅寄了，匯款進來了嗎？」

「啊，對喔！我忘了先查匯款到底進來了沒？」

「那妳怎麼會先寄樣品呢？」

「因為妳去日本的隔天，他打了好幾次電話來催，說再不寄出，會來不及參展，看他很急的樣子，所以我就先寄了。」

宥晴趕緊打電話去銀行問，結果匯款並沒進來，但貨都寄了也沒辦法，於是宥晴一直跟Mr. King催匯款，他堅稱已經匯款了。等了二個星期，匯款卻都無下落，宥晴心想大概被騙了，還好只是一萬多台幣，就認賠了事，這Ada還真是成事不足敗事有餘。

到了月底，這件被詐騙樣品案幾乎都快被忘了，這時卻投下了一顆震撼彈，Fedex的帳單來了，寄這一批樣品的快遞費高達臺幣14萬，宥晴幾乎快暈倒了。

　　「Ada，妳怎麼會將貝南的樣品寄快遞？我不是交代妳要寄空運，而且必須是運費到付？」宥晴強忍著怒氣。

　　「可是Mr. King說很緊急要我寄Fedex，所以我就照他的意思寄了。」一副無辜的白目樣。

　　「妳知道這筆快遞費高達14萬台幣，我們得支付，這麼辦才好？」宥晴氣得快得內傷了，音調不斷提高。

　　Ada不諳一般國際快遞的規則，通常對一些開發中國家例如東歐、非洲、中東、中南美洲等地區，並不接受運費到付方式送貨服務，只接受由寄件公司付費。

　　或許是二人個性差異逐漸顯現，張友諭跟江立薇持續爭吵不斷，連張董夫婦都看不下去，紛紛介入調停，而看著日益憔悴的張友諭，宥晴連問都不敢問，一來怕又招惹江立薇的誤解，二來越來越對自己當初的大力撮合他們感到內疚，明明不關她的事，可是她的心卻隱隱地痛著。

　　一早張董夫婦、二姊及張友諭都鐵青著臉，宥晴敏感的揣測著，有大事要發生了，詭異的是，連平時與她交好的二姊都對她很冷漠，這種氛圍讓宥晴很害怕，下午張董夫婦叫宥晴進會議室說有事要談。

　　「宥晴我們待妳那麼好，一直把妳當自己人，結果妳真的讓我們很失望。」董娘先開口發難。

「張媽媽，怎麼了？請告訴我做錯了什麼讓您如此生氣。」宥晴被罵得一頭霧水。

「昨天友諭和立薇大吵，我們才意外得知，妳當初居然私下幫著他們一起來欺騙我們。」

原來氣瘋了的江立薇居然將婚前宥晴如何幫二人製造機會、暗渡陳倉之事全盤托出，想堵住董娘的責罵。

「張媽媽，很抱歉，我不知道事情會變成這樣子。」無限的歉疚。

「我們雖然很喜歡妳，但也沒逼妳一定要嫁友諭，妳何苦急於將他推給一個不適合他的女人。」這真是天大的冤枉。

「事情不是這樣，我不是那樣想的⋯⋯」宥晴忍不住哭了起來。

「你們還年輕哪懂得什麼是婚姻，以為相愛就可以結婚，如果婚姻真是那麼簡單的事，這世上的怨偶就不會那麼多，當初我們極力反對，一定是有我們的道理。」董娘語重心長。

「我不是有意的，真的很抱歉，對不起⋯⋯」宥晴哭得厲害，簡直說不出話來了。

「爸媽，別再說了，我跟立薇的問題，不關宥晴的事。」張友諭一把將宥晴拉出會議室。

「我一直把妳當好姊妹，妳居然這樣擺我們一道。」到了辦公室遇到二姊，連二姊也氣憤不已。

這天下午，宥晴思緒混亂，張友諭讓她提早下班回家休息，經過這樣驚心動魄的考驗，宥晴必須要好好想想接下該何去何從。

林長壽：林致翰的爺爺，經營中藥鋪，地方上有名望的大地主

順成衛浴配件

陳浩東：老闆，衛浴配件製造商

陳立偉：陳浩東之子，國一生，宥晴的家教學生

Eric：商品設計師

奕冠車床零件

老江：老闆，車床零件製造商，陳浩東好友

江太太：老闆娘，負責外銷業務

不是結束　是嶄新的開始

　那天宥晴從公司哭紅雙眼，失魂落魄回家，把王媽嚇了一跳，等宥晴解釋完事情始末，她才嘆氣。

「早跟妳說過了，熱心過頭亂幫忙，人家剖柴連占剖，妳真心換絕情。」王媽除了心疼，也忍不住說教一下。

「我怎麼知道會這樣，只是單純的想幫忙，真的衰死了。」鬱卒到極點，拼命抱怨。

「妳還太年輕，不識人心，單憑滿腔熱情處理事情容易出錯，希望妳經一事長一智，以後妳不管面對人或事要多一些理性，別老是感情用事。」王媽太了解這個浪漫而天真的女兒。

「好啦，絕對改進，真的是豬八戒照鏡子裏外不是人，現在想到回去上班就很煩。」

「我看妳辭職好了，繼續在那裡工作一定還會有問題產生，這樣永無寧日，去考個公職端鐵飯碗比較妥當。」王媽舊事重提。

「又來了，我不要考公職，至少這輩子不考慮啦，拜託！」

　生性浪漫愛自由的宥晴才無法接受單調又制式的工作，不過她倒是認真的考慮媽媽的建議，辭去昱貿的工作，但想到將近三年來的打拼，從開疆闢土主打國際市場，到現在井然有序的成長，每個過程都令她非常不捨。不過以目前這樣尷尬的狀況，離開會是最好的解決方法，只是宥晴不知如何跟張董夫婦開口，儘管他們對宥晴曾有特殊的期許，但是他們待宥晴的好，對她的提攜，也令她銘記在心，無以為報。

　「對了，剛剛有個帥哥來找妳，說妳的手機一直打不通。」王媽

想逗逗心情不佳的女兒。

「誰，金城武嗎？真不該關機的。」淘氣的宥晴，也想讓媽媽放心。

「長壽伯的孫子，多年不見我都快認不得了。」王媽說得眉開眼笑。

「林致翰？他回老家探望爺爺、奶奶？」宥晴想起孝順的林致翰，雖然隨父母搬遷至台北，但是一有空就會回中部探望二老。林長壽是地方的大地主，不願隨著兒子媳婦遷居至台北，喜歡待在老家，守著經營一輩子的中藥鋪。大學畢業後這幾年致翰回來時，偶而會找幾個要好的國中同學敘舊，印象中已經好久沒聯絡了，也不知他在忙些麼。宥晴打了個電話給他，才知道致翰這幾年不但已經拿到碩士學位，更考取律師執照，目前已經在知名律師事務所工作。

「恭喜你，大律師。」儘管很為他高興，只是現在的她，實在高興不起來。

「妳心情不好？」致翰聽得出來。

「沒什麼，工作上有些煩心的事，覺得有些累。」宥晴有氣無力的說。

「以後有需要我幫忙的，儘管說。」致翰熱心的表示。

「呸呸呸，需要找你時，我就倒大霉啦」宥晴沒好氣的回道。

「法律之於商業交易很重要，它可應用在事先預防，不只是事後的訴訟，像是契約，智慧財產權等等，法律是保護懂得法律的人，知道嗎？」

「原來是這樣，那我真的太幸運了，有你罩著，啥米攏毋驚！」

　關於辭職一事，為了慎重起見，宥晴先向張友諭提及，順便也

商量一下該如何說才不會唐突。

「Frank，我想辭職，但不知怎麼跟董事長開口才好，教我一下吧。」

「宥晴，我知道妳受委屈了，但是妳怎麼可以如此的孩子氣，才這樣就想辭職。」好久沒看見張友諭對宥晴發火了。

「你幹嘛生這麼大的氣，先找你商量嘛。」宥晴知道張友諭在工作上依賴她很深，所以當然很火大。

「沒有解決不了的事情，只有過不去的心情，妳別想太多，我的家務事我會處理好，辭職的事希望妳別再提了。」張友諭斬釘截鐵地說。

　　張友諭終究無法體會宥晴全盤的考量，所以一昧拒絕接受她的辭職，逼不得已，宥晴只好找二姊談離職的想法，畢竟她們相交甚深，又同為女性，能夠了解宥晴不得不離職的考量。

「我懂得妳的為難，但是我忍不住要說說妳，枉費我們一家人對妳這麼好，妳卻幫一個妳不甚了解的外人進來我們家，現在弄得雞犬不寧。」二姊對於宥晴幫江立薇一事還是耿耿於懷。

「二姊，請你別再說了，我已經夠難過了，我保證即使我離職，以後公司需要我幫忙，我會盡可能幫忙，好不好？」

「那妳也要答應我，一定要找到合適的接替人選，才可以離開。要找到像妳這麼優秀的人選才可以，不過我看是很難。」二姊很惜才，令宥晴又紅了眼眶。

　　拗不過宥晴的請託，二姊向張董夫婦及張友諭委婉地解釋了宥晴為難之處，及不得不離職的處境，最後宥晴在張董的諒解下獲准離職。負責任的宥晴，也幫公司找了優秀的學妹Amy來接替她

的工作，讓外銷業務無後顧之憂。

在昱貿的最後一天，董事長夫婦、張友諭、二姊、小江及學妹Amy，席開一桌幫宥晴餞行，此時令宥晴淚眼婆娑，感動到說不出話來。

「宥晴，接下來有什麼打算呢？」張友諭關心地詢問著。

「我要去美國洛杉磯阿姨家住一陣子，休息一下順便進修充電。」她已經有了下一步的規劃了，到遠嫁美國的阿姨，王媽的小妹家渡假。

離職後的某一天，張友諭突然約宥晴見面一起吃飯，說是有東西要給她；吃完飯後，張友諭遞給宥晴一只信封袋。

「這是給妳的禮物，謝謝妳一直這麼幫我。」張友諭真摯誠懇的說。

「這是什麼，一百萬支票嗎？我可是會收的喔，現在後悔還來得及，呵呵。」宥晴恢復開朗活潑的本性。

「最好是一百萬支票啦，妳趕緊拆開來，免得我後悔。」張友諭開心地笑著。

宥晴一打開，居然是一張台北──洛杉磯來回機票，讓她驚訝的說不出話來。

「去散散心吧！不過別被外國帥哥釣走，記得回來，再回來幫Frank哥哥喔。」

張友諭一席話讓原本已經眼眶泛紅的宥晴，瞬間落下了成串的眼淚，張友諭給了宥晴一個大大的擁抱，祝她旅途愉快，二人隨即告別。

有了這張台北──洛杉磯來回機票，宥晴到AIT很順利的取得美簽，開心前往美國放大假去了。

　　到了風光明媚的洛杉磯，正值暑假的表弟Allen帶著宥晴四處去玩，環球影城、迪斯尼樂園、好萊塢影城、賭城拉斯維加斯及舊金山，宥晴樂不思蜀開心極了，不過阿姨怕她玩野了，最後還是在鄰近的社區大學幫她報名一些進修課程，參加ESL班，希望她在英文有精進，更上一層樓。

　　在UCLA任教的姨丈，認識好一些單身的博士生，正跟阿姨商量，幫宥晴介紹這些優質的準博士，如果有情人終成眷屬，就可讓宥晴留在美國落地生根，阿姨也將會多一個伴。宥晴的阿姨興沖沖打越洋電話告訴姊姊這個想法，沒想到王媽非但沒接受小妹的建議，反而要宥晴立即回國，深怕她真的遠嫁美國。

　　原本太過清瘦的宥晴，在L.A.半年居然豐腴不少，返台時爸媽很開心，看來這半年來寶貝女兒過得很好。

　　回台不久宥晴就回昱貿探班，董事長夫婦很開心地問長問短，並說公司的業務穩定成長，學妹Amy跟張友諭合作無間，直接外銷的生意越來越好，看來宥晴的離開也沒造成多大的影響。世界上，沒有任何人會具有絕對不可或缺的重要性，不管少了誰陽光依舊普照，地球照樣旋轉。

　　「宥晴美女，才半年妳明顯的圓了一圈，幸福肥，真羨慕。我也想『拋夫棄子』放個大假。」二姊忙不迭糗著。

　　「二姊妳好壞，哪壺不開提哪壺，我會盡快減肥啦！」宥晴笑著抗議。

　　「宥晴，明天有二組國外客戶要來，我跟Amy恐怕忙不過來，妳

可以來助陣一下嗎？」張友諭一看到昔日的工作夥伴來，很開心地邀約。

「當然沒問題，我要負責哪部分？先給我議程大綱。」

「妳負責最艱鉅的任務，中午跟美國客戶Sam吃飯，然後帶他city tour，四處逛逛，再送他回飯店，因為下午我跟Amy要跟中東客戶開會，分身乏術。」

「哈哈，是紐約H.D.的Sam嗎？他終於要來確認新材質的成品了。」宥晴很開心又能見到熟識的美國客戶Sam。

「是啊，他知道妳離職直說好遺憾，現在由你來接待他，給他一個Big surprise！」

「太棒了，這可是有吃有玩的好康差事，接待外賓可是我的強項呢。」宥晴愉快地允諾。

在外賓來訪時，除了商務洽談外，如果時間充裕，總會安排一些餘興節目藉機搏感情、培養默契、拉近距離，這個任務看來似簡單，實則難度頗高。多數的國貿業務跟外國客戶開會洽商，通常不是問題，最怕的是下了會議的entertainment hours，接待外國客戶吃飯、閒聊。因為如果個性不是很活潑大方、敏銳反應佳的人，恐怕落得冷場尷尬很難勝任，而宥晴聰慧機伶，討人喜歡的個性，接待外賓可是她的獨門絕活。

奉張友諭之託，要好好招待Sam，但是老美的習慣，通常不太重視中餐，所以Sam告訴宥晴吃個簡單中餐就好，他想多留一些時間四處逛逛，宥晴知道Sam喜歡暢遊古蹟，所以帶他到中部著名的古城 —— 鹿港，一路上，宥晴說故事般地介紹鹿港的歷史，包括鹿港地名的緣起、著名廟宇與慶典介紹、著名小吃介紹等。

愛嚐鮮的Sam，大膽的試了蚵仔煎、鹽酥蝦猴、牛舌餅、芋丸粿之類的當地美食；到了媽祖廟天后宮時，信仰天主教的Sam也入境隨俗、學香客焚香祭拜；在九曲巷街頭的鳥掛算命攤前，Sam好奇的駐足，得知是鳥兒算命後玩興大發，試了一下，宥晴便充當半仙翻譯，幸好是好籤，就這樣一路吃一路玩。走到一家很奇特的店，據說店內展示珍禽異獸，二人好奇買了門票進入，結果才一進門，宥晴馬上失聲尖叫，奪門而出，原來她看到了她的天敵，一條巨大的黃金蟒蛇就蟠踞在入口處，這下子可把Sam笑到直不起腰來。

　　形象盡失的宥晴，尷尬地道歉，Sam提議換個地方，於是宥晴又帶他到八卦山看大佛，到了大佛廣場，宥晴說了一個古老的八卦傳說給Sam當導覽引言，Sam聽了一臉興奮，當場搞笑起來了。

　「There is a superstition here in the Budd has quare. Lovers cannot visit here together or they will soon be apart.」（在大佛廣場流傳著個古老的傳說，就是情侶絕不能一起來這裏，否則一定會分手。）

　「Does this superstition also hold true for a couple?」（這傳說對夫妻也有相同的效果嗎？）

　「Could be, why do you say so?」（可能吧，您怎會這麼問呢？）

　「May be I should take my wife here next time, Ha! Ha! Ha!」（也許下次要帶我老婆來才對，哈哈哈！）

　「Too funny. You are bad. Ha! Ha! Ha!」（太好玩了，您很壞喔，哈哈哈！）

　「Thank you very much Aurora. I haven't been so happy for a while.

You really made me smile today.」（非常謝謝妳，我好一陣子沒這麼開心了，妳帶給我美好的一天。）

「My pleasure, I wish I could do much more for you.」（別客氣，我真誠希望能再為您多做一些。）

　夜幕漸漸低垂，宥晴送Sam回飯店，也一起吃了晚餐後告別，在返家的路上心情很好，終於不負使命，完成重任。

充電　為下一段啓航

　回首過去這幾年來的職場生涯，儘管不長但酸甜苦辣可一樣不缺，想再重新找工作，似乎缺少一股動力，剛好遇上了久未聯絡的學姊芳儒，一聊之下才知道，她因結婚生子辭職，目前想在重回職場前多增加實力，準備考研究所。這一說剛好激發了宥晴心中的動力，二人便並肩作戰，一起考進了母校就讀MBA。

　MBA的課程對於宥晴游刃有餘，碩一就把多數的課程修完，碩二開始只剩下為數不多的課程及論文，閒不住的她靜極思動，當起兼職英文家教。學生陳立偉是國一生，父母離異後，母親另組家庭，忙於事業的父親幾乎無暇照料他，請了一位幫傭阿姨照料他跟爺爺的生活起居。也許是缺乏父母的關懷讓他個性早熟，調皮好動，功課一塌糊塗，家教老師不知換了幾個，剛開始宥晴也被他整的很慘，上課不專心，調皮搗蛋，氣得宥晴幾乎想放棄，就在母親節前夕，她才了解一臉不在乎的立偉，心中有個好大的傷口。

　這天上課立偉跟往常一樣不專心，常常打斷宥晴的解說，於是她想先休息，跟他閒聊一下。

「小偉，母親節快到了，有沒有準備什麼禮物要給媽媽？」

「送她禮物幹什麼，那個討客兄的賤女人。」立偉恨恨地說著。

「不可以這麼說喔，媽媽或許有她的苦衷才會離開。」宥晴嚇到了，胡亂安慰著。

「有什麼苦衷，妳們女人都一樣賤。」這孩子一定是常聽到大人情緒性的對罵，有樣學樣出口成髒。

「今天我們不要上課了，你願不願意跟這個『賤女人』一起去吃雞排呢？」還剩下半個鐘頭，宥晴乾脆不上課，想寵一下這個缺愛的孩子。

「老師，對不起……」立偉剛才劍拔弩張的態勢頓時消失無遺。

「下次不管對誰都不可以再說這麼不禮貌的話，可以嗎？」開始心戰喊話。

「嗯。」立偉小聲答應，點點頭。

「一言為定喔，打勾勾，說謊的人是小狗。」二個人愉快地吃炸雞排去了。

又到了該上家教課的日子，來到了陳家，幫傭阿姨告訴宥晴，立偉還在學校，會晚一些回家，要請宥晴稍等一下。宥晴便趁機跟阿姨閒聊，意外得知立偉的父母四年前離婚，白手起家的陳先生，年輕時一直努力打拼事業，年近四十才娶了公司年輕貌美的會計，生下了立偉；也許是年紀相差太多，溝通困難經常大吵，陳先生一直懷疑她紅杏出牆，陳太太則受不了他的疑心及壞脾氣，最後逼不得已拂袖而去。年輕貌美的她很快再婚了，那一陣子陳先生鬱悶到經常借酒澆愁，一回家就發酒瘋，亂吼亂罵，儘管後來陳先生還是振作起來努力打拼事業，但他始終不知，他的

憤怒及發洩已經在兒子心中劃下傷口。

　　還在等立偉回家時，陳先生突然出現，手中拿了一疊文件。
「王老師，不好意思要麻煩妳幫我看看這些英文信。」五十出頭
的陳先生，靦腆的笑著，實在很難想像他怎麼會將老婆罵走。
「這些是外國來的詢價信，您公司的產品開始外銷了嗎？」宥晴
迅速看了一下。
「是啊，內銷市場小生意難做，外銷又被貿易商壓榨的幾乎沒有
利潤，去年到德國看展，我就想應該試試做直接外銷，省去中間
商的層層剝削。今年初我開始在外銷雜誌登廣告，之後就常接到
這類的信件，但沒人可以處理，加上我英文也不好，就一直擱
著。」他苦惱的解釋。
「我可以幫您，不過要給我一些時間，我先幫立偉上課，回家再
處理。」見人有難，正義天使馬上自告奮勇。
「真是太謝謝妳了，萬事拜託。」如釋重負的陳先生，立即又出
去忙了。

　　看到這些久違的書信，就好像見到老朋友那樣熟悉，本科系加
上厚實的實務經驗，撰寫書信對宥晴而言，簡直易如反掌，才一
下子她不但將所有信件翻譯好，可以回覆的也都寫好回信交給陳
先生。
「王老師，妳英文很厲害，之前朋友念外文系的女兒，幫我翻得
二二六六，真是有看沒有懂，妳譯得真好，連回信都幫我擬好
了。」陳先生拿到已處理好的書信，嘖嘖稱奇，讚不絕口開心的
很。

「過獎了，其實我之前在外銷公司當了好幾年的國貿業務，所以對這些書信很熟悉，處理起來也格外得心應手。」宥晴實話實說。

「原來是這樣，那真是太好了，以後可能要常常麻煩妳幫忙。」陳先生眼中閃爍著希望。

「沒問題，需要我幫忙儘管說，這是我的Email，國外的信件可以直接轉給我，我來幫您處理。」一向熱心的宥晴絲毫未遲疑便答應。

「王老師，那就先謝謝妳了，我會另外付給妳翻譯的費用。」陳先生誠懇地提出建議。

「不必這麼客氣，這是舉手之勞，別這麼見外。」宥晴婉拒著額外的酬勞。

「但這樣我就不好意思麻煩妳。」陳先生很為難。

「這只是舉手之勞，收酬勞我才會不好意思。倒是有件事不知陳先生可否幫忙？」看著氣氛不錯，宥晴斗膽提出了不情之請。

「王老師，請儘管說，我做得到的一定沒問題。」滿口允諾著。

「立偉正值青春期，可否請您多撥一些時間陪陪他。」個性雞婆的宥晴戰戰兢兢的說著。

「好，謝謝妳，王老師。」陳先生眼中閃過很複雜的情緒。

宥晴怕說錯話氣氛尷尬，趕緊一溜煙跑到書房給立偉上課。

立偉的父親陳浩東早期是做沖床零件加工，因為產品品質優良，生意很好，後來有貿易商看中他技術到位，提議一起合作開發衛浴零配件，像是毛巾架，馬桶刷組、置物架等成品。早期台灣多數的加工廠依賴貿易商很深，因為多數的老闆都是技術起家

國際貿易相關過程及步驟

主要外貿相關機構之認識

經濟部 國際貿易局 Board of Foreign Trade	財政部 關稅總局 Directorate General of customs	中央銀行 Central Bank of the Republic of China
進出口 貨品分類 進出口廠商登記	關稅稽徵 查緝走私 保稅退稅 貿易統計 建管助航設備	發行貨幣 穩定物價 維護金融穩定 保管黃金 管理外匯市場

踏進「國際貿易」的第一步

公司英文命名
- 直接音譯
- 具意義
- 符合產品屬性

英文名稱預查

選擇優質代辦單位

成為「貿易事業體」
- 公司執照
- 營利事業登記證
- 進出口廠商登記

「登記種類」可分為
- 新登記
- 變更登記
- 重新登記
- 撤銷登記

的黑手老闆，學歷不高、不懂英文、不會說，也不知該如何做生意；而近年來大量的傳統產業紛紛遷廠至大陸、東南亞等地以降低成本，加上微利時代來臨，買賣雙方都希望縮短中間的供應鏈，因此興起一波買主直接找製造商交易的風潮。這些黑手老闆為了生存，逐漸邁開腳步，想辦法跨足國際，陳先生看出這個趨勢，早就著手佈局，但為了怕惹惱貿易商，他以另外開發新產品做為市場區隔；原本苦惱於自己英文不佳，無法直接跟外國客戶做生意，現在有了宥晴的協助，更有信心了。

另一方面，宥晴秉持「送佛送上西、好人做到底」的精神，決定要幫就要幫到位，她找了一天到陳先生的工廠進行全盤了解，這才發現其實還有許多事項未完成。陳先生的公司有營利事業登記證及公司執照，但是卻沒有「進出口廠商登記」，這是從事進出口生意必備的執照，沒有執照就無法直接經營進出口貿易。在宥晴建議下，陳先生馬上請會計師協助申請執照相關事宜，而宥晴則幫公司「順成」取了一個響亮的英文名稱「Soon Chance」，等一切就緒，就朝向直接貿易邁進。

無心插柳　柳成蔭

陳先生一開始鎖定的外銷市場，和台灣大多數的外銷企業一樣，都是從主要市場如歐、美、日開始，因為這些市場已存在這類商品，通路不虞匱乏，以此為目標市場逐步展開拓銷，的確是有效也比較少出錯的好策略，因此被多數外銷廠商視為安全的起步。不過，主要市場也是兵家必爭之地，競爭者眾，較好的利基已經被先來者占領，後到者就得靠產品的優勢及行銷策略，才能

見縫插針，進行卡位戰。

　　陳先生以生產技術到與優質的產品作為公司的核心利基，宥晴建議他多開發一些新產品，當成吸引國外買主「引君入甕」的推廣樣品，藉以展示公司具有開發與製造產品的雙重實力。此外，宥晴也積極協助陳先生找廣告公司，架設公司網頁、製作產品目錄；陳先生也從外銷雜誌等平面廣告展開宣傳，尋找潛在客戶。在宥晴的協助下，順成的衛浴配件正朝國際市場進軍中。

「王老師，妳真的很厲害，懂這麼多，真謝謝妳。」

「陳先生，之前的工作讓我學習很多，加上MBA的課程也讓我學到更多元的國際企業經營策略，我也還在學習當中。」

「王老師讓妳幫這麼大的忙，我一定要付妳費用才行，現在妳不能再推辭了。」陳先生執意要付費給宥晴。

「那就恭敬不如從命，先謝謝您，以後叫我宥晴好了，一直叫我王老師，怪不好意思的。」再不收費唯恐顯得矯情，況且多一項收入也不賴啊。

　　宥晴終於修完所有MBA學分，也順利通過碩士論文取得碩士學位，現在她正面臨要回家，不得不辭去立偉的家教及順成的兼職工作。

「陳先生，謝謝您這一年來給我機會，讓我的國貿之路不曾間斷，有更多的歷練。」

「立偉的家教老師可另外再找，但是公司外銷的業務還是要妳幫忙，公司外銷的前置作業已經完成，下一步就是要進行國外市場的拓展，我相信只要妳繼續幫忙，未來一定有機會。」陳先生想說服宥晴繼續幫忙。

「可是我已經畢業了，必須搬回家去。」宥晴頗感爲難。

「妳可以在家工作，我會幫妳準備傳眞機和電腦，就能繼續協助我們對外聯絡，必要時再回公司討論就好，妳覺得這樣如何？」陳先生想了不錯的解套方案。

「當然好，只是對您來說比較不方便。」

「不會，妳已經幫我一段時間了，我很放心把業務交給妳處理。那我們就這麼說定了。」

　　由於陳先生支付宥晴頗佳的酬勞，加上工作時間很彈性，她也閒不下來，又兼了幾個英文家教的工作，這樣的工作模式，不但不受拘束，收入也比固定上班好，對於愛自由的宥晴而言簡直如魚得水，開心極了。

　　宥晴生長在一個非常開明的家庭，父母對她的生涯規劃都能給予尊重，在家工作的模式，他們雖不了解但也不干涉，因爲他們深信女兒做事情很有分寸。宥晴就在無心插柳的情況下開始了SOHO族生涯，這可讓她的同學們羨慕得眼珠子快掉下來了。

　　爲了讓產品更多元化、更創新，陳先生一直致力於新產品的研發，只是雖然他技術很到位，但對於設計新產品終究心有餘力不足，經過一段時間的嘗試之後，覺得還是必須藉由專業人才的幫忙才能事半功倍，於是找宥晴來共商大計。

「宥晴，目前外銷產品的系列還是不足，我想多開發幾款新產品，準備參加明年的德國展，妳知道哪裡有專業人才幫忙設計產品？」

「之前我曾去外貿協會聽過幾場海外行銷的座談會，才知道外貿

協會設有『海外台北設計中心』，聘請當地的設計師，運用當地的資源，協助我國業者，特別是中小企業廠商，生產出符合當地的設計風格、被當地消費者接受的產品，來拓展國際市場。」

「聽起來很不錯，上網查的到嗎？現在就查查看。」陳先生迫不及待地想進一步了解。

「我現在就查……查到了。」宥晴趕緊給陳先生看。

「自民國八十一年起，外貿協會先後在德國杜塞道夫、義大利米蘭、日本大阪以及美國舊金山設立了海外台北設計中心。」

杜塞道夫台北設計中心是政府最早設立的海外設計中心。選擇這個地點，主要是著眼於德國向來是我國在歐洲最大的市場，可說是我國對歐貿易的門戶，而且德國的工業設計獨步全球，國際間重要的展覽經常在德國舉辦。「杜塞道夫設計中心所設計出的產品生產性都蠻高的，具有獨特的品味，對品質的要求也相當嚴謹。」

「太好了，我看就選杜塞道夫，因為我們的東西在歐洲的風評不錯，這應該是我們要進軍的主要市場，另外德國五金展也得盡快報名，明年一定要去參展。」

「那我們就趕快進行，就這二項盡速提出申請。」

杜塞道夫台北設計中心的設計企劃案，正如火如荼進行著，陳先生從外貿協提供的設計師資料中，挑選出適合的設計師，大約三個月後設計初稿就可完成，他算了算時間，剛好那時會去德國科隆參加五金展，可以順道去杜塞道夫看設計稿。

在準備展品前，宥晴向陳先生提及展場布置的重要性，與適時利用一些道具來襯托展品，可收畫龍點睛的效果，為產品加分。

通常歐美展在45天前就必須將展品以海運寄出，宥晴在展品裝船前來順成看了一下，當場嚇了一跳，居然足足有二個CBM（立方尺）的展品。一般而言，除非是材積大的展品，否則參展品一個CBM就很多了，原來陳先生覺得首次參展，所以多帶了些展品，加上他認為合適的道具，結果就這麼多了。

「宥晴，還有幾款浴室掛架及掛鉤還沒好，到時候我們再帶過去。」陳先生恨不得將所有產品都搬去參展。

「搭飛機的隨身行李有限重，超重的話一公斤要收800元，我們要先算好。」宥晴趕緊將可能發生的狀況向陳先生一一說明，免得到時進退兩難。

展覽行銷　德國科隆國際五金暨DIY展

出發當天到了機場，宥晴發現陳先生除了自己的行李之外，還有三大箱展品，心想這下肯定超重，果然在報到劃位時，超重20公斤，超重費高達一萬六千台幣，陳先生傻眼之餘，馬上與航空的地勤人員理論起來。

「之前超重都沒加收，這次是因為要參展，展品太多，能不能請你們通融一下？」

「很抱歉，可能之前的規定已改，而且今天機位全滿，大家的行李都很多，依公司規定必須加收超重費。」

陳先生不死心地再三的討價還價，地勤人員可能被盧煩了，情緒大壞，音量提高說：「大家如果都像您這樣要求，飛機過重飛不起來，到時候你們就游泳過去好了。」

宥晴眼見情況不妙，趕緊找領隊協助，幸好領隊幫忙，幫他們分攤了一些重量，陳先生支付部分的超重費，終於順利登機了。

經常參展的人，總是將參展比喻為大拜拜，而科隆國際五金展更被妙喻為「建醮」的大拜拜，由於是大展，參展廠商踴躍，整架波音747五百多個座位全滿，宥晴為了這20多小時的長途航程，全程訂了水果餐，由於屬特別餐，開始送餐服務時，一定是第一優先送餐，這樣就可以搶第一，早早用完餐睡覺。

　　飛機起飛後一段時間，空姐開始送餐，果然宥晴的水果餐馬上就送來了，引起鄰座一位年長女士的側目。

「小姐，妳是要到比較的遠的地方嗎？」

「怎麼說？」

「不然你怎麼有東西吃，我們卻沒有。」

「喔，這是因為我訂的是特別餐，所以會第一個送，您的餐點等一下會送來。」

「原來是這樣，我下一次也要訂特別餐，才可以先吃。」

　　宥晴不僅莞爾一笑，原來這是真實會發生的事，不是笑話，這位資深女士真是可愛極了，吃完了水果餐，簡單漱洗完後，敷上強效保濕面膜，準備睡覺時，一眼望去其他人還在用餐。

　　來到風光明媚的科隆，時值三月初，冷冽的空氣，令人精神為之一振。位於歐洲樞紐的德國，又是工業立國，一直是展覽重鎮，尤其以科隆展覽館最廣為人知，科隆展覽館共有11個展館，占地寬廣，加上地點絕佳、交通方便，多數的國際大展都在此舉行。第一次到德國的宥晴很開心，也很好奇，猜想著小時候看過的童話故事〈賣火柴的女孩〉的場景會在哪兒？

　　因為陳先生帶了太多展品與裝飾品，二人花了一整天才將展場

布置妥當，結束後在夕陽餘暉中，宥晴提議二人步行到科隆大教堂逛逛，順便吃晚餐再回飯店。從展館到科隆大教堂其實不遠，兩人順著美麗的萊茵河，邊走邊欣賞河畔美景，心情十分愉快。

就在宥晴準備上橋時，後面的陳先生突然大叫一聲：「衝啥？」宥晴回頭一看，只見幾張百元新台幣掉落地上。

原來陳先生遇上了傳說中的吉普賽女郎，手中抱個小孩，見人就上前哇啦哇啦講個沒完，再趁著對方不注意，把手伸進對方口袋掏錢。還好陳先生警覺心夠，連忙撥掉她的魔掌，吉普賽女郎見事跡敗露，不慌不忙地走開，再找下一個目標，來來往往的人群，居然對這一幕視若無睹，更沒人伸出援手，二人對於在這麼先進的國家居然發生這樣的事直呼不可思議。

晚餐在大教堂旁的餐廳吃了著名的德國豬腳，大塊的豬腳不僅太過油膩，味道與傳統的台式豬腳也差很多，兩人儘管試圖加入酸菜解膩，最終還是吃不到一半就吃不下。步出餐廳，陳先生覺得口渴想買飲料，於是走進了鄰近的超市。

「礦泉水怎麼這麼貴？比酒還貴。」陳先生嚇了一跳。

「在歐洲自來水是可以生飲的，所以市售的礦泉水都貴的嚇人。」

台灣人不習慣喝生水，如果自來水沒煮過，寧可花錢買礦泉水喝，最後陳先生買了二瓶德國白葡萄酒，宥晴買了瓶果汁。

「宥晴，二瓶白酒才六歐多，真是划算。」陳先生喜不自勝。

「陳先生，今晚您肯定會睡得很好，祝您有個好夢。」

開展第二天，臺灣館發生了二個小插曲。接近中午時分，賣衛

浴零配件貿易商Gray突然被警察要求閉展並帶走，因為他展出的其中一項展品涉及侵犯德國專利。大家一時譁然，走出攤位議論紛紛，陳先生一大早就搭火車去杜塞道夫的「海外台北設計中心」拿設計稿，攤位只剩宥晴，無法去了解到底怎麼一回事。

後來隔壁攤位的展商Jack打聽到大致的狀況後告訴宥晴，歐美國家有些知名大廠，都會透過國際專利公司當抓耙仔，負責到展場盯梢，查看是否有其他廠商涉及侵權仿冒。一旦發現馬上報警處理，被查獲的廠商也必須被迫撤展，還得到警局作筆錄，簽切結書，不僅參展廠商被抓，連帶千里之外的生產廠商也會遭到警告，殺雞儆猴意味濃厚，一時展場風聲鶴唳，緊張兮兮。

大家猜測Gray可能不清楚他的供應商提供的產品涉嫌侵犯他人專利，才倒楣受牽連，這下子Gray真是放屁砸著腳後跟--倒楣透了。Jack說去年的漢諾威電子展（CeBIT）中，台灣一家手機配件貿易公司也因為產品上的logo侵權，被知名大廠查獲，遭到警方帶走，當時這家貿易公司只有一位女業務獨自參展，卻因仿冒侵權案在德國警局關了三天，最後由我國的外貿協會出面協助，才得以獲釋。整個事件對女業務而言，真是始料未及的無妄之災。宥晴暗自慶幸陳先生的展品都是自己研發生產，沒有拿別家工廠的現成產品，應該不會發生這種問題。

下午另一家賣手工具的展商林先生，看到一位參觀者順手牽羊摸走他的展品，眼看竊賊正快速溜走，林先生情急之下，英語更不靈光，突然靈機一動高喊：「臺灣人乎郎欺負啊！」霎時，包括陳先生在內的多數臺灣展商紛紛自攤位中衝出，赤手空拳或手拿傢伙，一起合力制敵，順利地將竊賊制伏，扭送展場的警察處理，場面壯觀而感人。當時眾大俠們士氣高昂，更有人嗆聲說

道：「幹，敢欺負臺灣人，找死！」退敵後，大家仍舊慷慨激昂，久久不能自己。

　　那天大夥兒都卸下了商場上的爾虞我詐，可以感覺到大家的心緊緊繫在一起，不分你我，不分黨派，就像一家人一樣。晚餐時，林先生邀請大夥一起慶功吃德國豬腳，請大家喝德國啤酒，而且是「喝通海」，大家滔滔不絕地討論著白天奮力禦敵的精采實況，把酒言歡，真情交心，誰說臺灣人是一盤散沙？不是不團結，只是時機未到。

　　酒酣耳熱之際，臉紅似關公Gray突然站了起來，大聲宣布：「以後國外參展再遇到有人敢白目亂來，一定要記住大叫『臺灣人乎郎欺負啊！』不是SOS，哉唔，哈哈哈。」大家笑得東倒西歪，拿起酒杯紛表贊同，用力乾杯。

　　後來幾天，臺灣館的參展廠商，感情持續熱絡，每當晚餐時，大家更是積極討論，交換心得，研擬如何因應微利時代來臨，面對其他國外競爭對手，以低成本優勢，搶攻目標市場的巨大衝擊，大家紛紛貢獻出自己壓箱寶的經驗談，完全忘記彼此還是競爭對手。看著大家熱血沸騰，宥情不僅感動，更暗自下定決心，一定要努力將MIT的好產品行銷到國際上。

　　這次參展，在宥晴及陳先生的努力下，順成的產品首度在展場曝光就收穫頗豐，共收了一百多張有效名片，讓陳先生對於未來的海外拓銷更具信心了。

一鳴驚人　走出自己的路

　　順成這次德國展非常成功，回國後宥晴打鐵趁熱，隨即展開後續追蹤，按事情的輕重緩急，與參展期間到過攤位洽談的買主逐一連絡，其中英國客戶William最熱絡。他看中了一款浴室櫃，因爲要改一些規格，回來後宥晴請陳先生估算後提出報價，不過此客戶對製程的要求很仔細，讓合作的加工廠怨聲載道；所幸辛苦是值得的，不到二個月他就下第一張訂單，儘管總金額還不到美金一萬元，但已令陳先生興奮不已。這是第一張直接外銷的訂單，意義非凡，這個春天對陳先生而言，也格外生氣盎然。

　　成功完成第一筆後，陳先生更積極投入新產品研發，以期增加產品式樣與類別。首先進行的就是從杜塞道夫拿回的設計稿中，選了二款看起來樣式新穎的馬桶刷組——毛玻璃刷子筒加上S型或ㄇ型的刷子柄，樣式超新奇。不過在進行打樣試做時，就發現S型及ㄇ型的刷子柄，電鍍時無法採用一般的「滾鍍」，必須改採價格較高的「吊鍍」，產品包裝也無法用KD拆裝，只能整組裝入一內箱。如此一來不但體積變大，成本也會增加，售價自然也不低。打樣好了之後，陳先生想要趕緊要推銷上市，便找宥晴一起討論要如何推廣。

「宥晴，杜塞道夫的這二款馬桶刷組手工樣品完成了，等拍完照後，就可以開始推廣。」

「陳先生，那二組的報價是各多少？」

「大約在美金12~14元間，詳細價格還要再細算一下。」

「哇，高出之前的馬桶刷組20%以上，這樣可行嗎？」

「我想應該沒問題，這二組外型新穎，很有賣點，妳不覺得嗎？

歐洲設計師的眼光比較貼近歐洲市場的需求。」陳先生信心滿滿地說。

「這樣分析也對，我會盡快發Email向外國客戶推銷新品。」

「要不要也刊登個網路廣告？」陳先生思慮周詳。

「先不要大肆曝光，怕這樣會引來仿冒，我先從現有的客戶開始推廣看看。」

另一方面，鑒於國外客戶對於製程及產品認證比較重視，陳先生也開始計畫進行工廠的ISO認證，找了可靠的代辦公司如火如荼地進行，不過陳先生也正苦惱著，歐洲對產品的品質要求越來高，產品規範要求越來越多，這天德國客戶來函，對於電鍍有新的要求。

「陳先生，德國客戶來信提到，以他們要求產品電鍍的部分，要採用三價鉻，不能用原先的六價鉻，問我們可以配合嗎？」

「歐盟對這個議題已經談了好一陣子，起初大家都不以為意，看來這下子歐盟是玩真的了。」

「這樣製程會不會很麻煩，六價鉻與三價鉻有何差異？」

「二者差別在於六價鉻（鉻酸）電鍍製程對人體有害，容易致癌，而且廢水不容易處理。三價鉻電鍍則比較環保，主要有硫酸鹽與氯化物兩大系統，廢水處理也較簡易。」

「工法上的製作及優缺點如何？」

「各有優缺點，六價鉻電鍍最大優點為藥劑管控容易且價格便宜；三價鉻具環保優勢，但電鍍色澤偏暗，且價格高，產品賣相不佳。」

「原來如此，我真的上了寶貴的一課，如此一來，以後凡是有電

鍍的產品，成本勢必要增加囉？」

「一定會的，原先的那些產品，要跟客戶漲價，實在不容易，所以我才要積極開發新產品，希望以高品質的精品呈現，區隔一下市場。」

跟陳先生聊完電鍍之後，宥晴突然很敬佩陳先生在專業領域上的內涵，看他平時話不多，沒想到他對自己的事業如此投入，專注於所有可以讓公司更好的細節。

夏天剛到，宥晴將新開發完成的二款馬桶刷組逐一推廣給國外客戶，果不其然，詢價者踴躍，令陳先先興奮不已。宥晴卯足了勁回覆詢價、報價，經過一段時間的聯繫，結果卻出乎意料之外，一經報價後，大多數的客戶就沒回覆了。宥晴再三追蹤，多數還是沒回覆，一些回覆的客戶則一致表示價格太高了，這下子可令陳先生很洩氣。

「陳先生，客戶普遍反應價格太高，報價是否有調降的空間呢？」

「真是傷腦筋，我會盡速想辦法解決，賣新產品若不打鐵趁熱，時間拖久了，肯定滯銷，之前的努力就會前功盡棄。」

「看起來是這樣沒錯，那現在有什麼辦法可以降低售價？」

「我再跟原料商及加工廠商量，降低一些成本；妳先跟客戶說，下第一張單，數量達到我們的最低訂量就降5％，數量達一個20呎貨櫃給10％的折扣。」

「太好了，這樣的下單誘因很大，更有信心可以盡早拿到訂單，我會盡快連絡。」

「如果這樣還是無法接到單，那就朝第二步計畫，拿給貿易商推

推看。」

　沒想到陳先生的計畫如此縝密，連備案都想好了。

「這樣也好，只不過這二組新產品如果到最後還是經由貿易商賣出，您會有些失望吧？」

「沒關係，革命哪有一次就成功的，我以後還有其他的計畫會陸續進行，一定可以一步步邁向直接外銷之路。」陳先生對未來樂觀且充滿信心。

　或許每個男人心中都懷有雄才大略，強烈的企圖心一旦被挑起，就一發不可收拾，陳先生的雄心壯志正蓄勢待發。

　炎熱的盛夏，已悄然來臨，陳先生努力壓低成本後，將售價降低，加上宥晴不遺餘力地推廣，終於得到了期盼已久的回饋，德國客戶Mike終於下單了，S型及ㄇ型馬桶刷組，二款共訂一個20呎的貨櫃。二人激動不已，看來似乎是上蒼看到他們的努力，給了肯定的鼓勵。

「陳先生，德國客戶Mike已經下單，P.I.我已經傳回公司了，麻煩您簽名後傳給他，我會請他回簽確認。另外，量產的模具何時會完成？」

「模具大約二星期就完成，到時候就會有量產的樣品。」

「Mike要求量產前先寄正式樣品做最後確認，另外他要在產品上加一個商標吊牌。」

「沒問題，樣品完成後會寄快遞給他，至於商標吊牌請他傳圖稿給我們，我們可以幫他做，不過這要另外計費。」

「我有提過商標吊牌會加收版費以及印刷費等額外費用，他說沒問題，只不過這批貨必須在九月初裝船出貨，才能趕上歐洲聖誕

節檔期。」

「沒問題，雖然時間有些緊迫，但工廠會盡速生產，一定會準時出貨。」

這批貨就在順成全體員工的努力，準時在九月初裝船出貨了。出貨後陳先生請全體員工吃大餐，也邀請宥晴一起參加，一起慶祝公司打了漂亮的一仗，邁入新的里程碑。

外銷市場　峰迴路轉

順成的直接外銷業務在宥晴鍥而不捨的努力下，逐漸打開國際市場的大門，由於公司的直接外銷剛起步，所以要馬不停蹄持續開發新客戶，努力擴充客源，增加產品的市占率，除此之外，之前下過單的英國及德國客戶更是她積極追蹤的重要指標客戶。

農曆年即將來臨，宥晴覺得是時候了，以通知年假的名義，去函問候英國及德國客戶，一來賀年，二來也趁機詢問之前的產品銷售情況，是否準備再續訂等，從銷售狀況來了解產品是否適合此市場。等待客戶回覆的期間，就如同當年等大學聯考放榜的感覺一般，既期待又怕受傷害，陳先生要宥晴放輕鬆，別將得失看太重，他對自己的產品可是信心滿滿的。

年假過後，終於盼到英國客戶William的回覆，他表示產品正持續銷售中，但由於衛浴配件算是他們公司剛增加的新產品類別，還需要一些時間推廣，因此暫時還不需續訂；隨後也接到德國客戶Mike的回覆，他表示S型及ㄇ型馬桶刷組，似乎不太受消費者的青睞，銷售狀況不佳，他會再努力推推看，有任何更新的消息會隨時告知。

這樣的結果著實令人失望，連樂觀的陳先生也不免洩氣，這二款新產品也就出這一次貨就停擺了。

　　經過仔細的討論，陳先生認為這次S型及∏型馬桶刷組的失利，其實有跡可循。首先，消費者的喜好本來就很難捉摸；再者這二組產品設計者以外型新穎為首要考量，因此並未考慮到成本，導致加工成本增高，加上無法拆裝，體積龐大，使得運輸成本也隨之增高，都是讓買方在售價上無法親民的主要原因。將可能失敗的原因歸納出來，再來找方法解決就容易多了。

　　關於消費者的喜好難捉摸，這是無力可施，只能盡人事聽天命；但關於設計新產品，陳先生幾經考慮後，還是改找國內的設計公司配合，因為以他的專業技術，無論在製程難易及成本考量上，都可由他親自控管。經過了幾番搜尋之後，陳先生終於找到合適的產品設計公司，共同開發新產品。陳先生將所需的訴求與設計師Eric溝通，由他先完成產品設計，陳先生再就生產技術及成本考量加以修正，開發出品質好、價格親民的的產品。

「這款置物架，以鐵管鍍鉻為框架，搭配5mm毛玻璃為隔板，質感高，很適合歐洲市場。」設計師將設計好的圖稿給陳先生參考。

「可不可以將鐵管框架改鋁管，因為鋁比較好塑形，我想在框架上做一系列變化，增加產品系列，另外毛玻璃採用3mm就好，一來可降低成本，再者也可減輕材質重量，在價格上會較具競爭力。」陳先先提出生產專業上的看法。

「這樣的話，整體設計的美感會降低，耐用性較差，請您要考

慮。」Eric跟多數的設計師一樣，很有自我的想法，不習慣接受改變或指正。

「我了解客戶可能的喜好及市場需求，聽我的不會錯。」陳先生很堅持自己的觀點。

之前的失敗經驗，讓陳先生越來越懂得產品設計及國外市場的走向，產品系列由原先的衛浴配件，逐漸走向家具。跟國內設計師一起合作看來是對的策略，在相互溝通過程中，更能激盪出創意的火花，儘管彼此常常因為意見相歧，而大動肝火，爭得臉紅脖子粗，不過事後總能回歸到問題面，找出共識。日子久了設計師Eric也跟陳先生變成好友，當然這得歸功於他們擁有共同的溝通橋樑── 酒，二人經常在討論產品設計後相約喝二杯，因為默契越來越好，所以Eric設計產品的調性也逐漸符合陳先生的需求，歧見越來越少。

這次設計的一系列置物架共有四個新式樣，打造樣品之後，接下來就要請宥晴推廣。

「宥晴，這次四款新型置物架優先聯絡德國Mike，看他有沒有興趣，我相信這次一定會成功。」

「陳先生，新型的置物架的價格具競爭力嗎？」

「價格跟舊款的置物架約高出5~10%左右，視數量而定，數量越多，價格更可能比舊款便宜，這是我覺得很具競爭力的主因。」

「哇，真的假的？那絕對暢銷的。」

「之前的經驗，讓我學習到開發新產品，不只考慮樣式，一定也必須考慮價格與功能性，以符合市場特性及消費者需求。」

「這款置物架看來是針對歐洲市場而設計，我會先推德國Mike試水溫，接著歐洲各國的客戶都會推推看，相信一定會有好成績。」

「那讓我們好好加油吧！」

陳先生及宥晴的眼中充滿希望，滿懷鬥志，正磨拳擦掌準備好好打拼一番。

新品置物架果然頗受好評，客戶也紛紛提出一些細小的修正意見，尤其以德國客戶Mike的建議最有建設性。

「陳先生，Mike建議置物的鋁架，最好都要有倒角，溝槽設計他認為可省略，表面只要拋光就好，這樣看起來比較厚實。」

「他這麼認為喔，我還以為他會覺得很有設計感呢。」

「德國人大概是歐盟國家中最務實的，他們較注重品質及功能性，外型設計是次要的考量。」

「對，難怪上次設計的產品會失敗，太重視外觀，卻忽略最基本的功能及成本。」

「如果置物架的鋁架按牠的意思改，會不會有困難？」

「一點都不難，因為按他的意思做，在加工部分反而比較簡單，費用也會便宜的多。」

「太棒了，原來簡單還是最好。」

「雖然客戶的喜好難以捉模，不過還是讓我學到，將簡單的事情複雜化容易事倍功半，將複雜事情簡單化容易事半功倍。」

「佩服佩服，陳先生說話越來越有禪意！」

「這是歷練後的體悟，不是什麼高深學問。對了，我聽同業說米蘭家具衛浴展的效果不錯，麻煩妳去查一下展覽的日期。」

意外的緊急任務

　　「米蘭國際家具展」一直被視爲全球家具業的「奧林匹克」盛會，宥晴上網查到明年度的展期定在四月中旬，離現在還有半年的時間，準備參展綽綽有餘。

「陳先生這是米蘭國際家具展的參考資料，我們可著手報名明年度的展，其中13館的衛浴設備展（Bagno/Bathroom）最適合我們。」（註：Bagne爲義大利文，是浴室的意思）

「展期在明年四月中旬，那我們的備展時間很充足，不過我想主推的置物架比較適合放在廚房和客廳，在13館展出適合嗎？」

「雖然我們主推的展品是置物架，但其他展品還是衛浴配件，況且也可另外設計適合浴室使用的置物架，這樣展品的系列就會更豐富。」

「沒錯，還是妳想得周到，我再跟Eric討論一下，看能不能在原有的系列中再針對浴室設計一二款浴室專用的置物架。」

「另外我看到外貿協會正在徵展新加坡國際家具展，展期是明年三月初，這是亞洲頗負盛名的家具展，您覺得如何呢？」

「這個展去年做玻璃家具的老何曾去參展過，我來問他看看效果如何？如果不錯的話也可以一起報名參加。」

「那我就先報名米蘭國際家具展，等您評估好新加坡國際家具展之後再告訴我是否也要參加。」

　　陳先生充滿信心蓄勢待發，一直朝自己設定的目標，築夢踏實，加上宥晴專業又認眞的力挺相助，外銷成績逐漸開花結果。

　　陳先生一大早急call宥晴說有要事請她務必幫忙，言語之間顯得十分愼重而懇切。

「請先別急，是不是公司有什麼狀況？」宥晴先忙著安撫著急的陳先生。

「不是我公司的事，是我換帖兄弟老江的公司，臨時有外國客戶要來，找不到人當翻譯，之前曾聽我提過妳，昨晚就一直來拜託我，想請妳去幫忙一下。」

「他的產品是哪一類，公司沒有會英文的國貿人員嗎？之前怎麼接外銷生意？」宥晴一頭霧水，連問了好些問題。

「他公司生產五金零件，之前跟我一樣都是仰賴貿易商接單做間接外銷，二年前被美國一家通訊設備製造廠BBC相中，看上他優異的製造技術，下單給他二個通訊零件，才開始直接外銷。」陳先生語帶羨慕地說。

「已經開始直接外銷，那平常誰負責跟國外客戶聯絡呢？」

「平常是老江的太太，用半生不熟的英文勉強以Email連絡，一年多以來倒也相安無事，但最近美國客戶說要來拜會，討論新的產品開發案，這下代誌大條了。」

難怪如此緊張，一般而言，英文普通的人最怕的就是即時性強的「說跟聽」；相較之下，「寫跟讀」就比較有時間可以慢慢查，慢慢寫。

「原則上沒問題，我希望可以幫得上忙，不過我得先了解一下產品跟之前他們連絡的內容，這樣才能做出適當的翻譯。」宥晴沒想太多，只要時間允許，這對她而言只是舉手之勞。

「我請老江打電話給妳，你們再約時間討論細節。」陳先生如釋重負。

跟江先生喬定的見面時間後，宥晴依約到他的工廠奕冠拜會，江太太如遇救星般熱絡的招待，宥晴先到工廠看一下製程，材質是銅條以傳統車床加工製成零件，幸好之前做過車床產業，一般的加工知識都難不倒她，接著到辦公室看江太太之前跟美國客戶往來的Email。

　　看了幾封後，宥晴實在不知如何開口，因為有很多內容根本都是雞同鴨講，真為他們感到幸運，這二年多的生意往來居然平安順利，沒凸槌，或許技術本位的江先生超越了語言障礙，達到了另一個境界，可以和美國客戶用技術溝通，這也真的太神奇了，精良的專業技術的確是他致勝的核心競爭力呢。

　　「王小姐，我們在跟國外溝通方面很不順暢。」江先生察覺出宥晴看Email時表情嚴肅，應該有很多問題。

　　「在解讀方面，有一些誤解，幸好您對產品很了解，所以到目前為止都沒什麼問題。」宥晴小心翼翼挑著話說，避免傷及負責書信往返與溝通的江太太。

　　「我聽我們家老江說妳幫老陳作外銷，做得很好，可不可以也幫我們？」江太太忍不住單刀直入提出請託。

　　「我很樂意幫忙，不過我還是要先問過陳先生，因為這樣我會占用處理他公司業務的時間。」宥晴乍然聽到江太太的建議，有點不之所措，不知道該不該接。

　　「妳真的很值得信任，也很識大體，難怪老陳那麼誇妳，其實我們已經先徵詢過老陳的意見，他豪不猶豫說只要妳願意，他樂觀其成，因為他公司的業務量不是很大，以妳的能力多接幾家，應該是易如反掌。」江先生滿懷希望加入說服的行列，還撥了陳先生的手機，聽他親口說出請宥晴安心的接奕冠的case。

客戶蒞廠拜訪當天，一開頭就劈哩啪啦抱怨了溝通不良一事，令宥晴尷尬的不知如何翻譯，不過江先生光看他們的表情就猜到，只得望著江太太，面面相覷，在宥晴得體的翻譯之下，新開發案會談進行得很順利，結束之前美國客戶Scott提出他的建議。

Scott 　：「Please help them, Aurora」（Aurora，請幫他們吧。）

Aurora：「I wish Icould, but I don't know how to help them.」（我希望幫得上忙，但不知如何幫忙。）

　　宥晴實在不知如何幫忙。

Scott 　：「You can start with translating what I tell you and help implementing it in their factory. Your role is to help them understand what I am asking them to do and how it will help their business. They will see the results within weeks. You can help them with simple conversational English too. Lastly, you can also handle the Emails.」（妳可從翻譯開始幫起，傳達我的意思給工廠，妳的角色就是協助他們了解我要求他們做的事，及如何幫他們做生意。他們將在幾個星期內就會看到成果，妳也可以教他們簡單的英文會話，最後妳也可以處理所有的Emall書信作業。）

　　Scott一口氣說了一堆，目的就是要說服宥晴長期幫助此公司擔任翻譯溝通的角色。

Aurora：「Thanks for your good suggestions, I will think about that.」（謝謝您的建議，我會慎重考慮。）

　　Scott的一番話，令宥晴感動。

Scott 　：「They really need someone like you to help their case. You can be their best friend and coach. Think long-term, Aurora. I will help you if you can help them. It is a win-win for all 3 parties: you, Yi-Guan and BBC.」（他們真的需要像妳這樣的人來幫忙，妳可以是朋友及教練，考慮一下長期合作吧。如果妳能幫他們這可是妳、奕冠與BBC的3贏政策。）

Aurora：「Yes, I totally agree with you, Scott. Let me discuss this with them first, Ok?」（我完全同意，先讓我跟他們商量一下，好嗎？）

Scott ：「All right, I hope you can reply to me with appositive answer.」（好的，希望能得到妳正面肯定的答覆。）

Aurora：「I will do all my best.」（我會盡力。）

宥晴沒想到買賣雙方都提出相同的要求，能力受到肯定讓她心花怒放，更加專注投入這個領域中。

江總：隆將玻璃家具老闆，順成企業的合作廠商
李文成：久遠資訊業務經理，招攬企業B2B網路廣告
家堡微波餐具
王老闆：微波餐具製造商
王太太：王老闆之妻，負責外銷業務

邁向SOHO　接案新契機

　　接了奕冠的case之後，宥晴原先還擔心會影響到順成的工作，事實證明是多慮了，這天趁著回順成跟陳先生談參展準備事宜，也順便向他致謝。

　　「陳先生，真謝謝您的推薦，讓我又有一次磨練的好機會。」宥晴衷心的感謝。

　　「別跟我這麼客氣，當初妳二話不說的幫我這個微不足道的小公司，讓我很感動。」陳先生語帶感性地說。

　　「不要這麼客氣啦，只要是我可以做到的事，都很樂意幫忙。」

　　「現在年輕人像妳這真性情又用心的人實在不多。」

　　「不要再誇我了，我沒那麼好。」宥晴實在有些不好意思。

　　「以我商場上的歷練，妳將來無可限量，一定會有一番好成績，其實有機會的話你可以多接幾個case，多幫幫這些可憐的傳統產業和小公司。」陳先生突發奇想建議她。

　　「您不擔心會影響您公司的業務嗎？」

　　「不會，我觀察過了，妳的能力強，效率好，多接幾個case對妳而言易如反掌，況且以後如果我公司的業務達到一定的量，一定需要聘請一位全職的國貿人員。妳當然是我的首選，但是我知道廣大的海洋才適合妳，我這裡只是個小池塘而已。」沒想到陳先生看得那麼遠。

　　「陳先生，您這樣說好像就要fire掉我呢！」宥晴故意開玩笑。

　　「唉呀，妳明明知道我不是那個意思。」陳先生很靦腆，笑得很開心。

　　「對了，之前提過的米蘭展妳報名了嗎？新加坡展我打聽過了，效果還可以，也一併報名。」

「米蘭展已經報名，我會馬上著手報名新加坡展，二個展的展品，請您要開始準備。」

「米蘭展的展品已經開始進行了，新加坡展的展品讓我再想一下，我會跟Eric再討論看看，是否就拿米蘭展的展品到新加坡展試試，還是要再另外準備。」

「您的看法呢？」

「米蘭展屬於歐洲市場，路途遙遠，在原油日益高漲的情況下，運費會是買主很大的成本考量，所以我打算推比較小巧的置物架及一些衛浴配件。」

「這樣分析很對，不過米蘭的展品系列跟新加坡展品系列應該要有差異，因為一個是歐洲，一個是亞洲，主、客觀條件都不同。」宥晴很佩服陳先生的用心。

「這也是讓我頭痛的地方，如果重新針對新加坡展設計展品，時效和成本都是很大的問題。」

「沒想到您已經想的如此周全，不過我相信您一定有其他替代方案，對嗎？」

「哈哈，妳越來越了解我了，有時候我會想，當初如果早點結婚，或許會有個跟妳一樣大的女兒吧！」

「哈哈哈，您不會要認乾女兒吧？千萬不要，您還年輕呢。」嘴甜的宥晴哄得陳先生開心極了。

「妳真的很懂事，幸好有妳幫忙外銷的事，真謝謝妳，新加坡展的展品，讓我再想想。」

「好，有任何新的決定再告訴我。」

過了一陣子，陳先生對於新加坡展的展品有了新的打算，趕緊

知會宥晴，讓她儘早有所準備。

「新加坡展的展品終於拍板定案了，除了用米蘭展的部分展品，另外再加一些比較適合亞洲市場的家具產品。」

「這麼快就研發出適合亞洲市場的產品？Eric效率真好。」宥晴讚嘆著。

「這些家具產品不是Eric設計的，是我跟一位玻璃家具業者合作，想拿來新加坡展參展用。」

　原來陳先生考量到新加坡展比較重視家具，輕衛浴產品，因此計畫找一些體積較大的家具來參展，由於他交遊廣闊，跟之前舊識的家具業者隆將的江總拿幾款玻璃家具來展出，因為對方一直做國內市場，也無心外銷，所以陳先生覺得跟他合作再洽當不過了。

「真是個不錯的主意，團結力量大，以後您不必樣樣產品都自己開發，可集合一些小廠的產品統籌外銷，這樣是雙贏政策。」

「我也有同感，只是帶出去的展品不知是否能受到買主的青睞？」陳先生深思熟慮。

「買主的喜好詭譎多變，一定要試了才能知道，我們就先試試看。」宥晴鼓勵陳先生勇往直前。

「我這次準備拿幾款玻璃桌及吧檯來配合參展，新加坡展來的客戶都是鄰近的東南亞客戶，雖然玻璃桌及吧檯比較重，但設計新穎，而且運程比較短，應該會受到買主喜愛才是。」

「這兩個系列的展品什麼時候可以完成？我想先看看了解一下，才能構思、推廣給客戶。」

「完成時我會告訴妳，裝船交運前，妳再去看一下。」

「好，就等您的通知。」

時間過得很快，轉眼米蘭展及新加坡展已然逼近，因為米蘭位於歐洲，所以通常在開展前45天就得將展品運出，順成早早便將展品準備好，順利裝運。接下來就是新加坡展的展品，宥晴依約到工廠看玻璃桌及吧檯。

「設計好新穎的圓桌，看起來很氣派。」

「因為東南亞華人多，華人喜歡團圓的感覺，這家工廠想針對華人市場，因此以圓桌來呈現。」陳先生顯然是前對玻璃桌作過功課，因此能侃侃而談。

「的確，玻璃圓桌除了有團圓的喜氣，看起來又很乾淨明亮，搭配任何家具擺設都很適合。」宥晴一邊看著圓桌心中一邊想著如何推銷這款產品。

「妳有沒有發覺圓桌中心的設計很特別？」

「我正要問呢，中心挖空再放一個玻璃圓盆，有什麼作用？」

「中心的玻璃圓盆，可放盆栽，或是養些觀賞魚，華人相信水生財，這也算創意吧。」陳先生滔滔不絕地分析著展品的優勢。

「圓弧形的吧檯有沒有什麼故事可以說？」

「華人不喜歡有稜有角的家具，這系列的吧檯因此設計成橢圓形，象徵圓融，加上前板以PU合成皮搭配，符合時尚風格，算是複合材質混搭，頗有創意。」

「陳先生您真的懂很多，知識豐富，引經據典。」宥晴深覺得人生歷練可讓人的思考角度變廣，更具彈性。

「妳一大早就吃糖啦？嘴這麼甜，其實等妳到我這個歲數，有了豐富的人生體悟，對事情的看法說不定比我更厲害。」

「真的嗎？我恐怕沒辦法像您一樣，能夠觸類旁通，舉一反三呢。」對於未來，單純的宥晴並沒有想很多。

百花齊放的商展旅程

　　米蘭國際家具展在開春不久即將展開，春天的展覽像百花齊放一般，許多大展接連著舉行。對此，陳先生有周詳的策劃，他先出發到德國五金展看展，今年雖沒參加，但是約了德國客戶見面，也順便看看今年的展況；接下來再到捷克的布諾看另一個展，順便考察一下捷克的投資環境；最後再由捷克經漢諾威轉機到米蘭參展。宥晴得知這趟歐洲之行大概要20天左右，而且她得帶著不會英文的陳先生跑三個國家，和先前參展時多半以跟團為主的旅程不同，這次可是要展現多年累積的功力了。

　　「陳先生，這次的歐洲行您放心讓我這個菜鳥帶著您走，不怕搞丟嗎？」宥晴有些擔心地問著。面對這次的挑戰，心情十分矛盾，既期待又怕出狀況。

　　「安啦，我請旅行社將所有的交通都安排好，妳就照著他們給的Schedule走就好了，妳沒問題的。」陳先生的鼓勵讓宥晴如吃了定心丸一般。

　　結果對這次行程有意見的，卻是疼愛宥晴的王爸。因為怕寶貝女兒無法勝任，一但在國外遇到危險狀況，會無法應付。

　　「跟老闆婉拒吧，妳一個小孩子，要怎麼帶老闆去歐洲？太危險了。」對於這個前世的情人，王爸擔心得很。

　　「老爸，我都快三十歲了，別擔心。旅行社已經把行程安排得很好，不會有事的。」宥晴安撫著老爸，其實她很想去，藉此證明自己可以獨立了。

　　「孩子已經大了，況且這幾年來你也看得出宥晴那麼獨立機伶，即使發生問題，她也有辦法可以解決的。」王媽淡定地勸著王

爸，相當支持宥晴。

「妳懂什麼，女兒跑那麼遠，妳不擔心我可很擔心。」王爸跟王媽總愛拌嘴。

「你到底要護她到幾歲？以後她要嫁人，你乾脆當陪嫁算了。」王媽消遣著王爸。

最後在宥晴撒嬌，王媽威脅，母女二人聯手，讓王爸雖然無奈也只得勉強答應。

三月初，頂著微寒的冷風，陳先生跟宥晴抵達歐洲行的首站──科隆，由於這次跟德國客戶Mike有約，陳先生事先請旅行社訂了一家鄰近科隆大教堂、很不錯的飯店。

「房價這麼高，還好我們只住二晚。」宥晴知道這家飯店要價不菲，不免咋舌。

「這次要跟Mike約見面，如果不訂好一點的飯店，我怕又要另外找地方見面、吃飯，很麻煩。」陳先生在經商方面有他獨到的想法。

「對，我都沒想到，只覺得房價太高。」宥晴一下子豁然開朗。

「很多客戶會憑外在的表現，評定交易對手的等級，我不知道Mike會不會，但依據我的經驗，商場上很多人會存有這樣的刻板印象，我不得不準備著。」陳先生解釋著他們為何要住好飯店的用意。

「之前我的學長也這麼說，我還半信半疑，認為是他愛住高級飯店的藉口。」

看來這商業大學的學問可真是深奧。

接下來的二天宥晴與陳先生都待在科隆展，雖然這個展共開了11個展館，但兩人只挑相關的展館逛，就已經累到無法言喻。陳先生平常有運動的習慣還撐得住，宥晴就很慘，雙腿酸痛的好像不是自己的。

　　在科隆最後一晚，跟Mike約在飯店吃飯，席間Mike提出想要代理順成的產品，

　　雙方成功了達成代理權的口頭協議，約好回台後再擬正式的代理合約。儘管很累，但是陳先生跟宥晴都覺得收穫頗豐，接著第二天清晨就要飛捷克，宥晴請飯店五點Morning call，並安排好計程車5:30出發到機場，才回房就寢，只是這一晚，宥晴睡睡醒醒極不安穩，擔心睡過頭。

　　當清晨5:30順利由計程車載他們前往機場，宥晴才稍微放鬆一些，不過計程車司機在高速公路狂飆，令她印象深刻，之前聽說德國的高速公路不限速，看來是真的呢。

　　順利搭上德航班機，早上9點不到就抵達布拉格國際機場，看看時間很充裕，宥晴選了價格合理的小巴士，先搭到市區再說。捷克的司機開車都超猛的，連轉彎都不踩煞車，所以很快就到達市區，二人在主要的火車站下車，準備搭火車到此行的目的地──布諾（Brno）。

　　一到火車站真是傻眼了，時刻表看不到有開往布諾的車次，連問了幾個捷克人都不會說英文，宥晴不禁擔心起接下來的行程。最後好不容易找到一位稍懂英文的帥哥，比手畫腳溝通下才知道，原來還須搭地鐵到下一站，才有車搭。帥哥用說的不通，乾脆幫他們買地鐵票，送到入口搭地鐵，才迷人揮手道別。

他們二人到站後，查了一下時刻表，發現下午三點以後才有快車往布諾，這下子還有六小時空檔，該如何打發呢？

「陳先生，我們還有六個小時才搭火車，我建議利用這幾個小時到布拉格來趟city tour好嗎？」第一次來布拉格，宥晴期待著好好逛逛這個浪漫的城市。

「好啊，只是妳走得動嗎？昨天不知是誰在科隆展場頻頻喊累的。」陳先生消遣著宥晴。

「昨晚睡一覺之後就好了，別再笑我啦！」宥晴尷尬的自圓其說。

「妳說的喔，等一下走累了不許哭呢，呵呵呵。」陳先生繼續消遣著宥晴。

「人格保證，您何時看過我哭啊，沒在怕的，出發吧！」

　　雖然是春天，但天空仍是細雪紛飛，沿著蜿蜒曲折的伏爾塔瓦河（Vltava River），兩岸都是童話般的建築，洛可可式精細裝飾、新哥德式的雙尖塔、紅色巴洛克高牆，布拉格的歲月彷彿永恆停駐。迎著春雪，走了五個小時，飽覽了美麗的風光，真是賺到了。

　　結束布拉格的city tour，簡單吃了中餐之後，趕到火車站搭往布諾的火車，傍晚時分到達當地，找到下榻的飯店，隨即外出吃晚餐。宥晴問了當地人，找到一家位於巷內的餐廳，二人點了捷克的國菜——烤豬肉套餐，及捷克人常吃的Knedliky，其實也就是麵皮包肉的洋水餃，但是配上東歐人特愛的酸白菜（Zeli）及沾醬。捷克的麵包皮吃起來口感像饅頭，附贈的熱湯竟是鹹的，頓時讓宥晴覺得特別感動，因為在寒冷的歐洲要喝到鹹的熱湯並

不容易。飯後還有冰淇淋甜點，捷克人嗜酒，當地釀製的皮耳森啤酒（Plzensky Prazdroj）相當知名，不但好喝，而且便宜得不得了，他們喝啤酒是以一公升的大杯子大口大口的喝，陳先生也入境隨俗跟他們拼了，宥晴只敢淺酌幾口。

　　隔天，冒著大雪展開此行的任務，到展覽會場蒐集資料。布諾的這個國際展覽館不像其他先進國家，館與館間有室內通道連接，而是有距離的獨棟建築。二人的大衣放在入口處的coat check處，接下來就著身上單薄的套裝，冒著大雪在館與館之間奔跑，結冰的空氣令宥晴幾乎無法呼吸，實在辛苦。

　　在台灣時陳先生就請外貿協會事先安排，看完布諾的展出，便與當地的商業公會約談，在宥晴翻譯下，陳先生仔細的詢問有關到當地設廠等投資環境相關問題，商會的主管幾乎是知無不言、言無不盡，讓陳先生很滿意，深覺不虛此行。結束之後，二人趕到布諾火車站，搭火車回布拉格，準備隔天一早搭機到米蘭繼續最後一個行程——參展。

歐洲家具盛會　米蘭國際家具展

　　清晨由布拉格國際機場搭德航班機前往米蘭，但中途必須經幕尼黑轉機，五個小時的漫長候機時間，乾燥的氣候令人口乾舌燥，陳先生自告奮勇去買飲料，結果卻買回半打的罐裝德國啤酒。

「沒有果汁嗎？我酒量不好，不能喝酒。」宥晴看著半打的啤酒傻眼了。

「這裏的免稅店只看到啤酒，沒其他飲料。啤酒的酒精含量很

低，應該沒關係的，勉爲其難喝一下吧。」酒量好的陳先生，認爲啤酒只是漱漱口的飲料而已，根本稱不上是酒。

宥晴半信半疑拿了一瓶喝喝看，倒是不難喝。可能太渴了，喝完一瓶，居然又喝了一瓶，陳先生則一邊喝啤酒一邊忙著玩著手機遊戲，根本沒注意到空腹又酒量差的宥晴已經頭暈眼花了，此時廣播開始準備登機。

「陳先生，我們應該要排隊準備登機了。」宥晴趁著還沒太暈眩之前，想先登機。

「排隊等登機的人那麼多，我們晚點登機好了，機艙內空氣那麼差。」陳先生大概正忙著過關斬將，提議等一下再登機。

「喔，好。」這下子，頭暈眼花的宥晴正好可以閉眼休息一下，沒想到德國啤酒這麼厲害，二罐啤酒就把她給撂倒了。

等宥晴再睜開眼睛時，登機口的人龍已經消失無蹤，這下子她可完全嚇醒了。一問之下，真慘，飛機雖尚未起飛，但接駁的地面巴士已經開走了，今天如果到不了米蘭，明天就沒法布展，後天開展，則恐怕會開天窗。

宥晴趕緊到德航櫃台尋求協助，幸好當天還有一班飛機到米蘭，三個小時後他們順利搭上飛機，更令宥晴驚喜的是，居然自動升等至商務艙，起飛後德航空姐親切端來Sparking（氣泡香檳酒），有了前車之鑑，宥晴一口都不敢喝，而陳先生喝得很開心一點都沒受到影響。

有驚無險地抵達義大利，隔天也順利布展完後，時間還不到中午，陳先生建議去市中心逛逛，看看米蘭大教堂，買買東西。

「宥晴，等一下順便看看有沒有盆花可買，在國外沒人送花籃，自己買，在攤位擺放布置一下，增加喜氣。」陳先生很習慣台灣式的展覽，攤位上總是花團錦簇。

「好主意，我建議再買些糖果、餅乾等零食讓來賓享用，西方人一向重晚餐輕午餐，加上忙著逛展時間有限，通常隨便抓點東西吃充當午餐。」宥晴也參加了好幾次國外展覽，已累積相當豐富的經驗。

「好，展場點心就由妳來負責，要挑可口美味，以顯示我的誠意。」陳先生非常鄭重其事地交代。

「歐洲人只要是甜食他們都還蠻喜歡的，即使是散裝的餅乾糖果，他們照拿不誤，不像日本人，一定要有個別小包裝的食品，他們才敢拿。」宥晴觀察入微分析著。

「這還真的是內行人才知道的撇步。日本人確實是比較注重細節，妳真的很細心。」

　　展覽開始，順成的攤位擺上幾個盆花裝飾，變得更有家的味道了，前一、二天看展的人潮並不如預期那麼多，讓陳先生有些失望，不過宥晴一直鼓勵他，到處去看看別人的產品，尋求開發新產品的靈感，千萬別洩氣。第三天有效的訪客慢慢增多了，讓陳先生鬆了一口氣，不過也提出很多問題，引發陳先生諸多的想法，當晚在用餐時跟宥晴一一討論。

「這幾天下來，客人提出的問題不外乎價格太高、表面處理不夠好、交貨期太長等。」宥晴先提出這幾天客人回饋最多的問題。

「價格問題，是因為這幾年很多工廠外移到大陸，生產成本平均就能比台灣製的低個二、三成，再加上大陸製品出口到歐洲有

9%優惠關稅，加一加幾乎是四成，歐洲客戶當然嫌我們的產品貴。」價格高是似乎是整個經濟體制的問題，無法避免。

「不過我們的產品品質好，應該是最好的核心競爭力。」宥晴頗具信心。

「妳明天去隔壁的義大利館，看看人家的產品，不論是設計、結構及表面處理都會令我們汗顏！」陳先生不得不服輸。

「其實今天趁著買午餐時，我稍微看了一下義大利館，光是電鍍的部分就讓我印象深刻，閃得我都睜不開眼，接下來您有何打算？」宥晴誇張地說。

「價格的部分我們真的沒辦法，不過在質感方面我會再跟Eric討論一下，應該會有改善空間，至於交貨期應該是最快能改善的。」陳先生終於理出頭緒，做出結論。

「別灰心，我們一定會迎刃而解，要繼續加油。」宥晴信心喊話，終於讓陳先生露出些許笑容。

展覽第四天也是最後一天，參觀人數驟減，由於展品必須在結束前全部出清，所以宥晴正準備下午來個清倉大拍賣。由於這次參觀的人不像之前德國科隆展那麼熱絡，陳先生有點擔心，展品這麼多，到時候賣不完又送不掉，怎麼辦才好，一大早就跟宥晴交代，展品有人要買的就先賣掉。

結果中午都過了，連一件展品都還沒賣出，陳先生有些擔憂了，因為展品的出售有時候具有指標性意義，如果很多人想買，表示產品很受歡迎，日後賣到這個地方來的機會較大；雖然不是絕對，但八九不離十。宥晴看著陳先生擔心的神情，建議他再去展場逛逛，賣展品的事交給她就好，陳先生雖然不安，但也聽從

建議逛展去了，二個小時後，陳先生回攤位一看，所有展品居然全賣光了。

「宥晴，攤位遭小偷了嗎，展品都到哪去了？」陳先生不可置信地開著玩笑。

「都賣光了，共賣了將近300歐元，今天晚上一定要請我吃大餐。」宥晴喜不自勝地邀功。

「真厲害，妳是怎麼辦到的？」陳先生實在好奇。

「其實不難，我先從體積比較大、攜帶不便的展品便宜賣起，搶手又容易攜帶的產品就提高價格賣。遇到對方要殺價時，盡量以送他不好賣的產品作為交換，買蘿蔔送蔥嘛，就這樣將所有的展品都賣光了，不過也要謝謝對面的高董夫婦一起幫我推銷。」宥晴不藏私的把行銷展品的祕笈和陳先生分享。

「高董，謝謝你們的幫忙與指教。」陳先生揮手跟高董夫婦致意。

「哪裡有幫什麼忙，陳董，你請了一位很優秀的國貿業務，真厲害，心理學及行銷學並用，真是大內高手。」對面攤位的高董連忙熱絡回應。

當晚陳先生請吃義大利大餐當慶功宴，也邀請了高董夫婦，宥晴打聽了由當地人推薦、一家位於米蘭大教堂附近巷弄的義大利餐廳，四人除了享受美食還開了二瓶紅酒，為這此次歐洲商旅劃下完美的句點。

IFFS新加坡國際家具展

從歐洲回來之後，陳先生忙著新產品研發與改善產品製程，而

宥晴則忙著追蹤米蘭展的客戶，儘管客戶的回應不如去年德國科隆展那麼熱絡，但也找到了幾家潛在客戶，加上此行談妥了德國代理一事，算得上是一次成功的歐洲開拓之旅。

感覺上才回國沒多久，幾個星期後又要前往新加坡參展。雖然已經四月了，清晨前往機場仍是冷風冷冽，中午時分抵達樟宜機場，一下飛機，熱烘烘的天氣，一時讓人很難適應。進入市區乾淨、整齊又嚴謹的城市令人驚豔，陳先生跟宥晴簡單吃了中餐，趕緊進展場布展。和往常國外參展不同的是，這次兩人沒有在布展前一天到達，所以時間緊迫，幸好參展經驗豐富的兩人布起展來駕輕就熟，在大會限定的時間內，順利組裝好展品並完成布展。晚上兩人到當地的東海岸，吃著名的斯里蘭卡蟹大餐，每隻蟹的二隻大螯幾乎都有宥晴手握拳頭般大，二人盡情享受著肥美的蟹大餐，補充體力，為明天開展做準備。

開展當天冷冷清清，除了幾位新加坡當地的進口商來逛了一下，國外訪客不多。陳先生四處打聽一下，得知今年的展期剛好跟「MIFF馬來西亞國際家具展」撞期，所以訪客多數還在馬來西亞，可能要等第三天才會到，因此第一天，陳先生和宥晴輪流出去逛展。
「剛跟幾個家具廠商聊天，他們說這二年來新加坡展的效果越來越糟，反而是馬來西亞展的效果比較好。」陳先生逛完回到攤位上急著與宥晴分享情報。
「怎麼跟您之前打聽的不一樣？」宥晴很訝異。
「可能是我沒有多方評估，只聽一位同行說效果不錯，就貿然參

展。」陳先生顯得有點懊惱。

「沒關係，既來之則安之，何況今天早上來的那位新加坡家具進口商James劉先生很喜歡隆將的那組吧檯，說會再來談談。」宥晴總是樂觀以對，給人信心。

「嗯，反正才第一天，我們再努力看看。」

　　度過第一、二天的蕭條，人潮終於在第三天湧入，奇怪的是，原先陳先生看好的那張玻璃圓桌，卻乏人問津，倒是新研發的那幾組置物架頻頻有客戶詢價，宥晴心中很納悶，一定要想個辦法找出原因，中午過後，James劉依約再來談吧檯的細節。

「Nice to see you again, James」（很高興再見到您，James。）宥晴很開心，熱絡地接待。

「May I have 10% discount for trial order, we need to try the market first.」（首訂單是否可以給我打九折，我們要先測試市場反應。）James開門見山便殺價。

「10% is too much, it goes beyond my authority, may I ask my boss first?」（折數過高已經超過我的權限，請容我先問過老闆。）宥晴趕緊跟陳先生討論，如何因應James一下就要殺價10%，陳先生最後採取提高量來接受他殺價。

「James, we can offer you a 10% discount if you can increase your quantity to one 20 feet container.」（如果您數量提高至一個20呎櫃，我們就可打九折給您。）宥晴提出訂一個20呎櫃的數量，價格就降一成就給James。

「Let me think about this. I need this unit as a sample after the exhibition. I can pay for it.」（讓我考慮看看。不過，展覽後我需

要買一組樣品，我可先付樣品費。）James答應考慮看看，不過想買在展場上這組樣品。

「No problem. The sample charge will be refunded to you when your trial order is confirmed.」（沒問題，付費的樣品在首訂單確認後會退還給您。）宥晴答應將樣品賣給他，並聲明日後下單，這筆樣品費會再退還給他。

「It's deal.」（成交。）

「James, do you mind telling me your opinion of the Glass table?」（James，可否請教您對這組玻璃圓桌的意見？）宥晴想趁機聽聽看James對玻璃圓桌的想法。

「It's too big and heavy for the Singapore market. Our people usually stay in a small apartment with limited space. How can we place a big table like that in a dining room?」（對新加坡市場而言，此桌太大也太重，新加坡人一般都住小型公寓，空間有限，在餐廳要放這個大桌子怎放得下呢？）原來新加坡的公寓空間有限，這麼大的玻璃桌，實在不適合擺放。

「No wonder no one has made inquiry about this item. Thank you for your good opinion.」（難怪沒人詢價此桌，謝謝您的寶貴意見。）

「Besides, the freight is also a big concern」（除此之外，運費也是個大問題。）

「Thank you so much it makes sense to me.」（非常謝謝您的指教。）宥晴再次謝謝James寶貴的意見。

送走James，陳先生跟宥晴很興奮，這算是個好兆頭，接單的可能性很高，雖然原先很看好的玻璃桌，現在證明是個敗筆，不

過總是不經一事不長一智。

　　這次主辦單位的「買主之夜」在第三天的晚上舉行，陳先生一直說累了不想參加，但宥晴還是說服陳先生一定要參加，這是促進買賣雙方聯誼的派對，沒有理由不參加。於是展覽結束後陳先生打起精神，搭了計程車到大會舉辦的飯店，才六點三十分，首先登場的是雞尾酒會。

「宥晴，怎麼還沒開始晚餐？我肚子餓了。」陳先生很不習慣這種西式的派對。

「晚餐要八點才開始，我們先喝點東西，看看表演吧。您要什麼飲料？」

「當然是啤酒，最好要有些下酒小菜。」陳先生開始耍寶起來了。

「沒問題！」宥晴趕緊張羅啤酒跟一些點心，讓飢腸轆轆的陳先生緩解一下飢餓，順便瞄了一下四周，台灣團來參加的人不多，她心裡盤算著，等一下入席時，最好跟國外的買主坐一起，那就太棒了，看能不能多認識幾個買主。

　　終於到了晚餐入場時刻，大會很細心，除非是刻意要求，否則座位一律採隨機安排，8~10人坐一圓桌，陳先生跟宥晴被安排跟一群西方人坐一起，宥晴很開心，陳先生則稍顯不安，因為他不會說英文。

「宥晴，跟這些阿兜仔一起吃飯好緊張。」

「陳先生，放心，今晚您只需負責將我安全送回飯店，其他全包在我身上。」宥晴已打定主意，今晚要跟這些西方買主好好social一下，最壞的打算就是喝醉，但是她很放心，因為陳先生一定會保護她，所以她準備放手一搏。

餐會在冗長的致詞後展開，大家飢腸轆轆吃了一陣子之後，開始social起來了。宥晴身旁坐了個法國人，一聊之下才知道原來他是家具進口商，因為產品主要是藤製品，所以同時也選在印尼設廠，因為當地藤產量豐富。他還負責設計新品，交給印尼廠生產，再進口到法國販售，宥晴趁機推銷順成的產品，二人聊得很投機，更交換了名片，約好隔天到法國人攤位上洽談細節，而此時法國人頻頻向宥晴敬紅酒，宥晴也不忘跟同桌的其他人交換名片，熱絡交談，陳先生則保持清醒，將這一切看在眼裏，他知道不善喝酒的宥晴，正努力融入在不可避免的社交場合中。

已經接近午夜十二點了，大家還酒酣耳熱中，陳先生看宥晴在座位上眼神呆滯、一直微笑，猜想可能是醉了，趕緊將她帶離現場，心想這個女孩實在太敬業了。

一大早宥晴精神弈弈跟陳先生到展場，開始最後一天的展覽工作。

「昨晚妳沒醉嗎？今天精神這麼好。」陳先生很訝異。

「我沒喝醉，雖然法國人頻頻敬酒，我都只喝一點點，他原本要邀我去Pub續攤，幸好您及時帶我離開。」

「豔遇喔，早知道就別那麼早帶妳離開了。」陳先生開玩笑糗著宥晴。

「那不是豔遇，法國人本來就生性浪漫，愛找人喝酒而已，而且我們談話投機，等一下我要去他的攤位介紹一下我們的產品，看有沒有合作的可能性。」

「原來昨晚妳一直跟他聊天，是談生意，妳真的很敬業呢。」

「沒有很刻意啦，我們聊得很開心，就順便帶入工作話題，置入

性行銷嘛。」

　　從事業務工作的人，多少都得具備能聊的人格特質，而宥晴正是箇中翹楚。

　　宥晴找到法國人，並跟他介紹了順成的產品，以及技術本位的核心競爭力，讓法國人很感興趣，他正在計畫採用複合材質概念，讓藤製家具更具創意及生命力。他允諾在下一次的設計案，會考慮將玻璃及鋁架等材質列入設計範圍中，宥晴很開心，畢竟又多了一個希望。

　　畢展前，宥晴準備出清展品，不過這次就沒有之前的順利，除了吧檯順利賣給James劉，其餘的展品通通沒人買，最後宥晴向其他廠商打聽展品的處理方式，其中之一的辦法，可以委由大會送給慈善機構，陳先生二話不說馬上答應，這也是好事一樁，這一次展覽雖然不若在歐洲展出時效果那麼顯著，但也算是不虛此行。

計畫趕不上變化

　　返台後，宥晴馬上著手處理James劉的吧檯訂單，忙著跟陳先生確認可行的交貨期，卻在此時，陳先生給宥晴意想不到的震撼彈。

　　「James劉的吧檯訂單恐怕沒辦法接了。」陳先生面露沮喪之色。

　　「怎麼會這樣，發生了什麼事？」宥晴嚇了一跳，趕緊追問原由。

　　「參展的吧檯樣品是手工打造的，並未開模，如果要量產就必須

開生產模，隆將的江總要我付模具費，他才肯開模。」原來是生產吧檯的廠商有異議。

「當初您跟江總沒有談好嗎？」

「我們曾談過，這款產品由他負責開發的一切費用，我則負責展覽等廣告費用，只差沒白紙黑字將合作契約寫下，現在他卻出爾反爾，讓我很火大。」陳先生越說越生氣，這也正是一般中小企業的陋習，總是口頭允諾，到時輕易反悔沒責任。

「沒有轉圜的餘地了嗎？」宥晴覺得很可惜，想極力搓圓。

「我後來有退讓一步，同意支付一半的模具費，他還是不肯，執意要我全額支付才願意接此單，他看準了我想接此單，一定會就範，簡直欺人太甚。」合作的交易如果沒事先談好，以書面協議確認，事後有一方反悔，處理起來就很棘手。

「江總如果執意堅持，我們要妥協接單還是乾脆放棄此單。」宥晴也陷入慎重的思考。

「宥晴，妳對這件事情有什麼看法，妳會怎麼做決定？」陳先生想試試宥晴對危機處理的能力。

「我也認為江總看準了我們想接此單，最後一定妥協付模具費，可是他這種心態是不對的，如果以長遠合作考量，他不是好的合作對象，一開始就自私為己，說話不算話，將來合作一定更得寸進尺，倒不如放棄算了。」宥晴說出了自己的想法。

「沒錯，我也是這樣想的，我還以為妳會覺得放棄此單很可惜呢。那就決定不接此單，妳跟James道歉，解釋一下。」陳先生越發覺得宥晴有超齡的成熟思考，處理事情穩重且頗具遠見。

「好，我會順便向他推薦其他產品，看看有沒有機會。」儘管沒法接單有些失望，但是她還是以大局為重，做長遠考量。

順成跟奕冠在宥晴隔空操控與國外客戶聯繫事宜，外銷業務穩定且逐漸成長，因爲得心應手，所以越來越游刃有餘，空閒的時間也多了起來了，於是她計畫再去上課學學其他東西。這天她正在網站上瀏覽課程資料時，接到一通電話。

　　「王小姐，我是久遠資訊業務經理李文成，經由奕冠的江太太介紹，得知您的聯絡資料，很冒昧想跟您談一下合作事宜。」李經理開門見山。

　　「請問您要談的是哪一方面的合作？」宥晴一頭霧水，也不知道對方是不是詐騙集團。

　　「我們是專爲外銷企業開拓商機的電子商務服務公司，客戶多數是從事外銷的製造商，透過我們的B2B平台刊登廣告，找尋外國客戶。」李經理解釋著公司的營業內容。

　　「這是目前逐漸流行的網路廣告模式，不過我怎麼沒聽江太太提過貴公司？」宥晴還是小心翼翼的仔細追問。

　　「奕冠前年曾參加過我們的網路廣告，當時詢價信很多，不過因爲沒有即時處理回覆，最後都無疾而終，所以後來合約到期江太太就決定停止廣告。上個星期我再一次去公司拜訪，她很積極的跟我談再續廣告的事，一聊之下才知道目前由您回覆英文書信，幫她解決了對外溝通的難題，所以我才冒昧打電話，想請您幫忙。」李經理滔滔不絕地解釋著。

　　「哦，原來是這樣，需要我怎麼幫您呢？」宥晴終於確定對方不是詐騙份子，於是卸下心防，跟李經理約見面，討論一下如何幫他，宥晴心想這或許又是一個新的挑戰，值得深入了解。

　　宥晴跟李經理約在住家附近的一家連鎖咖啡店見面，店內提供

了很好的洽談環境，又可免費上網。一見面李經理就打開筆記型電腦，詳細介紹公司的服務內容及廣告成效，展現跟宥晴合作的最大誠意，接下來再談到雙方如何聯手幫助這些剛開始著手進行外銷的製造商。

「多數刊登廣告的客戶，都面臨跟奕冠當初相同的難題，那就是沒有人可以回覆英文書信，對這些剛要起步從事外銷的製造廠而言，沒足夠的業務量可請一位專職的國貿人員，而且也不敷成本，使得許多廠商跟奕冠一樣，到後來只好放棄，實在很可惜。」李經理娓娓道來他們現在面臨的難題，後續的溝通不順利，一定會影響廠商廣告續約的意願，難怪李經理積極想辦法想解決廠商的困難，才能避免廠商到期不續約的窘境。

「的確，許多外國客戶因為跟工廠無法溝通之下，寧可還是透過貿易商跟工廠採購。」宥晴深知買、賣雙方無法直接交易的盲點。

「沒錯，不過由於現在國際情勢多變，國際貿易也漸漸趨向微利，製造廠的利潤一再被壓縮，迫使他們不得不縮短供應鏈，直接跟終端買主交易，否則就面臨關門大吉一途。」李經理說得慷慨激昂之餘，也不免嘆一口氣。

「李經理，您對中小企業充分瞭解，用心幫忙不遺餘力，希望我可以幫得上忙。」宥晴看得出李經理的誠懇且敬業的態度，不免動容。

「其實早期家父也曾是製造商，從事塑膠製品，因為都透過貿易商，吃了不少虧，例如對方詆稱有大筆訂單，誘使我爸開模接單，結果卻只下一張小單就沒下文，我家工廠裏堆積如山的模具就是這樣來的。此外，這些貿易商動不動就猛殺價，工廠為了生

存沒辦法不接，在利潤日漸微薄下，最後撐不下去只好結束營業。當時花了很多錢開發的模具，最後當成廢鐵賣，讓我爸沮喪好一陣子。」李經理說了自家的親身體驗。

「模具不但耗費成本，也更是開發者的心血，最終落得當廢鐵賣一定心痛，難怪您如此努力的幫這些製造廠轉型直接外銷，原來您有切身之痛。」宥晴了解李經理努力的原動力來自於自家的故事。

「所以這也是您全心投入這個工作的最大動力，是嗎？」

「可以這麼說，我希望其他製造商，別像我爸的工廠一樣，因為撐不下去而歇業，所以請王小姐一定要幫忙。」李經理再次懇切的請託。

接著，李經理跟宥晴談起了如何幫助這些製造廠對外聯絡的模式。原則上如果廠商有無法回覆國外信件的困難，李經理就會轉借給宥晴，由她自行跟廠商聯繫合作事宜，就在達成共識之後，宥晴突然想到商場上的「潛規則」，不知道不要付給他介紹客戶的佣金？

「李經理，很謝謝您給我這麼好的機會，不知該如何感謝，回報您才好。」宥晴委婉地想探他的口風。

「您可以將我的客戶服務好，就是對我最佳的回報了。」李經理絲毫不猶豫的回答。

「容我冒昧請問您，我是不是需要付您佣金，回報您介紹客戶給我呢？」宥晴沒辦法再迂迴試探，只好直接了當問個明白。

「哈哈，看來王小姐真的在商場上歷練過，所以會有這層考量，謝謝您周詳的思考，我只賺本業的錢，其他不該收的，我不會收

的。」李經理很肯定的答覆，反而讓宥晴有些尷尬。

「李經理，對您真是失禮，如有冒犯請多見諒，既然您只賺本業的錢，那就讓我也成為您的客戶，請您幫我打廣告，這樣是雙贏政策。」畢竟冰雪聰明的宥晴總是知道如何化尷尬為圓滿的解決方式。

「沒問題，這真的雙贏政策！」李經理連客套話都省了，直接接受，宥晴暗自高興，跟坦率的人相處不必太費心思，就能開門見山，達成共識。

宥晴對於這個奇蹟式的工作挑戰充滿期待，深深覺得自己真的很幸運，總是得到許多貴人的幫助，而擁有比別人更多的機會，她暗自下定決心，以後也要秉持同樣的態度，對待有需要的人。

蜂湧而至的機會　鋪天蓋地的挑戰

接下來的日子變得異常忙碌，一家家由久遠資訊李經理轉介而來的製造廠，紛紛打電話來詢問宥晴關於書信翻譯服務的問題。廠商提出的要求更是五花八門，像是要求宥晴固定時間到廠回覆書信、整體的行銷企劃、幫忙開發其他國外客源，甚至要她兼教小孩英文，令她一時應接不暇，不知如何著手。在自忖一個人的時間跟能力有限，以及服務品質著想，宥晴十分謹慎的挑選案子絕不貪多，而且同一個行業不接第二家，以免有「競業條款」的疑慮。良好的職業道德絕對是永續經營的核心，再者她也擔心如果二家同業都要參展，或是擁有同一個國外客戶，那到底要幫誰好。

經過一段時間接洽後，宥晴接了製造微波餐具家堡，王老闆跟

老闆娘是接續家業的第二代，父親早期是製造塑膠零配件的工廠，王老闆接手後積極轉型，為了能夠外銷，他將製造零配件轉變成塑膠餐具，因為他看準了歐美慣用微波爐烹調食物，因此積極開發能以微波爐做菜的用具。除了改變材質，使高溫微波加熱安全無虞慮之外，並申請了美國FDA認證，以利外銷推廣。之前由王老闆的妹妹負責外銷業務，直接外銷業務也逐漸起色，不過自從妹妹結婚後，他就積極想再找人接替外銷業務，找了好久，一直找不到合適的人選，幸好現在找到宥晴接手，王老闆終於鬆了一口氣。

「宥晴，我們同姓，直接叫妳的名字比較親切，謝謝妳幫忙，否則我外銷業務真的要開天窗了，這是之前跟幾位國外客戶往來文件，妳先看看，有沒有問題。」王老闆見有人可以接手了，趕緊將一大疊讓他頭痛的文件塞給宥晴。

「您不必如此客氣，文件我大致看了一下，王小姐之前處理得很好，所以應該沒什麼問題才對。」宥晴很開心，這個案子似乎不難接。

「今年有美國、英國、日本三個國外展，麻煩妳務必要空出時間，跟我們一起去參展。」

「沒問題，請您先將日期給我，我先空下時間，安排好其他的事情。」

看來要有好一陣子要忙家堡這個案子了，王老闆特地派老婆跟宥晴配合，由宥晴對外聯繫，王太太則負責工廠一切瑣事，這樣裡應外合，效率頗佳。

家堡的生意經營的很不錯，最近接連有幾批貨要出口，下星期

就先出口比利時，這張訂單10,000組多功能調理盒，共分二個40
呎櫃出貨，第一個櫃先出5,000組，剩下第二個櫃在一個月後出
口，採信用狀付款的交易，由於比利時的安特衛普（Antwerp）
港經常壅塞，所以宥晴請王太太先訂船位。

「宥晴，我上個星期就跟船務公司訂艙，不過對方一直說full
booking, no space，真是急死人了，不知道該怎麼辦才好。」沒
想到王太太遇到訂不到艙位的窘境。

「沒關係，這個交易是採FOB條款，Forwarder是對方指定的，
我發個Email給比利時客人，請他們處理一下應該就沒問題。」
宥晴熟悉國貿作業及條款，一下子就解決了問題。

「妳真的很在行，不過現這批貨還有一個問題可能比較頭大，因
為缺了50個彩盒，所以這次可能只出4,950組，下一批出5,050，
可以嗎？」

「我看過信用狀了，因為數量並沒有列在允許增減的『寬容條
款』中，所以數量不對是重大瑕疵，押匯時會有問題，輕者會扣
瑕疵費，重者開狀銀行會拒付。」

「完了，這下子我可要被王先生唸到臭頭，怎麼辦？」個性強悍
的王先生，總是愛教訓妻子，所以王太太常常被罵得灰頭土臉，
甚是可憐。

「有沒有其他辦法可以避免押匯時，被銀行扣瑕疵費或拒付
呢？」楚楚可憐的王太太，令宥晴不得不跟報關行討論一下有無
其他解決方法，最後還是鑽法律漏洞找到一個可解決的方法。

　　由於信用狀是注重單據審核，不過問貨物實際狀況，報關行
就建議，貨物第一個先出4,950組，第二個櫃再以高櫃將剩下的

5,050出貨，不過二批貨的出貨單據的數量都是作5,000組，這樣一來問題就解決了，宥晴雖然覺得有些不妥，但還是告訴王太太這個辦法，她喜出望外，連忙要宥晴照報關行建議的方法處理。

比利時這批貨二個貨櫃就真的照報關行建議的方法出貨了，也順利的押匯了貨款，出乎意料之外的順利。不過宥晴基於尊重客戶，還是先行告知因為不得已的狀況必須要這麼做，並誠懇致歉。不過客戶相當生氣，因為此事並未事先經過他們的同意，而且如果在進口通關時，數量不一致後果很嚴重，經宥晴一再致歉，並保證以後有任何情況，一定事先告知，事情才解決。經過此事，王太太對宥晴非常感激，視宥晴為革命夥伴，而宥晴也認為多幫一下在婚姻裡弱勢的王太太是應該的，女人一定要幫女人，何況她看起來那麼無助，不過下次幫忙還是要謹慎，萬一幫了倒忙，可能反而害了她。

接下來到美國芝加哥參展時，王太太毫無保留地分享她嫁進王家的心路歷程：雖然二人是大學同學，但雙方家境懸殊，嫁進夫家後備受考驗；儘管丈夫對他不薄，但是大概是從小受寵的富家子，不免有些富家子弟的習氣，專制且霸氣，經常令王太太受委曲，因此她一直戰戰兢兢很怕出錯，也不斷的努力，期待能讓夫家看重她，宥晴看著王太太美麗的臉龐卻佈滿了風霜，真是不捨。

一月份的芝加哥是最冷的季節，王太太說他還沒看過下雪，佈完展當天中午，想到外面看雪兼逛街，於是兩人搭車到密西根大道，才走幾分鐘已經冷得快要呼吸困難了，看著對方冷得直打哆嗦的模樣，不禁大笑起來，原來下雪不是這麼浪漫的事，趕緊改

成吃大餐去。大器的王先生叮嚀她們這次出差，除了做生意，也一定要她們住好吃好，訂了五星級的Sheraton Hotel，更打聽到一家當地很有名的餐廳Chicago Chop's House，要王太太跟宥晴好好享受豐盛的牛排大餐，二個人吃了King size的大餐，走出了餐廳時，因為吃得太飽話都說不出來了。

接下來到市中心的百貨公司及購物商城逛逛，預先作一下市調，看看當地微波餐具的市場如何，逛了一下午，她們二人累得找了一家咖啡小館坐了下來。

「王太太，您累了吧？」宥晴看她一臉疲憊，連笑容都不見了，趕緊關心一下。

「不是累，我是擔心。剛才逛過的那幾個賣場，用在微波的餐具實在少之又少，有的話也只限於保鮮盒而已，我們這產品要推廣給他們似乎難度頗高。」企管系畢業的她說出了心中的憂慮。

「樂觀一點，記得『去非洲賣鞋』的故事嗎？我們應該要高興才對，這是一片待開發的市場，前景一片光明呢！」樂觀的宥晴總是想帶給人希望。

「妳一定是O型人對不對？呵呵。」經過宥晴技巧的安撫，她稍稍寬心。

開展後，王太太努力示範如何使用這些餐具來煮飯、炒菜甚至煮蛋，加上宥晴一旁解說，看的人多，詢問者的少，一如王太太的憂慮一樣，大家對於這麼新穎的微波餐具，似乎還摸不著頭緒，興趣缺缺，展場如戰場，面對買主詭譎多變的喜好，只能沉著應戰，見招拆招。

第三天一大早在攤位上，居然很驚喜的遇見英國客戶Green Home的Stacy，結果她一走進，臉上的笑容馬上不見了，因為她瞥見她設計的包裝彩盒居然正在展示中，立刻要宥晴馬上撤下，否則將控告家堡侵犯智慧財產權，這下子可把王太太跟宥晴嚇壞了，除了趕緊撤下彩盒，還不斷地道歉、陪不是，宥晴一直好言想令對方消氣，最後Stacy寫了一張不得再犯的切結書，讓王太太代表家堡簽名保證永不再犯才結束離開，二個人終於鬆了一口氣。

　　「我當初就跟王先生講，那個彩盒是Green Home的，上面有他們的商標，展出實在不適合，不過他堅持要展，說是彩盒質感及設計很好，會為展品加分。」王太太一股腦兒抱怨起丈夫的專制及固執。

　　「鮮綠底色加上純白產品圖片，這個彩盒看起來確實很好，說真的比我們產品其他的彩盒都優，我們在包裝上似乎很吃虧。」宥晴說實話，所有產品的彩盒的設計都很差。

　　「沒辦法，彩盒自始以來都是由王先生他舅舅的印刷廠設計製作，不但設計差，品質又不穩定，上次比利時的訂單缺彩盒就是他們捅的婁子。」看來這又是家族事業，被皇親國戚把持的悲哀。

　　「在國貿交易中，彩盒是很容易引發客訴的項目之一，這種情況要跟王先生討論對策，以免以後再生事端，就很難善了。」宥晴也很厭惡皇親國戚的攪局。

　　「唉，我每次跟王先生提起此事，總會被他罵一頓，叫我別自找麻煩，因為他也沒輒，舅舅有我婆婆撐腰很難喬，婆婆很強勢連我公公都得聽他的，誰敢在老虎頭上捻鬚啊！」王太太越說越

氣，令宥晴也同仇敵愾起來。

「彩盒是很重要的銷售包裝，它可以促進銷售量是不爭的事實，有機會我會跟王先生建議一下這件事。」熱心過頭的宥晴老毛病又犯了。

　　結束展覽後，宥晴發現收集到的有效名片不多，展覽的效果並未如預期的好，看來要推廣此產品，還得多花費一番功夫，才能對症下藥。

第六回　挑戰五花八門的產業

謝老闆：昱貿辦公家具的外包加工廠商

蔡董(小蔡)：昱貿辦公家具的輪腳供應商

百程汽車配件

嚴先生：老闆，汽車排檔鎖製造商

嚴太太：老闆娘，負責財務及金流控管

黃廠長：負責廠務及製程控管

林小姐：會計，負責帳務處理

產業多元，此盛彼衰

隨著產業結構不斷的改變，有越來越多的工廠跳出來自己做外銷，不想再依賴貿易商，加上久遠資訊李經理的努力推廣，有越來越多廠商找宥晴幫忙。這個月她又接了一個新的案子——生產汽車配件的百程，主要的產品是汽車使用的鎖類，包括排檔鎖、方向盤鎖等。這是個非常成熟的產業，老闆嚴先生早期做鋁／鋅合金壓鑄件，後來才轉型製造汽車鎖，老闆娘嚴太太主掌財務，看起來非常精明能幹。這家公司已經開始直接外銷三年多了，目前也有一些國外客戶持續下單中，會找上宥晴是因為之前的國外業務經理野心太大，私下跟外包廠勾結，賺中間價差中飽私囊，被厲害的嚴太太識破，因而解聘他。結果他一走了之，留下一堆爛攤子，嚴先生透過李經理的介紹火速找上宥晴來處理。

接手不久，宥晴還沒完全搞懂產品及其他細節，就有一位哥倫比亞的客戶Angelo要來台談新產品開發案，嚴先生給了一些資料要宥晴先準備一下，其中一項重點是電鍍，要分成滾鍍（滾電）跟掛鍍（吊電）二種電鍍方式訂價，宥晴一時找不到這二種電鍍的英文翻譯，急中生智，硬是將價格較高，電鍍品質較優的掛鍍翻譯成「Grade A plating」，另一個滾鍍則翻譯成「Grade B plating」，沒想到Angelo一下子就懂了，連報價時都省略解釋，因為一看就知道Grade A一定比較貴。自此之後，這位客戶對這二種電鍍的說法，居然就一直延用宥晴的自創名詞，開發案洽談過程非常順利，這個產品很快就進入手工模打樣，手工樣品完成後，經Angelo確認後，嚴先生立即開量產模具，進行量產，第一批貨也在Angelo來台開會後的半年，出第一次貨，過程順利。

表面處理

(1)滾鍍（滾電）─Barrel Plating：

將已經過電鍍前處理的電鍍工件，放入滾桶內，然後將滾桶浸在電鍍浴槽內，利用滾桶的滾動讓桶內的工件接受電鍍處理，故稱「滾電」。滾電主要針對體積較細小的工件，例如服裝鈕釦等一系列配件，但滾電的效果會受工件數量而有輕微偏差。

(2)掛鍍（吊電）─Rack Plating

掛電是將已經過電鍍前處理的電鍍工件，掛在合適的掛具上，再將掛具放入電鍍浴槽中以進行電鍍處理。掛電主要針對釦類、五金牌類工件以及一些對電鍍效果要求較高的原件。掛電對原件數量的要求較寬鬆，因數量而產生的偏差也較少。

掛鍍（掛電）與滾鍍（一般電鍍）工序和原理一樣，只是掛鍍工藝水平較高，因為須逐個掛上處理，比較費時費人力，所以掛鍍單價高於滾鍍有一倍多以上，但是數量可以比較彈性。一般都使用在數量較少的特殊顏色，用在客製品要求顏色居多。

宥晴接手百程的外銷業務已經半年了，國外訂單一直持續，生意似乎很不錯，但是交貨期卻一直掌控不好，就以出馬來西亞的訂單而言，幾乎每次出貨都超過信用狀上的最遲裝船期限，有時候甚至超過信用狀有效期限，因此儘管出貨後押匯還是可以拿到貨款，但是到頭來都會被銀行扣一大筆瑕疵費跟瑕疵利息，對國際貿易越來越熟悉的宥晴不得不找負責財務的嚴太太談一下。

「嚴太太，之前跟您提過馬來西亞的貨老是延遲出貨，導致押匯時銀行費用偏高，我們應該要想出解決方法才是。」

「唉，這已經是老問題了，一方面是因為馬來西亞的開狀銀行不知怎麼回事，開來的信用狀總是很晚才到達；另方面是因為鎖心工廠老是遲交，因為郭老闆的鎖心廠品質最好，訂單量經常飽和，根本喬不動準確的交貨期，我也不知該怎麼辦才好。」嚴太太雖重視這個問題，但也很無奈。

「如果是這樣，其實我們可以考慮和馬來西亞客戶商量更換付款方式，因為以信用狀付款，就會有期限的問題存在，如果改為T/T電匯，不但可以解決信用狀晚提示的問題，還可以節省銀行費用。」宥晴提出可能的解決辦法。

「真的可以這樣？王小姐妳真厲害，懂這麼多，之前那位林經理都沒注意到這些問題。」嚴太太睜大眼睛，充滿希望。

「因為之前經手的案子，有過類似的經驗，所以就會特別注意，信用狀晚提示或過期，除了會造成瑕疵費，萬一買主後悔訂貨或心懷不軌，更可能藉這個理由拒絕提貨及支付貨款，到時候我們損失更大。」宥晴更進一步解釋信用狀晚提示或過期的利害關係。

「是喔，聽妳這樣一說，我們更應該積極解決此事。不過萬一馬來西亞客戶不答應換付款方式怎麼辦？」嚴太太了解到問題嚴重性更緊張了。

「我試著跟他溝通看看，他如果了解，電匯付款其實對他更有利，應該不會拒絕才是，我會盡力但不能保證會成功說服他。」其實宥晴有信心可以說服客戶，但是沒把話說得太滿。。

晚提示：

　　信用狀裡會規定提示裝船文件期間為幾天，若信用狀沒有規定，則根據UCP600（註：《跟單信用狀統一慣例2007年修訂本，國際商會第600號出版物，簡稱UCP600。》）之規定，為裝船日後21天內提示。所以，超過規定時間提示文件去銀行押匯謂之。

信用狀瑕疵：

　　瑕疵是指信用狀受益人提示之文件及內容與信用狀條文中要求不符，開狀銀行會因此扣瑕疵費用，情節重大的瑕疵，甚至可以主張拒付信用狀。

　　宥晴試著跟馬來西亞客戶解釋變更付款條件對彼此的有利的說明，起初客戶還猶豫著，經過一陣子的考慮，終於答應了將付款條件由原先的即期信用狀（L/C）改為CAD，在貨物裝船後電匯（T/T），付款問題終於解決了。

　　這一陣子百程正準備參加一年一度在台北世貿舉行的汽機車零配件展覽（AMPA），宥晴必須一起北上參展，由於這次哥倫比亞客戶Angelo也會來，還計畫要與百程談獨家代理，於是宥晴先擬了一封獨家代理合約，擬好後，宥晴想起林致翰或許可以幫忙看過一遍，就先Email給他，請他協助看有無疏漏，英文頗佳的致翰將合約中的條款補充到位，令宥晴刮目相看。隨後，致翰趁著回老家探望阿公，順道到宥晴家，給她修改後的合約。

「王宥晴，妳真的很不夠意思，有事才會找我。」好久不見的致

翰一見到宥晴很開心，但還是小抱怨了一下。

「你現在是大律師，哪敢隨便找你，跟你說話不是要付費嗎？」宥晴見到老同學馬上抬起槓來了。

「妳還是跟以前一樣伶牙俐齒，實在比我更適合當律師。言歸正傳，妳的合約書在獨家代理的權利及義務沒有詳細規定，我另外再加上終止合約、保密、不可抗力仲裁等條件，讓合約更完備。」致翰很想在宥晴面前嶄露他的專業，於是開始滔滔不絕。

「大律師，實在太厲害了，我以前一直以為你是書呆子，沒想到你這麼有內涵。」宥晴忍不住又消遣一下老同學。

「王宥晴，妳真的很沒禮貌，沒付我律師費，還淨是消遣我，下次不幫妳了。」

「欸，你有沒有幽默感啊，開一下玩笑都不行，跟女生一樣愛計較，請你吃飯道歉兼答謝，行不行？」

「妳說的喔，不許耍賴，什麼時候請我吃飯？」致翰心中浮現無限期待。

「下星期我剛好在台北參展，跟哥倫比亞客戶約吃飯，你一起來吧。反正你英文很好，剛好客戶獨家代理約有問題還可以談一下，我再跟你確定日期。」宥晴太開心了，真是一舉二得。

「妳太沒誠意了，居然是這種請客法，我可以拒絕嗎？」致翰有些失望，跟他想像中二人的燭光晚餐似乎有些距離。

「你敢？大律師，別這樣，好人做到底，送佛送上西天，我們同學當假的啊？」宥晴耍賴著。

「好吧，3年12班的恰查某，我算是栽在妳手裡了。」致翰一臉藏不住的笑意。

而宥晴對於當年的那個很會念書的書呆子，怎麼想都無法跟眼

前這個辯才無礙的年輕律師聯想在一起。

> ## CAD（CASH AGAINST DOCUMENTS）—憑單據付現
>
> 　　買方下單，賣方接單時，立即生產，等貨品完成裝船後，將副本單據傳給買方證明貨物已裝船出貨，買方此時依約將貨款匯入賣方銀行帳戶，等賣方收到貨款後，再將正本的裝船文件（shipping documents）郵寄給賣方或採電報放貨（B/L released by cable）謂之。

　　AMPA展開始了，今年除了展出既有的排檔鎖（gear lock）之外，另外還有新開發產品——晴雨窗（Rain visor），百程訪客絡繹不絕，讓宥晴雖忙碌但頗有成就感。開展第一天，哥倫比亞客戶Angelo來到展場，馬上就到百程攤位拜會，看見有自己商標的排檔鎖也擺在攤位上，馬上提出抗議，宥晴除了立即撤下展品，並不斷道歉，這才平息了風波，也順利了談好獨家代理合約。

　　晚上，為了表現東道主的風範，也為了道歉，嚴先生設宴招待Angelo，宥晴也找了致翰當陪客，整個餐會宥晴都忙著佈菜及翻譯，根本無法好好吃。雖然致翰頻頻夾菜給宥晴，但她始終忙著，堆成小山的美食，未曾稍減，這一切都看在他眼裡，晚餐就在賓主盡歡的氛圍下愉快結束了。

　　飯後的娛興節目是逛夜市，宥晴帶著Angelo要去華西街逛逛，致翰自告奮勇相陪，讓宥晴心安不少，一到華西街，致翰買了三

杯珍珠奶茶，一人一杯，因為他心疼整晚吃不多的宥晴，而印象
中茉香珍奶是她最愛的飲料，宥晴一看到珍奶眼睛便亮了起來，
尤其又是她最喜歡的口味，馬上跟Angelo玩起猜猜看遊戲。

「Angelo, can you guess what drink it is?」（Angelo，猜猜看它是
什麼飲料？）

「Oh, it tastes very chewy. What is this?」（吃起來非常有嚼勁，
這是什麼東西？）第一次吃到粉圓的Angelo好奇的問。

「What is your guess, Angelo?」（您猜是什麼？）

「I have no idea, girl」（我不知道啊，姑娘。）Angelo呀一臉無
辜。

「It's frog eggs. Do they taste good?」（它們是青蛙蛋，好吃
嗎？）調皮的宥晴決定嚇嚇他。

「Oh, my God! it tastes more wonderful than ever.」（天呀，太好
吃了。）Angelo說。

「Just kidding. This is a very famous Taiwanese tea-bubble milk
tea.」（開玩笑的，這是台灣有名的珍珠奶茶。）

三個人瞬間大笑了起來。

走到一家賣傳統服飾的店家，宥晴貼心地買了件唐裝送給
Angelo當見面禮。

「王宥晴，妳崇洋媚外，為啥只買給老外我沒有？」致翰吃醋地
嚷嚷起來了。

「幼稚鬼，如果你敢穿在台北街頭逛，我就買給你，敢不敢？」
宥晴促狹似的看著致翰。

「饒了我吧，恰查某。」致翰無辜地投降。

走出服飾店，三個人繼續往下走，突然間，宥晴像發了瘋似的，不停尖叫，下意識地躲到致翰的背後，原來他們走到了華西街最富特色的蛇店——一隻巨大的蟒蛇正盤據在店門口對著來來往往的遊客吐信、打招呼。Angelo覺得新奇，靠近蟒蛇一探究竟，一旁已經嚇得花容失色的宥晴，只顧躲在致翰背後哆嗦著。

「哇，恰查某的天敵居然是蛇，哈哈哈。」致翰幸災樂禍開心的不得了。

「你閉嘴啦，我怎麼不知道這裡有蛇店？」宥晴難得遇上天敵，優雅形象盡失，正苦惱不已。

「What a beautiful snake it is, but I don't think Aurora will be happy to see it. Ha! Ha!」（好漂亮的蛇，但我想Aurora可能不想看到牠，哈哈哈！）Angelo驚嘆地看著色彩鮮亮的黃金蟒，糗著宥晴。

「I am so sorry, Angelo, it's my weak point.」（很抱歉，Angelo，這是我的弱點。）嚇壞的宥晴很尷尬的解釋著。

「She is afraid of nothing, other than snakes.」（她天不怕地不怕，就怕蛇。）致翰也一起糗著宥晴。

「We'd better move away from the snake, or Aurora will cry soon.」（我們最好遠離蛇，否則Aurora很快就會哭起來了。）Angelo說。

　　三個人迅速離開蛇店，沒來過華西街的宥晴不知道這裡居然有她最害怕的天敵，心中盤算著，以後帶國外客戶逛夜市，華西街一定排除在外。

汽機車零配件的春天

接下來幾天AMPA持續發燒，嚴先生笑得合不攏嘴，來自中東、新加坡、馬來西亞的老客戶輪流來攤位洽談，另外一位印度客戶Ambani更是連續到訪到三次，對一款新型的排檔鎖再三殺價，讓宥晴幾乎招架不住，看得出來他很中意這款產品，不過嚴先生卻老神在在，並不在意他瘋狂殺價，雙方在價格上來來回回討論多次，報價也從原來的價格幾乎降20%了，客戶還是不滿意，直說回印度之後再聯絡，宥晴以往都做歐美日等先進國家的生意，較不熟悉中東、印度等開發中國家買主的特性，於是跟嚴先生討論起來。

「看來這下白忙了，這個客戶盧半天，還是不滿意。」宥晴一等客戶走後，洩氣地說著。

「放心，我看他對這款的排檔鎖很尬意，其實他之前跟我方連絡過，但對之前產品並不滿意，因為在他印度專賣較高檔的產品，這一次成交的機率很高。」他信心十足地分析著。

「原來如此，今天新加坡客戶Jacky對晴雨窗很滿意，也拿了樣品，下單的可能性很大。」宥晴茅塞頓開，充滿信心。

「他肯定會下單，新加坡市場雖小，但Jacky做生意很阿莎力，不囉嗦，他的訂量雖不高，但不殺價，下單也隨即T/T付款，算是好客戶。」

「真是Dream Customer，晚上請中東客戶吃飯，訂在哪家餐廳呢？」

「Osama喜歡海鮮，所以晚上我訂在台南擔仔麵海鮮餐廳。」

「台南擔仔麵不是賣麵的，怎麼也賣海鮮？」宥晴滿臉疑惑。

「這是一家高級的餐廳，不但賣擔仔麵，也賣海鮮，去年也是在

這裡請Osama，他很滿意，所以今年又訂這家宴請他，記得找妳男友一起來。」

由於沙烏地阿拉伯客戶Osama是公司很重要的大客戶，因此嚴先生更是採取高規格的接待方式。

「您認識我男友？」宥晴丈二金剛摸不著頭緒。

「就是昨天跟妳一起來的那位律師啊。」

「哈哈，您誤會了，他是我國中同學，不是男友，而且他今天要出庭，可能沒空。」宥晴趕緊解釋。

「不是男友喔，真可惜，否則我想以後就有免費的諮詢律師了。」原來嚴先生打的是免費律師的如意算盤。

當晚高級的海鮮料理，讓宥晴大開眼界，除了豐盛的海鮮料理，嚴先生更帶來了美酒–Hennessy X.O. COGNAC，喝得真是賓主盡歡，看得出來Osama很盡興，嚴先生更是開心，喝了酒之後，英文不佳的嚴先生居然跟Osama「相談」甚歡，二個人一直咕咕噥噥兼比手畫腳，不時大笑、勾肩搭背，感情麻吉的很。

宥晴看得瞠目結舌，之前跟歐美客戶吃飯，總是西式排餐加上紅酒，過程中規中矩，從未曾遇見像今天如此誇張的盛況，看來各地區的國際客戶，有不同的接待方式，今天算是上了寶貴的一課了。

從AMPA展回來之後，宥晴忙著展後追蹤，這此展覽效果頗佳，一個月後新加坡客戶就下了晴雨窗的試訂單，下單後沒多久，Jacky的貨款就匯到百程的戶頭了，廠長也允諾盡速生產交貨，預計30天就可出貨，交易過程快速且順利令宥晴心情愉快。

就在Jacky的貨剛出完沒多久，難搞的印度客戶Ambani也下單了，但付款條件是30天到期的遠期信用狀，這下子光跟他喬付款方式就喬了好久，才敲定改為不可撤銷的即期信用狀，宥晴隨即在P.I.上修改付款條件，傳給他，請他簽回確認。

「嚴先生，印度Ambani的P.I.已經簽回了，訂單大致是確定了。」宥晴鬆了一口氣，向嚴先生稟報好消息。

「我得交代倉管趕快下單採購備料，不足的零配件趕緊備齊。」嚴先生很興奮地想盡快發落備料生產。

「這是首訂單，等收到信用狀才進行備料生產會比較安全，以免萬一他中途變卦，那些材料很難處理。」宥晴鑑於之前的經驗，向嚴先生建議。

「之前業務張經理都是客戶下訂單後，他就吩咐備料生產，這次Ambani不是也簽回P.I.了嗎？它不是確認的正式文件嗎？」嚴先生很疑惑。

「P.I.又叫形式發票，它不是正式的發票，只是作為參考之用，非正式的商業交易文件，不具法律約束力。」

「原來是這樣，難怪之前張經理接的單子，有些到最後卻不了了之，他解釋這是國際貿易必要的風險，現在倉庫還留有之前接單卻沒出貨的產品跟零件。」嚴先生恍然大悟。

「對了，之前哥倫比亞客戶Angelo到工廠談開發案那次，參觀倉庫曾表示工廠的庫存管理似乎不佳，堆積太多庫存成品跟零配件，有好些都已經斑駁生鏽了。」宥晴突然憶起百程的庫存管理很糟。

「我會想辦法盡速解決庫存管理，另外這次我會等Ambani的信用狀收到後再備料。」嚴先生似乎體悟到之前的發生的諸多問

題，其實是可事先避免的。

等了二個星期，Ambani的信用狀終於抵達銀行，會計到銀行領信用狀之後馬上傳給宥晴看，她仔細一下，確認內容及條款一切都沒問題，隨即通知工廠可開始備料生產，一切就等著30天後出貨裝船了。

這批貨如期裝船，裝船文件給宥晴看過後，會計隨即送到銀行去押匯，沒想到不但沒完成押匯，還帶回來一個壞消息，說近期印度的信用狀都無法押匯，因為印度核子試爆正面臨美日經濟制裁，因為由美國進出口銀行擔保五·七五億美元的信用將告停擺，也因此造成印度銀行開出來的信用狀形同廢紙，這一來重創印度的經濟發展。

天有不測風雲，這消息如同晴天霹靂，貨物已經出口，這下子該如何解決，真令人頭痛，財務部長嚴太太搞不清楚狀況，打了電話責備宥晴事情怎麼處理的，怎麼會發生信用狀領不到錢，儘管宥晴解釋發生此事不是在她能掌控的範圍內，嚴太太執意要宥晴跟印度客戶催討，否則就要向對方提告，這令宥晴心情頗為沮喪。

宥晴持續跟Ambani溝通，看能不能將貨款改電匯付款，但是他回覆說，由於目前印度外匯被凍結，因此短時間也無法匯款，但貨物即將到港，要求百程先電放提單（B/L released by cable）讓他領貨，他保證一旦外匯凍結緩解後，馬上T/T貨款，於是宥晴據實以告，嚴先生同意，可是此時嚴太太卻跳出來拒絕，夫妻二人當著宥晴的面，大吵起來，令她尷尬得不知要躲到哪裡去，最後歇斯底里的嚴太太要宥晴跟Ambani下最後通牒，再不匯款

第六章　挑戰五花八門的產業

來，一定要告他。

　　宥晴很為難，事情如果照嚴太太的方式處理，一定會無法收拾。

　　回到家後，心情很差，打開電腦收Email看到林致翰寄來的一些有趣的文章，突然想打個電話給他發發牢騷。

　　「林律師，如果要打國際官司的話怎麼打，你會接嗎？」宥晴儘管情緒低落，還是故作幽默。

　　「怎麼回事？怎麼一副天要塌下來的樣子，很不像妳。」致翰很關心這個一向開朗樂觀的恰查某，宥晴把事情的原委說了一遍，大概是委屈吧，居然語帶哽咽，讓致翰一時不知如何安慰她。

　　「事情應該沒這麼嚴重吧？真的需要的話再說，不過嚴氏夫婦如果要離婚，我倒是可以先幫忙。」致翰故意消遣一下令宥晴難過的夫妻檔。

　　「欸，你在胡說些什麼，真是狗嘴吐不出象牙來，還不快幫我想想辦法。」對於致翰的冷笑話，實在啼笑皆非。

　　「妳放心，依我看這事情還有轉圜餘地，妳稍安勿躁，再斡旋看看，你也可先問一下銀行是否有其他解決方法，聽聽銀行的看法準沒錯。」

　　「對喔，我怎麼都沒想到去問問銀行，其他廠商如何處理這事情的，或許可以找到解決方法呢。」真是一語驚醒夢中人，宥晴重燃希望。

　　「妳大概被老闆娘罵傻了吧，到時候如果真的要告，我會問經手過許多國貿訴訟的學長看要如何處理，安啦！」聽到致翰掛保證的安撫，宥晴心安許多。

「欸，你不是書呆子嘛，之前怎麼都不知道你這麼聰明，處理事情邏輯分析能力很強，眞的很厲害。」宥晴霎時心情輕鬆不少，趕快美言一番。

「妳不知道的事多得很，馬屁精。」致翰啼笑皆非。

問題　成長的開端

　　聽了致翰的建議，宥晴隔天趕緊找銀行外匯部諮詢。外匯專員建議對目前已開出的信用狀，只能捨信用狀改T/T匯款先解決，如果下次交易還用信用狀付款的話，那就請印度的開狀銀行開立指定由第三地著名銀行當補償銀行的信用狀，這樣一來，在這種非常時期，必能讓出口商押匯時順利獲得貨款的機率相當高。

　　由於貨物已到印度BOMBAY港，Ambani一直催宥晴趕快放提單讓他領貨，否則海關倉租很貴，宥晴一直催工廠盡速決定，但卡在強悍的嚴太太極力阻饒，也令宥晴左右為難不知如何是好，又過了十天，Ambani盛怒下最後通牒，再不放提單，他決定放棄此貨，這時候嚴先生不顧一切要宥晴通知船務公司（forwarder）電放提單。

　　嚴太太得知後不但跟嚴先生大吵，也打電話來把宥晴臭罵一頓。

「王小姐，這個公司沒大人了嗎？錢沒進來誰叫妳讓印度客戶領貨的？」嚴太太怒不可遏。

「我……」宥晴根本來不急解釋。

「妳要搞清楚，這個公司是誰當家，誰在做主的？妳怎可跟嚴先生狼狽為奸聯手對付我。」嚴太太連珠炮似的口不擇言狂罵。

「請聽我解釋……」宥晴根本插不上話。

「這次如果貨款沒收回來，我一定辭掉妳，妳等著看好了。」
宥晴很不解貨款也不過才一萬五千美元，即使變成呆帳，似乎不致讓公司受到太大的影響，嚴太太的反應似乎太超過了。

「妳這個肖查某，亂夠了沒……」宥晴在電話裡聽到嚴先生大罵，電話隨即中斷。

經過在電話中的暴風雨，宥晴好幾天都不敢打電話到百程，每當有電話響起時也令她膽顫心驚，就這樣過了一個星期後，接到Ambani的Email，通知他已匯款，但是貨物卡在海關倉庫十多天，被扣了一千多美金的倉租費，他要工廠負擔，另外他對百程這次的危機處理方式相當不滿，決定不再繼續下單，合作到此為止。

宥晴將此信翻譯好給嚴先生之後，另外打電話請會計確定Ambani的匯款已入帳，她也決定中止跟百程的合作。

「嚴先生，Ambani的貨款已經入帳，雖然扣除一千多美元的倉租費，但我覺得這筆費用我們必須負擔，這次出貨讓他很困擾，嚴太太那裡可能要麻煩您跟她解釋。」宥晴很怕再接到嚴太太興師問罪的電話。

「會的，這次真的對Ambani很失禮，讓他這麼生氣，妳可不可以再跟他溝通一下，請他再給我們機會。」嚴先生無限懊惱。

「我會再試試看，但成功的機會可能不大，另外請您另找國貿人員來接替，我可能不適合再繼續……」宥晴話都還沒說完，嚴先生就插話阻止。

「千萬不要這樣，我知道我太太無理取鬧讓妳委屈，請別在意，一定要繼續幫我的忙，拜託拜託。」嚴先生懇切的請求，讓宥晴心軟，但一想到嚴太太的歇斯底里，就讓她卻步。

「可是……」

「最近公司資調度比較緊，所以我太太壓力較大，反應難免過度一些，請妳別她計較，我保證以後她不會再那樣對妳，自從妳接手外銷業務之後，不但聯絡順暢很多，連業務也頗為提升，妳一定要繼續幫我，我才能過這一關。」嚴先生語重心長地懇求。

「好。」心軟的宥晴經不起嚴先生的懇求，還是答應繼續幫百程，但直覺嚴先生話中有話，似乎還有其他事他沒說出口。

後來多次Email給Ambani，不斷的示好道歉，但始終得不到他的回應，所以這個客戶應該沒法挽回了。

經過了印度客戶Ambani事件的教訓之後，宥晴趕緊查一下其他合作的廠商，如有印度客戶，最近得多注意一下，幸好其他廠商的市場幾乎都在歐美日，還沒有印度客戶。不過她突然想到已經離開的順成，在二年前因為公司的業務量越來越多，而宥晴當時接手的案子也日漸增多，所以陳先生決定聘請全職的國貿人員，宥晴記得離開時，陳先生正計畫開發中東及印度市場，於是她想打個電話給陳先生，告訴他這個訊息。

「陳先生，我是宥晴，還記得我嗎？」宥晴很興奮地說。

「宥晴，這麼久沒跟我聯絡，我以為妳嫁到外國去了呢。最近在忙麼？」陳先生很開心。

「託您的福，工作量一直增加，您公司外銷業務應該也很上軌道了吧？」她很關心這個讓她成為SOHO族的關鍵公司。

「現在終於穩定了，不過可經歷了一番波折，妳走後的兩年內共換了三個國貿業務，說真的實在找不到像妳那麼優秀的人了。」陳先生真誠地說。

「陳先生，您現在很會灌迷湯呢，那現在公司的國貿業務還OK嗎？」宥晴覺得以前不善於表達的陳先生不一樣了，變得健談且懂得表達。

「現在的國貿業務很穩定了，應該不會再換了。」他笑得靦腆，話中有話。

「有問題喔，您跟以前不太一樣，怪怪的，應該是好事吧？」宥晴嗅出陳先生不一樣的喜悅。

「妳這個鬼靈精，一下子就被妳看穿了，真是的。」陳先生娓娓道來，目前這位國貿人員吳珍玲Janet是一位中年女士，之前一直在台北頗具規模的大貿易公司上班，因為母親重病無人照料，單身的她，只好辭職回台中照顧母親，陪她度過人生最後的一段。在母親過世後，她也決定留在台中守著母親留下來的房子懷念她，於是就近找個小公司工作，賺些生活費順便打發時間，後來到順成負責國貿業務，半年來不但將國外業務整頓得井井有條，能幹又得體的風采也讓陳先生為之傾倒，年紀相近的二人很自然就走在一起了。

「恭喜您！真的好開心喔，什麼時候要將Janet升格為老闆娘？」宥晴一直清楚陳先生的心路歷程，得知他目前的幸福，開心到不行。

「可能要等珍玲的母親對年後，我們才要舉辦婚禮，她是個很好的女人，我想給她個簡單隆重的婚禮，到時候妳一定要來參加。」陳先生很珍惜眼前的幸福。

「立偉對Janet印象好嗎？」宥晴很擔心立偉對未來的後母有成見。

「很好，珍玲很成熟，也懂得孩子的心，我們在一起之後，我現

在跟小偉的關係變得更好。」陳先生在重拾幸福後，整個人都不一樣了。

「哇，我發覺您洋溢的幸福快要滿出來了呢。」宥晴也同樣感染到幸福的滋味。

「對了，妳怎麼會想到打電話給我呢？」

「呵呵，光聊著您的幸福，都忘記主要目的了，是關於出口印度的事，最近因為印度試爆核彈，受到美日經濟制裁，如果有出口印度的訂單，付款條件要注意一下。」宥晴趕緊言歸正傳，要陳先生注意一下。

「印度市場之前推得不好，不過珍玲來了之後，積極經營，目前有二家客戶，一家出過貨，另一家目前還在談。」陳先生目前的事業在Janet幫助下，經營得很好，對外銷業務也瞭若指掌。

「您先跟Janet提一下印度的事，我會再傳Email將詳細的情形及注意細節給她。」

「明天再告訴她，今天她陪小偉北上去學校報到，他已經上大學了，念輔大外文，是珍玲的小學弟，所以讓她陪著去打點。」吾家有兒初長成令陳先生喜不自勝。

「時間過得真快，轉眼立偉都大一了，選外文系真的很優秀。」這真令宥晴驚喜不已，昔日的小男生，轉眼已是大學生了。

「這要歸功於妳讓立偉對英文產生興趣，所以他的英文成績一直很好，我也希望他念好外文，以後出國深造，將來可以回來幫我接掌外銷生意。」

結束了與陳先生的談話，宥晴心中無限喜悅，也衷心祝福陳先生遲來的幸福。

遠颺的回憶　翩翩而起

這一陣子工作上，平靜無波，手中的這幾個案子，目前都順利進行中，宥晴近來輕鬆不少，這個寧靜的午後，被一通電話嚇了一跳。

「宥晴嗎？我是張友諭的二姊，還記得我嗎？」

「二姊，怎會不記得，近來好嗎，大家都好嗎？」宥晴高興得連問一大串問題。

「這幾年發生了很多事，二年前我爸中風臥病在床後，不久我媽發生意外走了，公司財務交給江立薇之後開始頻頻出狀況，妳學妹Amy後來也辭職了，國外部只剩我弟一個人苦撐。」張友嵐邊說邊哭。

「二姊，妳別激動慢慢說，事情怎會變成這樣？張媽媽過世我不知道，真的很抱歉。」宥晴的好心情，一下子就被掏空了。

「自從江立薇接手管財務後，就是噩夢的開始，開給下游廠商的支票經常一延再延，外銷進來的匯款，也都不知哪裡去，帳務一直都不清不楚，二個月前公司居然開始跳票。」

「收付款項Frank沒有審核，他真的那麼忙？」宥晴滿腹疑問。

「他們二人經常大吵，早就貌合神離，江立薇霸著財務部，根本不讓我弟插手，跳票時我曾經想要了解公司財務情況，她跟我大吵，直說我無權過問。」友嵐氣憤不已。

「那現在怎麼辦，我可以幫什麼忙？」看來昱貿的情況似乎很糟。

「之前我媽說得沒錯，江立薇真是掃把星，心機深沉，她應該是有計畫掏空公司資產，公司現在一團亂，外銷業務沒人處理，友諭每天藉酒澆愁，無心工作，我看公司就快倒了。」友嵐放聲哭

了起來。

「二姊，別哭了，明天我到公司找妳，看看能不能幫Frank處理些國外業務，請放心，我會盡力幫忙。」這晴天霹靂的消息，令宥晴腦中一團亂。掛上了電話，心中無限感慨，童話故事果然是騙人的，王子跟公主的結局竟是毀滅。

隔天一大早九點不到，宥晴趕到昱貿，辦公室除了一個一問三不知的助理之外，Frank跟二姊都還沒來，也沒看到小江，走進工廠內，廠房空蕩蕩，宥晴納悶著：今天不用上班嗎？這時候看見廠長走了進來。

「宥晴你怎麼來了？好久不見。」廠長很訝異看到宥晴的出現。

「昨天二姊電話中跟我提了一下公司的狀況，我想回來幫Frank處理外銷的事。」

「已經壞了了！工廠這一個月以來幾乎已經停擺，工人跑光光，不定時回來討積欠的薪水，我沒走是因為在公司已經二十年了，捨不得。」廠長不斷地嘆氣。

「情況真的那麼糟嗎？立薇呢？」

「別提那個『賤女人』了，早就帶著孩子離開了，留下這個爛攤子，讓友嵐、友諭二姊弟收拾殘局，我不忍心看他們獨自苦撐，就留下來幫忙巡頭看尾。」廠長義憤填膺。

「工廠怎會停擺，國內外的訂單都沒了嗎？」

「訂單還有，這個月我勉強出了幾批，因為外面早已風聲說昱貿快倒了，銀行馬上抽銀根，造成資金週轉困難。目前合作的加工廠，如果沒拿現金去，他們根本不接我們的單。」廠長感嘆商場現實、人情薄如紙。

「先別灰心，或許事情還有轉圜的餘地，我一定會挺你們，我們要先振作起來。」宥晴跟廠長打打氣。

「像妳這樣有情有義的人真的不多了，當年如果嫁給友諭的是妳，就不會有這種事發生了。」廠長不免事後諸葛起來。

此時宥晴心中湧起了莫名的罪惡感，憶及當年努力撮合張友諭跟江立薇，現在看來真是造孽。

就在此時突然幾個人氣沖沖走進廠房內，企圖搬走一些廠內設備，廠長連忙走向前阻擋，但謝老闆動手將廠長推開，並搬起設備。

「大ㄟ，你麥安ㄋㄟ，冷靜一下，等友諭來再說。」

「閃啦，再阻擋試試看，我先打斷你的腿。」謝老闆出言恐嚇。

原來是椅座加工廠的謝老闆，拿不到貨款，想拿廠內設備抵債，趁著廠長跟他周旋之際，宥晴趕緊打電話給致翰，簡單說了一下昱貿的遭遇及目前的情況，問他要如何處理，經致翰在電話中簡單面授機宜，宥晴趕緊出面緩頰。

「謝老闆，我是之前在這裏工作的王宥晴，可否等友諭來，看他如何處理再說，如果最壞的狀況是他無法支付，剛才已幫您問過律師，積欠的貨款，您可向法院聲請假扣押，千萬別擅自強行搬物品抵債，因為根據刑法第320條、第304條規定，這會構成竊盜罪或強制罪，反而得不償失。」

「王小姐，我記得妳，妳說搬東西會變竊盜，騙肖ㄟ。」謝老闆認得宥晴，對於她的說法無法置信。

「是真的，請相信我，要不然我打電話給律師，您可親自跟他確

認。」宥晴非常認真地解釋。

「好啦，暫時相信妳，今天怎會來這裡？」一聽到法條，謝老闆終究冷靜下來了。

「昨天一聽到公司的情況，就想來看看，張家人之前對我很好，在這裏工作時，學到很多也很愉快，真希望他們會度過難關。」宥晴紅了眼眶，很感性地說。

「其實我很不願意看到張家變成這樣，我都跟他們做生意做了二十幾年了，合作關係一向很好，自從友諭他老婆管帳之後，關係才惡化，張家真的是敗在她手上。」看來顧人怨的江立薇樹敵眾多。

「我想您一定是個念舊惜情的性情中人，是不是再給張家一個機會，我們一起幫他們看能不能起死回生。」宥晴試著說服謝老闆。

「太晚了，張家的資金缺口很大，那個賤女人不知怎麼弄的，還跟地下錢莊借錢，好不了了。」謝老闆已冷靜下來了，決定等友諭來再說。

十點過後，友諭才蹣跚地走進辦公室，滿臉鬍渣，憔悴到讓宥晴都快認不出來。他看到宥晴很驚訝，勉強牽動一下嘴角。

「怎麼來了？」

「我過來看看需不需要幫忙。」

「王小姐真的足感心，你當初是卡到陰嗎？怎麼不娶她，而去娶那個賤女人，搞得現在無法收拾。」謝老闆一看到張友諭馬上開火。

「謝老闆別激動，我們先聽聽Frank怎麼處理，好嗎？」宥晴趕

緊轉移話題。

「謝叔，請再給我一些時間，我正在處理一些不動產，等處理好了，變現之後一定支付欠款，很抱歉。」張友諭很誠懇的乞求。

謝老闆雖然生氣，但對張家情分依舊，最後答應再給張友諭一些時間籌錢後就離開了。

宥晴隨著張友諭進辦公室，只見他呆坐著不發一語開始狂抽菸。

「我幫你看一下Email好不好？」宥晴想開始幫忙，先開口徵詢他的同意，他點點頭。

「Frank你多久沒收信？信箱都爆掉了，振作一點好不好？」宥晴實在很不忍看到張友諭如此消沉頹廢。

「妳叫我怎麼振作，六千萬的資金叫我去哪裡變出來還？」張友諭突然大吼。

「資金缺口怎麼會這麼大，你休息一下，我幫你整理一下Email。」宥晴嚇得囁嚅不安，事態遠比她想像中嚴重很多。

最後的奮戰　不留遺憾

幫張友諭看了一早上的Email，宥晴發現有一張外銷訂單很緊急。

「Frank，紐西蘭客戶Bruce要再下一個20呎櫃，很緊急，已經來了好幾封Email催P.I.了。」宥晴看到之前熟識的客戶要下單，不自覺的振奮起來。

「沒材料、沒工人怎麼出貨。」Frank絕望地說。

「我跟二姊商量一下，一定有辦法的，我們要一起加油，Frank。」

中午過後，友嵐進辦公室，看見宥晴真的來了，不禁紅了眼眶，宥晴走向前抱了抱她。

「二姊別再難過了，先振作起來，紐西蘭Bruce要定一個20呎櫃，我們一起來努力看看。」宥晴努力想讓可憐的二姊弟振作起來。

「唉，公司銀行帳戶已經被一些債權人向銀行申請假扣押了，我們手頭上也沒現金可購料，怎麼接單呢？」友嵐哽咽。

「我如果沒記錯的話，Bruce的付款條件是下單時電匯50%訂金，餘款出貨前付訖，我們可以利用那五成訂金去購料。」宥晴想出了個好辦法。

「但是銀行帳戶已經被凍結了，即使他匯五成的訂金，我們可能也拿不到。」友嵐蹙著眉頭。

「可以請Bruce匯到Frank的私人戶頭，這樣不就解決了。」宥晴正在動腦筋。

「客戶怎麼可能把貨款匯私人帳戶？妳想得太簡單了。」友嵐不可置信的說。

「那就要看我們如何說服他，總是要試一下才知道。」

　　聰明機伶的宥晴，決定了個善意的謊言，請張友諭寫封Email給Bruce，說明公司目前正在改組重整，公司帳戶暫時不能使用，如果目前要下單，貨款只能請Bruce電匯至張友諭的私人戶頭，看他是否同意這樣做。Email才發出去不久，Bruce馬上回覆他同意匯款至張友諭的戶頭，這下子令三人都感到無比欣慰，昱貿一向跟客戶的互動都很好，客戶也都相當信任張友諭。

「Frank，請將你銀行帳戶資料給我，我來打P.I.給Bruce，訂金進

來後趕緊去購料。」宥晴開始動起來。

「我來連絡廠長請他叫個工人回來幫忙，準備生產。」友嵐又紅了眼眶，抱著宥晴哭了起來。

在昱貿忙了一整天，回到家都快累癱了，王媽見到宥晴垮著一張臉。

「怎麼了？忙什麼事，累成這樣？」

「老媽，我好像做錯事了……」宥晴一開口，就哭了起來，抽抽噎噎將昱貿的事說給王媽聽。

「傻孩子，這不關妳的事，妳沒有那麼大的本事造就這一切。」王媽很心疼這個善良又心軟的女兒，總愛扛一些自己不該扛的責任。

「可是當年是我極力撮合友諭跟立薇，現在搞成這樣，我實在難辭其咎，真是造孽。」宥晴哭得好傷心。

「傻瓜，緣分天注定，這是個人的因果命運，該來的擋不住，別太自責，能幫他們就盡量幫，至於結果會如何，想必上天已經安排好了，就別太掛心，隨緣吧。」篤信佛教的王媽，當場開釋起來了。

經過王媽的開導，宥晴稍稍平靜了些，趕緊到書房，打開電腦準備處理其它公司的業務，林致翰打電話來關心。

「王宥晴，妳怎麼這麼晚才回家？欸，聲音聽起來怪怪的，哭了啊？」

「嗯，剛跟我媽聊了一下，忍不住就哭了起來了，昱貿的情況比我想像中的還要嚴重很多，一整天都在幫他們處理Email，還接了一筆國外訂單，搞到現在才到家。」

「妳住海邊啊，管那麼寬，前公司的事讓妳忙成這樣子，有問題喔，從實招來。」

「你才住太平洋呢，管那麼多，這故事很長，改天就說給你聽，這一陣子你要幫我處理這件事，隨傳隨到喔。」

「鴨霸不講理的恰查某，我人在台北，怎麼隨傳隨到。」

「說錯了啦，是隨call隨答，這樣可以嗎，大律師。」

「看在妳求我的份上，一定挺妳，哈哈。」

「幼稚鬼，一副小人得志的樣子，今天一整天一直聽他們罵江立薇『賤女人』很刺耳超難聽的。」嘴巴雖然愛跟致翰抬槓，但其實心裡非常開心有他這麼一位相知相惜的好朋友。

　　自從昱貿接了紐西蘭客戶Bruce的訂單後，一些老員工紛紛回工廠幫忙，連小江也出現在工廠幫忙組立椅子，大家對公司都有一份無割捨的情感，讓宥晴更難過，這麼好的一家公司怎會落到今天這樣的局面，這一批貨在大家齊心努力之下很快完成了，原本需要30天製程，這一次才20天就差不多完成了，宥晴在完成前夕到工廠再三確認每個細節，因為她抱持著希望，期許這一批貨能夠讓大家重燃希望，也希望昱貿轉危為安。

「二姊，船期訂了嗎？」

「已經訂了，後天結關，出貨通知已經下來了，Frank也傳shipping advise給Bruce了，貨櫃今天下午會到廠，一到就要開始裝櫃了。」

「二姊，Bruce一向要求每張椅子要用PE塑膠袋包裝，然後用膠帶封好再入外箱，以免皮面刮傷，這個要特別注意一下。」宥晴憑著記憶提醒注意細節。

「宥晴，妳真細心又認真，這麼久還記得這些細節，真謝謝妳。」說著說著，友嵐又紅了眼眶。

「二姊，我常懷念以前那一段一起工作的時光，我才要謝謝妳們。」這下連宥晴也紅了眼眶。

下午大夥兒一起裝櫃，才一下子就裝完貨櫃，櫃門封條完成後，張友諭開口了。

「這可能是最後一個貨櫃，可讓大家在一起工作的機會，謝謝大家……」張友諭哽咽說完向大家深深一鞠躬，隨即哭了起來，二姊上前抱住他一起哭，而其他人只能陪著流淚，什麼話都說不出口。

這批貨順利結關裝船，而Bruce也依約將尾款匯入張友諭的戶頭，隨後張友諭寫了封Email說明原委，同時也跟Bruce道歉，編了這個善意的謊言，感性的Bruce隨即回信說他一點也不怪張友諭，也諒解張友諭這樣的處理方式，因為如果不這樣，他也很難在那麼短的時間內，找到替代供應商下單。Bruce也鼓勵張友諭，希望他好好努力幫公司度過難關，他很樂意再下單給昱貿。

不久昱貿正式宣告結束營業，張友諭盡最大能力以合法途徑解散，也委任律師做公司清算與債權分配清償，召集所有債權人展開協商，請律師給予各債權人債權書，內容載明給三成的債款，其餘要放棄追索權。協商當天，除了友諭、友嵐二姊弟外，廠長、小江和宥晴也都出席，深怕協商不順利，姊弟二人應付不過來，有狀況時可以幫忙。

協商後多數的債權廠商接受三成的債款，放棄追索權，但少數債權廠商不甘心，在現場大吵大鬧，廠長跟小江忙著溝通，其中

以輪腳供應商小蔡態度最強硬激烈。

「三成貨款就想打發我，想得美，今天如果沒給我滿意的交代，我們就法院見。」

「蔡董，麥安ㄋㄟ啦，友諭已經盡最大的努力處理，變賣所有能賣的不動產，看在以前大家合作愉快的份上，算是幫他一下。」廠長不斷地好言。

「說的是什麼肖話，我為何要犧牲我的辛苦錢去幫他。」小蔡咆哮著。

「蔡董，你以前不是一直尊稱張董為乾爹，友諭是自己的兄弟，現在自家兄弟有難，本是同根生相煎何太急。」小江忍不住消遣了一下這個勢利無情的小蔡。

「你們等著，我一定會告你們告到底，不然就是找兄弟處理。」惱羞成怒的小蔡撂下狠話後離去。

「去告吧，現在有三成不要，到時候連個屁都沒有。」小江氣得七竅生煙。

協商結束之後，友諭、友嵐、廠長、小江及宥晴一起吃中餐，大家有一下沒一下扒著已冷的便當，每個人的心更是涼到底。

「他媽的，那沒心肝的小蔡，之前像哈巴狗成天在公司搖尾乞憐，也不想想友諭多照顧他，這些年他從昱貿賺不少，今天居然這麼絕情，人情薄如紙啊。」小江憤憤不平。

「立薇跟小孩現在在哪裡？」宥晴關心著。

「別提那個賤女人了，捅了婁子後早就落跑，不會再回來了。」小江一提到立薇，氣得口不擇言。

「以後都不要再提她了，就當她沒存在過。」友嵐堅決地說。

友諭眉頭深鎖一口也沒吃，一語不發的走出去。最難受的應該是他，他很自責自己的無能，讓父親一手創立的公司，就這樣失去了。

　　經歷了這一切讓宥晴對人性有更深的體悟，了解花無百日紅，人無千日好，商場無情，人情冷暖，連看似親密的夫妻，也如同古人說的，大難來時各自飛。

夫妻本是同林鳥　大難來時各自飛

　　過去一個月忙著昱貿的事，讓宥晴如同經歷一場大災難般的疲憊；但累歸累，還是得繼續投入繁忙的工作。這天下午宥晴接到銀行的來電，說她託收的支票有一張存款不足被退票了，她趕緊去查了一下，退票居然是來自百程。跟宥晴配合的廠商每月都以支票支付給她的服務費，於是她打了個電話詢問一下狀況。

　　「嚴太太，今天銀行通知我說貴公司的票存款不足，怎麼回事？」宥晴其實沒想太多，只是單純地想了解一下。

　　「王小姐，不好意思我今天很忙，忘記去銀行轉帳到甲存，才會這樣，麻煩妳拿票回來公司換，很抱歉。」嚴太太顯得很客氣。

　　「沒關係，我回公司再換就好了，可不可以將電話轉給黃廠長，我想確認一下出哥倫比亞貨物的進度。」對財務外行的宥晴，根本不懂退票的涵意，她相信嚴太太所說忘記去轉帳的理由，她關心的重點是能不能準時出貨。

　　「黃廠長，哥倫比亞的貨可以準時出嗎？客戶一直在催，他一直在抱怨最近出貨經常delay，拜託一下這批貨一定要如期出貨。」宥晴極力拜託。

「王小姐，歹勢啦，我也想準時出貨，可是零配件經常缺這個缺那個的，所以生產製造進度都會受影響。」黃廠長無奈的說。

「資材人員不是都會定期下單採購？我看倉庫滿山滿谷的物料，怎麼會經常出現短缺呢？」宥晴很疑惑。

「工廠的庫存管理做的很差，零配件經常亂放，以前只要找不到的話，就再訂貨，所以妳看到滿山滿谷的物料就是這樣來的。」黃廠長嘆道。

「既然隨時可補訂物料，那零配件又怎麼會短缺。」宥晴更不懂了。

「近半年來，我們開票支付給原物料廠商的票期越來越長，有些廠商就不願意供貨給我們了，所以才會造成經常缺零配件。」

「這應該反映給嚴先生知道，想出改善的方法，否則再繼續下去，出貨一直無法準時，會讓國外客戶失去信心，到時候流失客戶就糟了。」宥晴很擔心。

「其實……我也不知道要怎麼說，我盡量再喬喬看能不能準時出貨。」黃廠長似乎也心有餘而力不足。

「那就麻煩黃廠長，我先訂船，這次一定要如期出貨喔。」宥晴完全沒查覺其中有異。

　　百程的出貨狀況越來越多，幾乎每批貨都有延遲出貨的情形，令宥晴忙於跟國外客戶解釋及安撫，好不容易哥倫比亞的貨如期裝船了，宥晴正鬆一口氣，沒想到黃廠長告知出新加坡Jacky的貨要延二個星期。她開始煩惱該如何跟Jacky說要延遲出貨，不過還是硬著頭皮寫了封email告知，沒想到不久就接到Jacky越洋電話。

「What's the problem? You promised me that you will make this shipment on time. You know I need this item for an exhibition next month. What can I do if you delay the shipment?」（怎麼了？妳答應我這批貨會準時出貨，妳知道的這批貨將要用於下個月參展，如果交期延誤那我該怎麼辦才好？）

「I am so sorry. As I explained to you in my email, we had an unexpected shortage of components that caused a delay in the shipping schedule. Please accept my deepest apologies.」（很抱歉，如我之前在Email上跟您解釋的情況，我們面臨一個無法預期的配件短缺，因而造成交期延誤，請將接受我方至深的歉意。）宥晴雖心虛，但也不得不盡力安撫客戶情緒。

「I already made the payment by T/T to your company's account when I placed the order. You have no excuse to delay my shipment.」（下單時我就已經電匯貨款至貴公司戶頭，你們沒理由延遲我們交期。）Jacky顯然大動肝火。

「Jacky, the shipment cannot be made on time. It is our fault, but the fact can't be changed. Is there any solution we can offer to help resolve this?」（Jack，交期延誤是我們的錯，但是事實已造成無法改，有沒有任何的替代方法可解決此事？）宥晴徵求Jacky可解決的替代方法。

「Ok, I can accept your delayed shipment, but only if you can make it by air at your expense.」（好，如果你們改空運交貨，我就可接受延遲交貨。）

「I will discuss that with my boss, but I do not anticipate that this will be problem. I will confirm this by email later.」（我會跟老闆商

討此事，但是沒把握此法是否可行，稍候會給您Emall確認。）

「Ok, please give me appositive answer today.」（好，請在今天給我肯定的答覆）

當宥晴告訴嚴先生Jacky表示，如果他接受延遲出貨，工廠要負擔以空運出貨的解決辦法，嚴先生蹙著眉不發一語，顯得很猶豫，因為一但空運，則必須負擔一筆高額的空運費，但是目前好像沒有其他方法可解決了，只好硬著頭接受。宥晴可想像接下來嚴太太跟嚴先生可能又會開戰大吵一架，但是沒辦法管那麼多，對於有時效性的展覽，及時出貨是最重要的關鍵。

新加坡的貨最後還是以空運出貨，嚴太太得知後果然怒不可遏，打了電話給宥晴。

「王小姐，以後跟客戶有任何條件變更，麻煩妳要取得我的同意才可以，這次空運費這麼高，怎麼可以答應出空運？」雖然沒罵宥晴，不過態度上還是責怪她。

「因為無法準時出貨會讓客戶無法參展，是我方的失誤，而且我事先有跟嚴先生商量過，他同意空運。」

「嚴先生他懂什麼？成天給我捅婁子，妳以後要做決定的事問我不要問他。」嚴太太斬釘截鐵地說。

「喔，好。」為了怕強悍的嚴太太又跟嚴先生大吵，宥晴不得不答應。

過了幾天，趁著要拿之前的退票回百程交給會計林小姐，宥晴順便關心了一下嚴氏夫婦。

「嚴先生跟嚴太太還好吧，之前因為以空運出新加坡的貨，讓嚴

太太很不高興，我很擔心又讓他們吵架。」宥晴試探著問。

「他們每天吵，我們都很習慣了，所以不以為意，倒是嚇到妳了。」林小姐淡淡地說。

「怎麼會天天吵架呢，倒底怎麼了？」

「這就是夫妻共事的壞處，他們兩人的個性跟觀念差異大，又成天在一起，所以經常一言不合就吵起來了。有一次吵得太兇，嚴先生打嚴太太一巴掌，二人就在辦公室扭打起來了。」林小姐大爆料。

「天啊，這太嚴重了，再怎麼說嚴先生都不該出手打人。」

「唉，妳都不知道嚴太太兇起來，口不擇言很恐怖的，其實嚴先生是個好老闆，但是娶到嚴太太算他倒楣，我們都很同情嚴先生。」

「真是清官難斷家務事，對了我是拿之前的退票還給公司。」宥晴言歸正傳。

「其實嚴太太脾氣越來越糟，跟吃緊的財務狀況有關，這一年來進項金額比銷項金額還高，公司狀況很不好。」林小姐話匣子一打開就關不住了。

「妳的意思是公司目前成虧損狀態？」宥晴大吃一驚，也有些明白，為何嚴太太對錢看得很重。

「對啊，我看妳人很好，所以提醒妳，早一點辭了這工作免得以後拿不到錢。」林小姐好心提醒。

「明知如此，妳怎麼還繼續待下來呢？」宥晴追根究柢。

「我待在這公司已經五年了，實在不捨，況且之前嚴先生幫過我先生的忙，所以我決定跟公司共進退。」林小姐很義氣地說。

知道百程的財務狀況後，宥晴並沒有如林小姐建議般辭去工作，反而更謹慎、注意接下來的發展，自忖著國外客戶都是她在聯繫，有義務要對國外客戶負責。百程的國外客戶多數是Dream customer，付款條件總是出貨前電匯付款，她怕萬一百程真的出狀況了，國外客戶匯錢進來，但沒收到貨物，這下子商譽受損的不止是百程，而是全體台灣的出口廠商，茲事體大。

　　不久後，百程真的撐不下去了，這個月又跳票，令宥晴很擔心，因為哥倫比亞的Angelo又要下單了，她正思索著，交貨期是一個月後，誰知道百程是否還能撐到那時候呢？於是打電話跟嚴先生確認是否要接此單。

「嚴先生，公司的狀況我略知一二，現在要跟您商量的是哥倫比亞的訂單有沒有辦法接呢？」

「一定可以出貨，妳盡速給他P.I.，讓他匯三成訂金過來。」嚴先生很確定。

「我今天就會處理好，三成訂金應該這一、二天就會匯入公司帳戶，也請您督促工廠一定要準時出貨。」宥晴心想至少帳戶沒被凍結，情況沒之前昱貿那麼糟，她有信心一定可以撐過這一次。

　　事與願違。二個星期後，一早黃廠長打電話來說，嚴先生及嚴太太跑了，銀行帳戶被凍結，留下一堆爛攤子無人處理。宥晴一聽心臟幾乎快要停止了，她馬上想到Angelo的訂單怎麼出貨？三成的訂金怎麼辦？下意識地打了電話給林致翰商量解決辦法。

「其實你也可以撒手不管，法律上妳不會有責任，但是我了解，妳善良的心過不去。」

理性的致翰遇上感性的宥晴剛好平衡。

「我現在腦中一團亂不知道怎麼辦才好，我對嚴先生好失望，居然欺騙我。」

「商場上本來就爾虞我詐，怎能盡信？當然或許他有不得已的苦衷也說不定。現在最重要的是解決國外客戶出貨的問題，不是追究誰是誰非的問題。」

「那你倒說說看有沒有什麼好辦法？」宥晴著急不已。

「妳找找看有沒有其他的供應商願意接這筆生意，如果有人接手事情就好辦了。」

「對，我驚嚇過度了，一時沒細想，其實可以找另供應商以七成金額接單，順利出貨後，日後再將哥倫比亞客戶轉給他，這樣一石二鳥。」雖然想到辦法了，但是宥晴此時很憂心到底要找誰接此單呢？

「對啦，這才是我認識、向來聰明伶俐的恰查某！」致翰很看好宥晴處理危機的能理，只是她很容易驚慌，一緊張就就容失去判斷力，而理性的致翰總是能適時提點她。

人性初體驗

　　隔天一大早宥晴趕緊聯絡黃廠長，告訴他自己的想法，黃廠長大表贊同，於是宥晴立刻到公司共商大計，公司裏只剩下黃廠長及會計林小姐還在處理公司一些雜事。

「王小姐你的想出的辦法很好，我這幾天想了又想，待在百程也許多年了，公司突然結束的話，我也不知何去何從，所以我想就由我接手哥倫比亞的出貨。」黃廠長開門見山地說明。

「那自然是再好不過了，我還擔心一下子不知道找誰來出這批

貨。」宥晴稍稍鬆了一口氣。

「謝謝妳願意讓我有機會可以創業，日後還要妳繼續幫忙外銷業務，我一定不會虧待妳。」黃廠長極力保證。

「就讓我們先將哥倫比亞的貨處理完畢後，再談後續的事情好了，我當然很樂意為您服務。」宥晴喜出望外，沒想到事情居然那麼容易就解決了。

「百程負債金額龐大，公司最終必須清算解散，所以我打算成立另一家新公司，妳知道要如何申請嗎？現在千頭萬緒，可能要請妳多多幫忙。」黃廠長顯然是思慮清晰又非常精明幹練的人。

「新公司成立依法必須先申請取得『公司執照』與『營利事業登記證』後，再向國貿局申辦『進出口廠商登記』，這些手續委由會計師辦理即可，很快就可以完成。」宥晴有條不紊地解說著。

「王小姐，看妳年紀輕輕的，懂得可不少，以後我的新公司請妳務必要幫忙。」宥晴的專業，令黃廠長刮目相看。

「別這麼客氣，您現在有辦法先備料生產嗎？這批貨必須用新公司名義出貨，我想還是先不要告訴哥倫比亞客戶，免得他擔心，我再想個比較好的理由跟他解釋。」宥晴思索著，必要的話勢必得說個善意的謊言。

「著手備料生產沒問題，我跟上下游供應商關係良好，馬上可以購料，至於生產也借得到廠房。」

「那就一言為定了，我們分頭去準備。」

黃廠長走後，宥晴發現會計林小姐寒著一張臉，似乎很不高興，她直覺一定跟剛剛和黃廠長的談話有關。

「王小姐，雖然我知道妳這麼做是不得已的辦法，不過妳可以找

其他供應商，怎麼找黃廠長呢？再怎麼說他也是百程的員工，這麼做根本是趁火打劫。」看得出林小姐對於黃廠長相當不屑。

「出貨的事很緊急，所以我沒多考慮，處理得可能不夠周詳，黃廠長能及時挺身而出，我別無選擇。」宥晴實在搞不清楚林小姐為何對此事有這麼大情緒反應。

「他要成立新公司接單，說穿了還不是利用公司原有的資源，否則哪能那麼快，說成立就有？」林小姐劈哩啪啦地數落著。

「的確，這樣做似乎也用到百程的資源，我會請黃廠長注意，因為如果因此而觸法就糟了。」宥晴想的是合法性的問題。

「妳心地善良，不過畢竟還年輕，不會看人，黃廠長是個城府很深的人，也不是個好的合作對象，算我多話，妳放在心裡就好。」資深的林小姐似乎看透很多事。

「謝謝妳的提醒，我會更加注意。」哥倫比亞的出貨十萬火緊，讓宥晴無法也不能考慮太多，只能順勢往前走。

「對了，王小姐妳這三個月的服務費可能無法給妳了，公司銀行帳戶已凍結，公司也被一些債權人向法院申請假扣押了。」林小姐無奈地說。

「算了吧，當初你告訴我公司財務出問題，我就已有心理準備，要跟妳一樣與公司共進退，所以我已經沒將那些錢放在心上了。」宥晴泰然處之。

自從宥晴要將哥倫比亞訂單轉給黃廠長接的消息傳出後，許多製造廠紛紛打電話給她，一致表示他們願意接受以七成貨價接單，讓宥晴十分驚訝，也思索著是否太快決定由黃廠長接手，畢竟林小姐的一番話，在她內心有一團疑雲，不過目前也無法改變

什麼，因為一切正在進行中。

　　黃廠長新公司聖程很快就設立完成，也許沒有之前公司政策的包袱，黃廠長一切能自我掌握，所以哥倫比亞這批貨也很快完成裝船了，另一方面宥晴有了之前處理昱貿的經驗，這次冷靜多了。為了不讓Angelo擔心，所以編了個藉口，說因為稅務關係，所以這批貨要以子公司聖程名義出口，Angelo也沒多問就答應，貨物也順利以新公司名義出口，七成的貨款也順理成章地匯到聖程的帳戶。

　　當一切都順利完成後，宥晴如實地向Agnelo說明百程的狀況，並向致歉，沒想到Agnelo不但沒怪她，還稱讚她處理得當，其實他早就查覺狀況有異，但他決定看她如何處理這件事，後來證明他眼光不錯，宥晴真的是個值得託付的合作對象，於是Angelo決定授權宥晴當他在台灣的採購代理，處理一切訂單及出貨事宜，這下子令宥晴喜望外出，開心極了，而黃廠長也積極的來和宥晴洽談接下來合作細節。

「黃廠長，謝謝您這次幫忙，哥倫比亞很順利出貨，客戶也完全體諒我們的做法。」宥晴由衷致謝。

「王小姐，我才要感謝妳給我這個機會，讓我能夠圓了創業的夢想，接下來想跟妳談日後的合作計畫。」

「我會遵守承諾，說服哥倫比亞客戶的訂單日後都由您來處理。」宥晴先確認她的承諾。

「那之前其他客戶妳也一起聯絡，請他們都將訂單轉過來給我？」黃廠廠不假思索要求。

「關於其他客戶我就沒把握了，我會將百程實際狀況告訴他們，

當然我也會推薦您的新公司，可是我沒把握能夠說服他們訂單繼續下給您。」宥晴總覺得要她說服國外所有客戶轉單給聖程有些不妥，總覺得會盜用百程資源。

「那就麻煩妳連絡一下所有客戶，當然最後決定權在他們，不勉強。」黃廠長說得中肯。

「謝謝您的體諒，我近日就會連絡所有百程的國外客戶，一有消息會馬上跟您回報。」幸好黃廠長算是明理沒堅持，宥晴鬆了一口氣。

「另外我想跟妳商量，我公司剛成立，可能無法像之前百程那樣按月支付妳服務費，可不可以改成抽佣制？就是日後按妳接單金額給妳6%的佣金，這樣好不好？」

「好，萬事起頭難，就按照您的計畫，就改抽佣制好了。」宥晴向來沒試過拿傭金的方式接案，覺得這樣也沒麼不好，於是爽快答應了。

百程所有的國外客戶經過宥晴一一聯絡，居然有八成客戶願意繼續跟聖程合作。這一切都是宥晴始所未料及，但是福是禍未可知。

宥晴將聖程的國外業務經營得很好，加上黃廠長有效率的工廠製程管理，國外訂單持續增加，而當初協定的抽佣制，宥晴發現居然比以前收取固定服務費還要好，她不禁覺得傻人有傻福，上天應該是疼愛她的不計較吧。哥倫比亞的Angelo又下單了，由於Angelo交代宥晴每次出貨前一定要眼見為憑再三確認，所以她到廠驗貨，順便領這個月應得的佣金。

「王小姐，還是妳最好賺，耍耍嘴皮子就可以賺到這麼多的佣

金，哪像我們死做活做，只賺那些微薄的利潤。」黃廠長拿支票給宥晴時，忍不住酸了一下。

「我沒有拿很多啊，而且這佣金當初是您決定的，現在怎麼覺得我賺多了？」宥晴很在意黃廠長的說詞。

「沒有啦，開開玩笑，別生氣。」黃廠長看宥晴一臉正經，馬上轉了口氣。

「希望您真的是開玩笑，我現在必須驗哥倫比亞的貨。」敏銳的直覺告訴宥晴，黃廠長絕非開玩笑，但是她還是想靜觀其變。

　　之後聖程國外的生意逐漸穩定，但是品質卻日益下滑，黃廠長為了提高利潤，經常偷工減料，時常有客訴讓宥晴很頭痛，幾經跟黃廠長交涉，都得不到改進的回應，讓她非常失望。這一陣子她一直思索著，到底要不要再跟他合作？因為她發現與黃廠長的理念差距越來越大，就在出完哥倫比亞的貨，宥晴領佣金時，黃廠長終於明白說出他真正的意圖。

「王小姐，有一件事要跟妳商量一下，我的利潤實在不多，我想妳的佣金不要拿那麼多，從這次開始改為3%，好嗎？」黃廠長似乎只是將決定告訴宥晴，並不是徵求她的同意。

「就照您的意思好了，同時我也想告訴您，請您再找配合的人，我似乎不太適合。」宥晴對黃廠長相當失望，業績成長那麼多，他居然還要砍她的佣金。

「好啊，那就不勉強妳了，我會再另找他人，到時後就麻煩妳接一下。」這才是黃廠長的真正意圖，宥晴已經將國外部做起來了，而他也可以以較低廉的固定成本去請個國貿人員就好了，於是就急著甩掉宥晴，此時她覺得自己是一枚被利用完的棋子而

已。

　　宥晴心情壞到不行，第一次嘗到商場上無情而勢利的對待，灰心的宥晴哭了好久，那心酸的情緒，混雜著失望、不甘心及憤怒，是自己太單純，還是根本未看清商場的現實無情，打了電話給致翰哭訴。

「你是大律師，我是大傻瓜……嗚嗚」說到最後，宥晴很激動，哭得唏哩嘩啦，就什麼也都說不上來了。

「大傻瓜，妳喔！唉……」致翰沒說什麼，就靜靜的聽著她哭聲。很心疼，但無法安慰，這畢竟是每個人必須經歷的殘酷過程。

　　不知從什麼時候開始，致翰和宥晴在彼此的心中都占據了牢不可破的地位，這是早先兩小無猜的延續，亦或是長大後的相知相惜呢？他們兩人沒多想，只是很有默契耽溺在這種氛圍裏，彼此都不想說開。

第七回　　協助傳統產業躍上國際

偉峰油封

蔣先生：老闆，油封製造商

合興紡織機

吳先生：老闆，針織機械製造商

吳太太：老闆娘，家庭主婦

陳廠長：負責廠務

Mike 黃：馬來西亞的代理商，也是吳先生好友

Lisa：Mike 之妻

Terry：Mike 之子，留學返國
　　　　繼承衣缽

周先生：喬立平織機製造商，
　　　　合興之合作廠商

吳信傑：吳先生長子，留學返
　　　　國繼承衣缽

邁向國際的油封業

經過了昱貿及百程的倒閉，及跟聖程黃廠長不愉快的合作經驗，令宥晴意興闌珊了好一陣子，不過益發忙碌的工作，讓她很快就淡忘這些不愉快的記憶。這幾年來由於她優良的服務品質，在口耳相傳下，越來越多廠商找上她。最近又有一家工廠找她幫忙，是一家生產油封的工廠「偉峰」，不過宥晴並不想接此案，因為之前已經接了接幾家同樣是油封的案子，但是沒有一家成功做起直接外銷，原因在於這類產品應用範圍廣，規格多，所以很難做。雖然宥晴已經婉拒，老闆蔣先生還是再次來電說服宥晴。

「蔣先生，我已經手過好幾個油封業了，但是都沒做成功，所以我沒信心可以幫您拓展外銷，如果答應跟您合作，卻都還是不成功，我會很愧疚。」宥晴坦白說出她的考量。

「王小姐，我很有信心，只要妳肯幫我，一定做起來的。而且妳不要有太大的壓力，我知道推廣產品總是需要時間，不要想太多。」蔣先生很誠懇的說服宥晴。

「依據我之前的經驗，這個產品規格太多，經常需要開模，但是國外的客戶都不付模具費居多，價格也非常競爭，所以很難做。」宥晴據實以告。

「這個我知道，可是這個行業還是有人成功做起直接外銷，況且我的生產設備很好，生產效率佳，公司就缺個會做外銷的人把產品推銷出去，請妳一定要幫忙。」

「謝謝您對我這麼肯定，我再考慮一下。」宥晴還是很猶豫。

「不必考慮了啦，順成的陳先生強力推薦，妳也看在他的面子上。」蔣先生連介紹人都推出來說。

「好，那我明天給您最後的確認，我們再談細節好了。」看來是

推不掉了。

　　就在掛斷電話不久後，順成的陳先生來了電話。

「宥晴啊，妳就接蔣先生的案子吧，他是我當兵同梯的好弟兄，人很不錯，這幾年都經由貿易商接單外銷，利潤越來越差。」連陳先生都來說項了，宥晴怎能再拒絕呢。

「謝謝您這麼強力推薦，我會幫蔣先生，我再打電話給蔣先生談細節問題。」

「很好很好，有空記得回公司來看我們喔！」

「一定的。」

　　不接則已，既然答應接了偉峰，宥晴還是秉持著認真負責的態度，到工廠進行前置作業。蔣先生相當高興，帶著宥晴參觀工廠，嶄新的廠房，設備齊全，製程嚴謹，雖然當初是以家庭代工起家的小企業，但看得出來，他很用心想開拓更大的國際市場。隨後進入辦公室，討論未來的推廣外銷的相關細節。

「蔣先生，貴公司已有進出口廠商登記證了嗎？我需要寫下公司的英文全名。」宥晴開始記錄公司的詳細資料，做為日後國際交易的依據。

「有有有，早就申請好了，我拿給妳看。」蔣先生隨即拿了進出口廠商登記證給她看。

「公司的英文名字翻譯有誤，可能要再改一下。」宥晴一看到上面的公司名稱差點笑出來，但是忍住了。

「哪裡出錯？」蔣先生滿臉狐疑。

「公司名稱可以音譯，但後面的產品——油封應該翻譯成Oil Seal，不是按照音譯變成You Feng，這樣外國客戶看不懂。」宥

晴終於忍不住笑了起來。

「唉呀，這兩光的黃會計師，眞害，英文程度那麼差，亂翻一通，等一下我得好好消遣他一下。」蔣先生尷尬地抓抓頭。

「千萬別怪他，他沒有貿易背景，所以不知道正確的翻譯法，之後他就知道要怎麼翻譯才恰當。」宥晴趕緊緩頰。

「呵呵，那就請王小姐幫我翻譯正確的公司英文名稱。」

「沒問題。正確應該是Wei Feng Oil seal Industrial Co.Ltd.」

「我就說嘛，外銷一定要委託妳，行家一出手便知有沒有。」

宥晴評估了偉峰是生產汽機車專用的油封，專做「修補市場」（After market）的生意，於是提出適當的外銷企劃給蔣先生參考。她認爲廣告方面還需加強，目前蔣先生只刊登外銷雜誌廣告，而以這種方式只能找到貿易商，找不到直接買主。

「蔣先生，油封算是市場上很成熟的產品，競爭相當激烈，光靠刊登雜誌廣告還不夠，效果有限。」宥晴開始以專業角度建議，以期增加產品在國外買家間的曝光度。

「那我是不是要像順成的陳仔一樣去國外參展？」蔣先生興致勃勃。

「因爲公司目前的產品項目不多，也不夠廣泛，並不建議現在就去參展。因爲參展花費高，推廣外銷是長久戰，所需資金大，錢還是要花在刀口上。」宥晴如實分析。

「也對，陳仔也跟我說過參展很花錢，除了參展外還有其他的比較經濟實惠的廣告方式嗎？」

「目前很多企業都逐漸採用網路B2B平台刊登廣告，網路無遠弗屆，費用比參展便宜很多，既然還不適合參展，這會是我們需要

增加的廣告方式。」

「那怎麼找適合的網路廣告公司，妳有認識的可以推薦嗎？」

「有一家久遠資訊，我的一些合作廠商都刊登過，大致的效果還不錯。」

「那請給我這個公司的聯絡資料，我來問問看。」

「我認識業務部的李經理，我給您他的連絡電話。」

「報上妳的名字嗎？呵呵。」

「會不會打折我沒把握，但服務很周詳是一定的。」

　　於是她向蔣先生推薦久遠資訊，請他聯絡業務經理李文成，洽詢B2B平台刊登廣告之細節，她也很肯定這種「魚幫水、水幫魚」的跨業合作模式，國際貿易越來越多元化，競爭也日趨激烈，以往工廠什麼廣告也不用做，訂單就不斷湧入，現在已經看不到這樣的榮景了，沒打廣告，就沒有客源，靠廣告爭取生意的時代已經來臨了。

　　偉峰的外銷業務經宥晴整頓後，開始動起來，廣告的效益也慢慢出現，國外買主的詢價信也增多了，不過最後還是遇到牢不可破的瓶頸，一但要客戶負擔模具費用，總是報價後就沒下文，關鍵的問題仍舊在模具費上。這個行業很重要一點就是大者恆大，大廠模具多可生產的規格齊全，買主不但不需付模具費，更可少量多樣，且大廠通常可自行開模，更可節省50~60%的成本，所以一般模具數量不多的小廠，往往只能淪為大廠的外包加工廠，要自行接單難度頗高，幾個月下來外銷業務毫無進展。

「蔣先生，這一陣子我已經接洽頗多的國外客戶，目前還是卡在模具費問題。」宥晴針對已經開發了幾個月的業務，但遲遲未有

任何成果，跟蔣先生商量解決辦法。

「我們要搶食油封業的大餅，不是砸錢就能搶到，光是開發幾萬件模具所花的的時間，就叫人卻步了。」蔣先生也漸漸失去之前的衝勁及樂觀。

「除了模具費的問題，客戶還反應我們的產能不足以應付他們的需求。」

「因為目前工廠內生產自動化還不完備，算是勞力密集的產業，所以產能有限，我會想辦法改善。」

「另外，國外客戶認為我們的產品檢測報告缺乏公信力，怎麼解決？」

「之前都透過貿易商做生意，他們會自行做檢測報告給客戶，所以廠內一直沒有產品檢測的設備，我考慮日後採用『自動光學檢測』儀器來提供檢測報告。」

打破故步自封　同業競合

宥晴近年來陸續接了幾家油封業，一時之間似乎油封工廠紛紛崛起，想直接軍國際市場，宥晴稍稍調查了一下才知道，油封業一直以代工方式生產，主要市場均鎖定歐美的汽車業者。這幾年來德、日、法等國的油封製造廠逐漸歇業關廠，訂單紛紛轉向亞洲採購。

台灣油封業者，是他們轉單的第一首選，因為台灣可提供「樣多量少」的方式，不像大陸是「樣少量多」方式。

其實這個產業沒有大量外移，也沒有專利限制的疑慮，也就是因為這樣，近年來才會越來越壯大，這些資訊令宥晴增加了不少信心，也將這些資料轉寄給蔣先生參考，他看完了之後，很積極

地約宥晴到工廠共商計策。

「謝謝妳這麼用心，蒐集到這麼多有用的資料，真令我感到慚愧，以前我總是埋頭死做，卻從來沒有真正去了解這個行業。」蔣先生很感慨自己經營的不得法。

「之前可能您接貿易商的訂單接得太順心，凡事按貿易商規定做即可，不需要多思考其他細節。」宥晴一語道破。

「沒錯，妳真的很厲害，一下子就看到我的盲點，接下來我們要如何改善？」

「要改變工廠已經習慣的運作模式，可能需要一些時間，不過您想法已經改變，要改善工廠就快多了。」

「幸好為時不晚，再不趕快改革，可能很快就會被淘汰，這幾天我會想想該如解決一些沉痾已久的問題。」

「真是太好了，有曙光乍現的感覺，等您想好了策略，我再來工廠一起討論。」

不到一個星期，蔣先生約宥晴到工廠討論解決方案，她火速趕到工廠。

「蔣先生，您的效率很好喔！這麼快就想好對策了。」

「這是工廠興亡存續的大事啊！我不積極快速解決怎麼可以，我們一樣一樣來討論。」

「請您一一說明，我會將所有內容記錄下來。」

「首先我想結合一些跟我規模相仿的小廠，來增加產品類別及規格，這樣會減少開模的機會。」

「這想法很好，不過一些小廠也都想自己接單，要談合作恐怕不容易。」

「妳說的沒錯，我在參加的汽車材料公會裡，認識一些理念頗為契合的同業，他們因為拓展外銷需要花費很多，作風保守，不想花大錢，所以將會是我合作的好對象。」

「如果能說服這些工廠一起合作就再好不過了，不過這樣的話您的利潤可能會減少很多喔。」宥晴提醒。

「初期我要培養國外客戶群，利潤薄沒關係，我就當成是行銷費用好了。等我把餅做大數量衝上來了，獲利就會提升。」蔣先生很有信心。

「但是如果遇到買主要的規格，這些工廠都沒有的話，還是會要面臨必須開模的問題。」宥晴盡量提出各種可能發生的假設問題。

「我正準備投資一家模具廠，一位遠房的表弟，他任職的模具廠經營不善已經很久，老闆想出讓，我跟表弟商量後決定一起頂下來做。」

「這麼巧，在這的時候竟出現一家模具廠，剛好可以解決我們的問題。」宥晴驚喜不已。

「這件事已經談了一年多了，只是對方處理的態度不是很積極，所以雙方價格一直談不攏，最近據說他有資金缺口，態度軟化才成交。」

「看來這真是Good sign！時機對了，連老天爺都一起來幫忙了。」宥晴笑咪咪地說。

「投資模具廠為什麼是『牛屎』？老天爺安排一坨屎給我嗎？」蔣先生丈二金剛摸不著頭。

「不是這樣的，我剛說的是英文『好兆頭』的意思，不是什麼屎啦。」宥晴忍不住笑了起來。

「哈哈哈，我的英文不好，該檢討了。」蔣先生也笑起來了。

接下來，蔣先生持續談妥了幾個同業一起合作接單，模具廠也順利買下來了，特地打了電話給宥晴報喜訊。

「蔣先生，建議您所有的合作、合資細節與權利、義務、範圍，都要用白紙黑字寫下來，以免日後大家有爭議。」宥晴鑒於之前的經驗，提醒蔣先生。

「模具廠我有跟表弟擬妥合夥契約書，至於同業的合作案，我們一向都只是口頭約定，這個行業大家都是這樣約定俗成的。」蔣先生坦白的說。

「台灣人惜情，習慣口頭約定，但是以現在商業模式，這樣會很冒險，沒事就天下太平，有事的話，有理說不清，很難釐清。」宥晴認真地勸說著。

「我老婆也常常說我做事太衝動，不觀前顧後常吃虧，只不過大家都是口頭約定慣了，一下子要我說立合約，實在不知如何開口。」蔣先生顯得爲難。

「夫人會這麼說，應該是您之前就曾因爲這樣吃過虧吧？所以爲了避免再有事端，還是要鼓起勇氣找他們談。」

「這樣也對，只是我不知道該用何種合作方式跟他們訂立合約。」蔣先生還在苦思合作模式。

「您可以跟他們談二種的作方式，一種是由偉峰負責接訂單，並全權承擔交易風險，對方只負責幫代工；另一種是由偉峰接訂單，但整筆交易的利潤跟風險由二家工廠一起分享及承擔。」

「這方法不錯，第一個辦法給對方的利潤低一些，第二個則均分，就讓他們各自選擇要配合的方式。」蔣先生果然一點就通。

「您想得眞周全，那就草擬合約一一跟他們協商後，簽定契約，
如此就萬無一失了。」

「妳年紀輕輕，懂得可眞不少，做事情認眞且面面俱到，眞不簡
單。」蔣先生由衷讚賞。

「您過獎了，其實是因爲這幾年來工作累積的經驗，我的工作特
殊，接觸的行業廣，處理過的事情也多。」

偉峰經過半年的努力，跟表弟合開的模具廠終於穩定下來，儘
管目前對偉峰的外銷業務還沒有機會幫上忙，但蔣先生相信未來
一定派得上用場。而跟合作的同業也逐漸建立默契，只是還沒接
到直接外銷的訂單，讓他一直耿耿於懷。

宥晴一直努力試圖打破僵局，但這半年來，也實在讓她灰心，
跟之前經手其他的油封案子一樣，徒勞無功，正當她幾乎想放棄
的時候，一封來自葡萄牙的詢價信讓她重燃希望，葡萄牙客戶
Silva半年前就曾詢價過，當時就是因爲模具費的問題所以功敗
垂成，這次宥晴重燃希望，決定力搏一下。

「蔣先生，今早翻譯給您的信是之前詢過價的葡萄牙客戶Silva
的再次來信，這次我們一定要好好把握，看能不能一舉成功。」

「難怪這二個規格的油封我看起來很眼熟，我好好算一下價格，
等一下傳給妳。」

蔣先生發揮了史無前例的效率，一下子就將價格算好，這次除
了油封單價因原料關係稍微調高一些，模具費則降低許多，宥晴
加快腳步趕緊大了報價單傳了Silva，期待有好消息到來。

經過了一星期，Silva還是沒消息，宥晴趕緊發了封Email追
蹤，過了二天Silva才姍姍來遲回了信，說是單價太高，要殺價

5%，宥晴跟蔣先生商量後，給Silva二個方案選擇：一、接受單價降5%，但數量必須提高；二、數量不提高，但僅能降2%，這算是議價技巧中的有條件式讓步。

就這樣為期一個月你來我往，蔣先生又作了小讓步，最終Silva終於作了決定，維持數量不變，但單價降了3%，這樁訂單終於敲定了，付款條件是下單電匯三成訂金，七成尾款。終於拿到第一筆訂單，讓蔣先生及宥晴欣喜若狂。

「蔣先生我已將P.I.傳給Silva，等他簽回後，收到30%的電匯訂金，就可開始開模準備生產了。」宥晴開心歸開心，還是叮嚀一切按照步驟進行。

「要等收到訂金才開模嗎？」

「最好是這樣，因為收到訂金才有約束力，對我們比較有保障。」

一個星期之後，還沒收到Silva的三成訂金，宥晴又去信追蹤，結果Silva此時傳來了壞消息，說他的客戶取消了訂單，因此無法匯訂金過來，宥晴緊急回覆極力說服他，別取消訂單，奈何他最後還是決定取消訂單了。

「蔣先生，很抱歉葡萄牙客戶Silva的訂單取消了。」宥晴很無奈地告知這個壞消息。

「啥咪？怎麼會這樣？P.I.不是簽回確認了嗎？」蔣先生無法承受這突如其來的壞消息。

「簽回P.I.並不能保證確定成交，他的客戶取消訂單，他也很無奈。」

「但是我模具已經開好了，這下可怎麼辦？」

「訂金還沒收到，您怎麼開模具了？」宥晴訝異又不解。

「這是第一筆成交的直接外銷訂單，我太高興所以忍不住就先開模了。」蔣先生無辜地說。

這下子這筆模具費就變成學費了，學得一個好經驗，當手中無牽制籌碼時，別太衝動急著進行下個步驟。

紡織機械的危機

宥晴在中小企業界越來越有名，也經常擔任救火隊，解決危機，廠商有難，只要能力所及時間允許，不管是不是配合中的客戶，她都盡量幫忙，就這樣口耳相傳讓她案子越接越多，忙得不可開交。

一家紡織機械合興老闆吳先生打電話給宥晴，想請她幫忙拓展外銷，這家工廠位在偏遠的郊區，約好見面的當天，宥晴找了好久才找到，一見面老闆吳姓夫婦很熱絡。

「吳先生，很抱歉我遲到了，方向感一向很差，所以就迷路找很久。」宥晴難為情地先為遲到抱歉。

「是我們這裏不好找，所以一直都請不到適合的外貿人員，去年好不容易來了一位頗稱職的國貿業務，誰知上個月她結婚就辭職，這下子對外聯絡的窗口頓時又懸空了。」吳先生相當無奈。

「這真是中小企業的難處，很多公司都有相同的困擾，對了，請問您是如何找到我的？」

「上個月參加獅子會聚餐時，我聊到公司目前外銷無人處理的窘況，一位林姓會友提起妳。」吳先生說了一個很陌生的名字。

「我不認識這位林先生。」宥晴丈二金剛摸無著頭緒。

「妳很有名，林先生也是聽朋友提起跟妳合作的經驗很好，那天

他馬上很熱心替我打電話問了妳的聯絡方式。」

說了半天，宥晴還是不清楚到底是誰介紹的，要致謝也找不到對象。

吳姓夫婦二人白手起家，胼手胝足，專門生產緹花針織機械（Knitting machine），主要市場在大陸及東南亞，尤其前幾年大陸市場非常熱絡，吳老闆經常往來二岸，成功接了多筆購買整廠設備的大訂單，賺了不少錢，但是隨著大陸市場逐漸消退，他也開始積極開拓亞洲其他市場。

「妳先看一下外銷客戶的檔案，除了請妳幫忙處理現有的客戶交易，我也想借重妳的長才，看能不能再拓展更多的市場。」吳先生讓宥晴看現有客戶的檔案資料。

「資料不少，我需要花一些時間整理一下，熟悉客戶之前交易的重點及產品特性，至於業務拓展問題，我們以後再討論好嗎？」宥晴看那一大疊資料，大概就得花幾個小時的時間了。

「好好，王小姐請在這裡慢慢看，有問題可以問我。」

「您可以先忙您的事，有問題我再請教，您可以叫我宥晴就好。」吳先生隨即自顧自地忙起來。

宥晴先去工廠內看機械組立流程及細節，也問了陳廠長一些關於技術的問題，隨後回到辦公室看目前外銷客戶的檔案資料，邊看邊記，專注得忘了時間。

「宥晴，午休時間到了，跟我們一起吃中餐。」吳太太熱情地邀請。

「不用啦，太打擾了……」宥晴話還沒說完，就被吳太太拉著進

入員工餐廳，一眼望去擺滿三大桌的餐廳，每桌四菜一湯，菜色看起來非常可口，特別是老闆跟員工一起吃飯場面很熱鬧，氣氛非常好。

「宥晴別客氣，這些蔬菜是自己種的，雞自己養的，飯菜全是我老婆煮的。」吳先生很驕傲地介紹公司特殊的員工餐。

「哇，真是好好吃！最特別的是用夾子當公筷，很有創意。」宥晴發現吳太太做的菜居然比專業廚師做得更好吃，而且非常注重飲食衛生。

「妳過獎了，公司的事我幫不上忙，種菜、煮菜是我的興趣，所以就負責照料三餐，有些員工外出比較晚回來，所以我設計以夾子當公筷，讓即使晚到的人，也一樣吃到新鮮衛生的飯菜。」吳太太很靦腆地解釋。

「吳太太您太厲害了，煮給這麼多人吃，一點兒也不輸專業廚師，而且這麼細心考慮周詳。」宥晴吃得很開心，也印象深刻。

「這沒什麼，廚房有請一位大姊協助我料理餐食，種菜、養雞是公婆的功勞。」吳太太笑著回答，一臉滿足與幸福。

宥晴跟吳太太聊得非常愉快，一頓氣氛極佳的中餐讓宥晴深深感覺到這家公司老闆跟全體員工相處極為融洽，像一家人一般，且吳老闆夫婦感情很好，所謂家和萬事興，應該就是這樣子吧。她心想這應該會是一次愉快的合作經驗，宥晴將所有檔案都看完時，已經接近下班時刻了，滿心歡喜跟吳老闆夫婦道別。

「謝謝招待那麼棒的中餐，讓人回味無窮。關於之後的外銷業務拓展，我回去規劃一下，再將行銷企劃案傳給您。」

「歡迎妳隨時來跟我們一起吃員工餐，不要客氣。」吳太太誠心

地邀約，令宥晴非常心動，心想那飯菜好似加了迷藥一般，好想再來吃。

　　位於郊區的合興，交錯的小路，讓沒方向感宥晴頓時苦惱該如何回家，幸好遇上陳廠長帶路，才順利踏上歸途。

　　宥晴查了一下這類紡織機械的產業現況，發現優勢已經不再，之前大陸是進口這類機械的大買家，結果近年來躍身一變，成了出口紡織機械的競爭對手，這真是情何以堪。找了個時間又造訪合興想跟吳老闆討論一下拓展期，以及她規劃的市場的行銷計畫。

「吳先生，目前我們的紡織機正面臨大陸的低價競爭，將市場行情都打壞了。」

「是啊，台灣人很傻，將技術通通教給他們，現在他們回頭攻打，真是商場如戰場。」吳先生很感嘆。

「這是產業升級必經的過程，與其原地嗟嘆，不如加速腳步跑給他們追。」

「我也想殺出一條血路來，所以最近一直在苦思接下來要走的路，妳有沒有麼建議？」

「紡織機械算是夕陽工業，如果不轉型，日後恐怕業績會更衰退，您有考慮如何轉型嗎？」

「我正準備將機台升級，目前都是傳統式，由花鼓及墊片製成緹花圖案，將來想改用電腦自動化控制，目前正在請人設計電腦程式。」吳先生提出初步的計畫。

「機台改造勢必要一些時間才能量產銷售，大概需要多久新機型才能上市？」

「前置作業已經差不多完成了，改裝機台加上試機，大概還需要半年才能正式上市。」

「在新品上市前半年時間，我就繼續推廣現有機台，同時聯絡舊客戶，那現在暫時不要刊登廣告，等新機台完成後再決定如何推廣。」

「到新機台完成後，先從現有的客戶先推銷看看，試一下市場反應，只是新機台價格會比較貴，怕到時候不好賣。」吳先生先擔心起售價來了。

「其實全世界都面臨高人工成本，因此機械電腦化的趨勢已無法避免，老客戶通常會給很多寶貴的意見，所以我們可以優惠價格給他們。」宥晴初步建議。

「不過我怕一旦他們接受慣了優惠價格後，以後正常價格恐怕就難接受了。」吳先生深怕將客戶寵壞了。

「目前開發出來的第一代新機台，他們是首批使用的白老鼠，所以價格優惠些也無妨，以後應該還會再開發第二代，第三代機台，到時候價格應會比第一代好，這時我們獲利就會比較好，這是養客戶政策。」宥晴逐一解除吳先生的憂慮。

「妳真的很厲害，懂這麼多，真是名不虛傳。」吳先生很驚喜宥晴思考面向的仔細與周到。

「謝謝誇獎，其實這些都是之前在工具機行業學來的技巧，也不知道適不適用？」

「妳的建議不錯，我現在有更多的新點子可用在新機台開發上了。」吳先生露出充滿信心的笑容。

或許之前從事過工具機產業，面對一樣是機械類的合興，宥晴

很快地就將業務處理上手，吳先生穩健的經營方式，使公司國內外的業務一直相當穩定，宥晴很喜歡這公司的工作氣氛，大家相處融洽，就像一家人一樣，有別於其他案子，她特別喜歡到工廠來，除了討論公事，也順便享用老闆娘用心烹調的員工餐。

「馬來西亞的代理商Mike黃先生在吉隆坡的新辦公室啟用，我想親自去恭賀，另外順道到越南看個紡織展，妳可否排個時間跟我一起去？」

「黃先生也Email邀請我，時間在三月初沒問題，麻煩您確定日期後，我會將時間空下來。」

「我請旅行社安排好再跟妳確定日期，這次我太太也會一起去。她一直不愛出門，這次是因為妳也去，她才答應一起去。」

「是因為怕您跟我單獨出國很『危險』嗎？」宥晴調皮地開玩笑。

「唉喲，妳想到哪裡去了，我太太很喜歡妳，跟妳很有話聊，所以一聽妳會去，她就答應一起去。」

「真榮幸可以得到吳太太這樣的肯定，這次有時間的話，我一定帶她好好逛逛。」宥晴開心到不行。

「妳的衣著品味很好，到時候要請妳幫她挑一些好的衣服、皮包、鞋子，我通通買單。」吳先生豪氣萬千。

「吳太太真幸福！您真是超級新好男人，全台灣的男人都應該跟您學習才對。」宥晴好感動。

「對她好是應該的，我太太當初不顧家庭反對，放下千金小姐的身段，嫁給我這個家無恆產的窮小子，一路跟我打拼到現在。」吳先生很感性地說著他們的故事。

原來成大機械系畢業的吳先生在校際聯誼愛上了就讀新娘學校──台南家專的吳太太，二人一畢業就結婚，之後為了讓岳家放心，他努力創業，白手起家。

「我服務過一些夫妻共事的公司，都是吵吵鬧鬧，意見不合，幾乎沒有一對像你們這樣的和諧，真幸福。」

「我們也經經歷過爭吵的磨合期，因為不願讓她娘家看衰，所以我們很努力，齊心度過，現在孩子都出國去念書去了，我們更珍惜彼此。」

「真令人感動，要是全天下的夫婦都跟您們一樣，那就天下太平了。」

　　宥晴今天真得很開心，也讓她對婚姻燃起一絲希望跟信心。

東南亞市場大躍進

　　除中國市場外，其他新興國家正進入成長期，其中又以東南亞地區最受重視，原因不僅是具備低廉又龐大的勞動力，更在於東南亞市場強大的消費力。而合興出口大陸市場已呈現飽和狀態，目前最夯的市場非東南亞莫屬。由於馬來西亞代理Mike黃先生跟吳先生已經合作多年，交情自然匪淺，三人一到吉隆坡，Mike很熱絡親自到機場接機。

「好久不見，吳大哥這次終於帶大嫂一起來。」Mike是華僑，跟吳先生有兄弟般的情誼。

「喬遷大喜，我們一定要親自過來道賀，也沾沾喜氣啊，Mike，這位是目前負責外銷業務的王宥晴小姐，請多多指教。」吳先生向黃先生介紹宥晴。

「妳就是Aurora？沒想到這麼年輕，處理事情專業又有效率，能

力很好。」已經跟宥晴書信往來一陣子的Mike非常欣賞宥晴。

「您過獎了，我要向您多多學習呢。」宥晴謙虛地說。

「那我們先上車，我帶大家繞一下市區，來個簡單的city tour，然後再到飯店check in，這樣好嗎？」Mike向大家做行程簡介。

　　第一次來到馬來西亞的宥晴跟吳太太，看著車窗外的城市街景，興奮地聊個不停。由於馬來西亞回教徒頗多，Mike帶大家參觀吉隆坡最著名的清真寺。

「這是國家清真寺，拜塔塔頂裝飾有18個尖角，象徵馬來西亞13個州和伊斯蘭五大支柱。」Mike像專業導遊一般簡介景點。

「我們不是教徒，可以進入參觀嗎？」吳太太覺得很新奇，想入內參觀。

「當然可以。這裏每年都吸引無數的遊客前來朝聖，是重要的景點，不過請等一下。」Mike下車到一旁的商店買了二條像絲巾的東西。

「入寺參觀有些規定必須遵守，像是男女都得脫鞋，衣著要整潔，女士必須戴頭巾才行。」Mike遞給宥晴及吳太太各一條頭巾，請她們戴上。

「這是很特別的體驗，我們應該要帶著頭巾在清真寺前拍照，紀念到此一遊。」

　　宥晴拉著吳太太一起拍照，平常內向的吳太太，居然也活潑地跟宥晴拍起照。

「Mike幫我跟這二位頭巾美女拍一下。」吳先生看到太太那麼燦爛的笑靨，自己也非常開心。

參觀完了國家清眞寺，隨後Mike又帶大家到「獨立廣場」逛逛，最後到了「雙子星大廈」，原本Mike想帶大家登上雙子星，俯瞰吉隆坡的壯觀全景，但是因爲吳太太懼高而取消。由於天色漸晚，一行人隨即到飯店Check in。

「吳大哥，晚上我請大家在飯店用餐。」

「Mike，今天已經讓你忙了一下午，晚餐我們自己簡單吃一下就好，今天一早搭機，我看她們都累了，今晚就早點休息。」

「好的，那明早我帶各位去吃道地的馬來西亞早餐 —— 肉骨茶。」

　　經過了一夜的養精蓄銳，三人旅途的勞頓全消，九點不到Mike已經在飯店大廳等候。Mike帶著大家到華人區最著名的肉骨茶店吃早餐，不愧是超人氣名店，牆上貼滿報章雜誌的報導，除了英文版，還有很多都是中文版。

「吃肉骨茶容易上火，先來壺茶，等一下可以去油解膩，降降火氣。」Mike邊解釋邊爲大家點了一大碗肉骨茶，外加四碗雞油飯。

　　滿滿一碗全是肉的肉骨茶湯頭雖甘香順口，但喝完反而覺得口乾舌燥，還好雞油飯鹹鹹香香的不錯吃。儘管不太習慣一早就吃油膩的食物，三人還是很配合的吃完，算是體驗當地文化。趁著Mike去結帳，三個聊起了這個特別的早餐。

「一大早就吃這麼重口味的東西，天氣又熱，怎麼還這麼多人愛吃？」吳先生望著擠滿用餐人潮的店納悶不已。

「只能說，這肉骨茶早餐還是天氣涼點吃比較好。」吳太太也表達了對肉骨茶早餐初體驗的看法。

「這就是入境隨俗啊，每次出國我都愛看看當地風景，嘗試當地食物，這也是跟客戶聊天很好的話題。」宥晴隨即說出她的感想。

「妳真的很適合做這個工作，很容易適應，一切隨遇而安。」吳太太對著宥晴讚許地點點頭。

　　隨後，Mike帶著一行人到新辦公室，Mike的太太Lisa跟兒子Terry已在辦公室等著，簡單的自我介紹後，Lisa帶著吳太太逛街去了，其他人隨即進入會議室。

「這次來除了恭賀喬遷新居，也想順便跟你談一下新產品的開發，聽聽你的意見。」

「傳統的圓織機已經漸漸失去競爭力，吳兄之前提說要開發電腦自動化控制的機台，我想應該會比較有利基點，新機台何時會完成呢？」

「電腦程式設計月底就可以完成，預計三個月後可以完成組裝和試機，到時候再邀請你蒞廠驗收指導。」

「吳兄效率真好，到時候新機台完成，我一定會親自到台灣拜訪，另外我有位客戶想生產Protection guard，我們有沒有可能將機器改一下，讓他可生產這類的產品？」

　　吳先生一時意會不過來。

「那是什麼東西？」吳先生趕緊轉頭小聲問宥晴。

「Protection guard是護具，例如護膝、護腕、護腰等。」宥晴趕緊輕聲解釋。

「那沒問題，生產原理差不多，只要將機台稍做修改就可以了，需要緹花的功能嗎？」吳先生自信滿滿的問道。

「不必緹花，產品花樣會用印刷方式完成，這樣比較多樣化。」

「如果不必緹花，機台比較容易改，我回去後馬上著手改製。」

　　一下午的會議非常順利，這次因為Mike跟吳先生全程以中文溝通，所以宥晴非常輕鬆，只專心記下雙方討論的重點。

　　由於還有一些機台技術方面的問題要討論，所以無法外出用餐，Mike叫了速食進會議室，另外他還吩咐公司的司機去買當地盛產的榴槤，讓吳先生跟宥晴嘗鮮。

「吳大哥，這是您最愛吃的榴槤，很新鮮，多吃一些，Aurora也嘗嘗看。」Mike熱心地拿新鮮的榴槤給他們二人，吳先生馬上大啖起來了，宥晴很猶豫。

「謝謝您，可是我沒吃過榴槤。」事實上，宥晴很怕榴槤那種如同瓦斯外洩的恐怖氣味。

「這是果王，很營養，妳這麼瘦多吃一些。」Mike很熱心塞給她一塊，一直鼓勵她。

　　宥晴盛情難卻，勉強咬了一口，只覺得怪味直衝腦門，趁著Mike忙著跟吳先生談話，趕緊跑到洗手間吐掉，差點連中午的Pizza都吐出來，真是狼狽。

「Are you Ok？我爹地最愛請客人吃榴槤了。」Terry尾隨她出來，關心她。

「真不好意思，我沒吃過榴槤，所以不太習慣。」宥晴很尷尬。

「沒關係，就像我也不敢吃台灣的臭豆腐，this is a culture issue。」Terry笑笑說。

「Yes，exactly，你曾去過台灣？」宥晴發現著這個大男孩，非常健談。

「好多年前去過一次，到師大學中文。」

「難怪你中文講得這麼好。」

「這是每個海外華僑的子女必須要完成的任務，在家裡，全家都講中文，爹地隨時提醒我們不能忘本。」Terry認眞地說。

「這裡主要的官方語言是什麼？」

「主要是馬來語，英語是第二官方語言，不過我還會說德語。」Terry話匣子一開，跟宥晴愉快的聊起來。

「德語，很難耶，好像永遠喉嚨痛一樣，你在哪裡學的德語？」宥晴調皮地說。

「我在德國住了幾年，master degree也在德國拿到的，我剛回國不久。」

「好厲害，那你現在是回來幫你父親？」

「爹地一直希望我幫他，但是我的興趣不在此，所以還在考慮中。」

　　這時候Mike走出來，給Terry一個任務。

「我跟Uncle要去喝二杯，媽咪跟Aunty逛完街去吃飯順便做SPA，晚上你就替我好好招待Aurora。」

「不必這麼客氣，別麻煩Terry，我回飯店就好。」宥晴深覺得不妥，既是出差，應以工作爲重，還讓客戶這麼大費周章，很過意不去。

「去吧，宥晴，妳一個人回飯店也很無聊。」吳先生也笑著鼓勵宥晴。

　　最後大家兵分三路，Terry帶著宥晴到吉隆坡塔的180度旋轉餐廳吃飯看夜景，美食加美景，令人無法抗拒，不過雖是燈光美氣

氛佳，但昏暗的光線，讓腳蹬高跟鞋的宥晴起身去拿食物時，顯得戰戰兢兢，在轉角處一個不小心，幾乎跌到。

「Be care!」Terry及時擁住了宥晴，沒跌倒。

「Thank you.」幸好燈光很暗，否則會看到宥晴尷尬到臉紅的糗樣子。

回到座位後，宥晴才發覺跟不熟的男生到這麼浪漫的餐廳吃飯，實在尷尬，幸好Terry很健談，熱絡地打開話題，聊了許多在德國求學的趣事，宥晴也分享了自己工作上的甘苦。

「真沒想妳這麼年輕，就有這麼豐富的工作經驗。」Terry很訝異宥晴的豐富經歷。

「我已經工作很多年了，或許看起來年輕，實際上我年紀可能比你大。」

「怎麼可能，妳看起來還像個小妹妹一樣，不然我們來打賭。」

「好啊，賭什麼？」宥晴一副胸有成竹。

「妳輸的話，吃榴槤，我輸的話，到台灣請妳吃飯。」Terry認真的說。

「真的假的？這賭注很大喔。」宥晴覺得這賭注很怪。

「怕了，敢不敢？」Terry用激將法。

「誰怕誰？It's deal。」

宥晴拿出護照，Terry一臉不可置信，居然還比他大三歲。

「太意外了，妳贏了，不必吃榴槤，我一定會到台灣請妳吃飯。」Terry雖然賭輸，還是開心。

「一言為定，到時候我會當嚮導，帶你到處看看。」

「馬來西亞白天天氣熱，晚上活動的人可多了，等一下我們再去Pub喝一杯。」Terry想帶宥晴體驗馬來西亞著名的夜生活。

「謝謝你，我很想體驗當地文化，不過明天行程很多，我想先回飯店準備一下，好嗎？」

「當然ok，妳真的很特別，不像一般年輕女孩那麼貪玩。」

「謝謝你，我不是年輕女孩了，別忘了我大你三歲喔！呵呵。」

回到飯店，才發覺吳先生夫婦都還沒回來，宥晴想他們應該正在體驗當地文化，享受難得的輕鬆。

商場如戰場　危機變轉機

一大早還在睡夢中的宥晴被電話鈴聲吵醒，原來是吳先生打來說今天的行程可能要改變，約定吃早餐時一起商量，宥晴迅速梳理好，到一樓餐廳跟吳先生夫婦會合。

「吳先生、吳太太早，昨晚您們不是很晚才回來，今天這麼早起？」宥晴一大早看到精神奕奕的他們，很驚訝。

「我們年紀大了睡的不多，不像你們年輕人。昨天跟Mike談很多，我想了又想決定接下來的行程要改一下。」

「要怎麼改？」

「原定下午要搭機去越南，延後一天，今天一整天我要跟Mike去拜訪一些終端用戶。」

「那我趕緊改一下機票和飯店行程，應該沒有問題。」

「昨天Mike提起，他的一些客戶之前貪小便宜，買了他牌的機台，現在機台出了狀況。」

「原來的供應商沒提供售後服務嗎？」

「那家供應商我認識，老闆幾年前曾在我工廠當過廠長，後來自己創業，生產便宜的機台，到處跟我們搶生意，由於他技術還是不純熟，因此問題很多。」

「那您打算怎麼處理這件事？」

「Mike覺得不管他們，誰叫他們要買便宜貨，但我認為，這是個搶回客戶的好機會，所以我打算，今天跟著Mike到這些工廠幫他們將機台維修一下。」

「這個主意很不錯，只不過可能會花很多時間。」

「我會從機台數最多的工廠開始進行，能修多少算多少，順便我也想聽聽他們的需求，做為我開發新機台的方向。」

「那請給我一些時間更改行程，再跟您一起去。」

「妳跟我太太去逛逛，機械維修很無聊，我跟Mike去就好。」

「老公，我們是來工作，不是來玩的，昨天我已經逛一天了，今天就讓我們跟著你一起去吧。」吳太太很識大體。

「是啊，我也想去多了解一下情況，也可以幫忙做筆記，記錄相關細節。」宥晴趕緊加入說服的行列。

「那好，我們就一起去。Mike九點會來接我們，宥晴妳準備一下，等一下直接在大廳會合。」

一行人來到距離吉隆坡一個小時車程的郊區，抵達工廠後吳先生立即展開維修服務。客戶是馬來人，透過Mike的翻譯，知道客戶對機台很不滿意，因為自從機台進廠後，問題不斷，但透過吳先生專業的維修，有些問題迎刃而解，但大多數只是暫時減緩了問題。

「客戶很高興你可幫他解決問題。」Mike很開心的翻譯客戶的回饋。

「因為機台本身結構不良，這只能撐一陣子，很難一勞永逸解決問題。」吳先生實話實說。

Mike立即跟客戶解釋，只見客戶臉色凝重。

「吳大哥，客戶問這機台能撐多久？」

「很難說，不過我可以教他們一些簡易的障礙排除技巧，看能撐多久就撐多久。」

　　吳先生隨即在Mike的翻譯下，開始教他們，此時Mike也趁機跟客戶推銷合興即將開發的電腦自動化控制機台。

　　一直忙到過了中午，一行人才告辭，往下個目的地前進。

「大家肚子都餓了吧？中午就帶你們體驗一下道地的馬來餐。」

　　酸酸辣辣的馬來餐，在炎炎夏日很開胃，沒吃過的三人覺得很新奇，最後每人還喝了道地南洋風味甜品「摩摩喳喳」。

　　下午拜會的這家客戶，除了原有機台的維修問題外，就是需要護具機械的客戶，吳先生趁機詢問客戶的需求。

「客戶目前預計生產護具，供應國內市場，因為此地天氣炎熱，產品必須是吸濕排汗的材質，所以機台改造要注意到這個問題。」Mike轉述客戶的意見。

「沒問題，那是材質的問題，機械結構關係不大，以後紡織品必定是機能性布料為大宗，我會考量不同材質應用的問題。」吳先生信心滿滿。

　　經過整天的巡迴服務，儘管疲憊，但收穫很多，一行人踏著月色，回到了飯店，臨別之際。

「吳兄，今天真的很謝謝你來幫這些客戶服務，他們都非常高興，你想的這個策略很好，我相信未來我去推廣你的機台，一定更有把握成交。」Mike喜形於色。

「Mike，別這麼說，我們是搭同一條船的人，本來就該互相幫忙，這樣對我們都好。」

「以後我們會更努力一起開拓市場。」Mike和吳先生用力地握了手。

隔天吳先生一行啓程飛往越南，Mike夫婦及Terry都來送機，雙方互道：「台灣見」，隨即展開下一站的行程。

紡織展的地點位於首都河內，下飛機搭車到旅館沿途中，放眼看去皆是浩浩蕩蕩的「鐵騎大軍」，而自行車陣中穿插著不斷按著喇叭的汽車，對於初次造訪的宥晴而言覺得非常有趣。高大的路樹與美輪美奐的古建築，無聲地宣告著這座千年古城的寧謐優雅之美，令人驚艷，到達飯店，宥晴忙著check in。

「這旅館看起頗具歷史，古色古香。」吳太太看到下榻的旅館很滿意。

「河內過去戰爭連連，所以仍顯得貧窮落後，不像胡志明市那麼先進，之前是法屬殖民地，有些地區仍保留三十年代法國城鎮的風貌。剛才一路上可見道路寬敞，樹木婆娑，還有漂亮的法式高樓。」宥晴充當導遊細說越南河內。

「妳來過河內嗎，怎麼知道這麼多？」吳先生很好奇。

「我沒來過，不過事先查一些相關資料，因為這次我們沒跟團，樣樣要自己來，所以就先做點功課。」

「妳真的很用心，難怪大家這麼強力推薦妳。」吳先生盛讚宥晴的優質工作態度。

「謝謝讚美，我們先將行李拿到房間後，再外出用餐。對了，可能要先換一些越南盾比較方便。」

「好啊，妳看換多少才夠用。」

「先換二百美金好了，匯率是1：12,000，鈔票面額很小，帶太多現金在身上很麻煩。」

　　二百多萬的越南盾，看起來實在過癮，三人隨後外出在飯店附近逛逛，順便吃晚餐。

「哇，在這裡花錢真的很過癮，一罐進口礦泉水二萬，光喝水就花了六萬。」宥晴驚呼幣值小的越南盾。

　　後來在附近找到一家看起來頗高級的海鮮餐廳用餐，花了一小時享用大餐後，要付帳時難題來了，共花了七十六萬，宥晴算了半天，每次算的金額總是不一樣，後來連餐廳的服務生都來一起算，結果還是「霧煞煞」，算不出個所以然。

「Sorry, you may pay in US dollars.」服務生最後忍不住說了。

「That will be great!」宥晴如同得到解救般，趕緊請吳先生付美金。

「早說嘛，還讓我們算半天，這裏的人真是不知變通。說也奇怪越南幣值這麼小，也不發行大面額的鈔票。」吳先生不禁抱怨了一下。

「我剛問了服務生，他說越南人的所得普遍不高、消費能力低，所以不需要用到面額大的鈔票。」宥晴趕緊解釋。

「這也難怪，二次大戰後，越南受損嚴重，工業不發達，光靠農業當然發展不起來，幸好近年來日益開放，越多的外資進入，情況應該會越來越好。」吳先生很有信心地說。

「那我們是來對囉，明天到展場看看，尋找新商機。」

由於行程延遲一天，所以隔天是展覽第二天，一早三人即進入紡織機械展會場參觀。由於人力充足，工資低廉，紡織業的急速發展，因此越南需要大量進口設備及原料，這個展覽必定人潮洶湧。一進展館，果然人聲鼎沸、熱鬧得很，但吳先生一眼望去，多數參觀者都看來像是逛大街般行色匆匆，三個人邊逛邊看，挑選適合的展商攤位進行資料蒐集，展商來自世界各國，訪客不斷地湧入，只見各個攤位上都有越南籍的翻譯員，親切地用著越南話招呼訪客。

　　「越南女人真漂亮，難怪越來越多台灣男人娶越南新娘。」吳先生看到一字排開的越南美女，不自覺地品頭論足起來。

　　「越南曾是法屬殖民地，可能是越法混血的關係，所以特別漂亮，不過男人看起來就不怎麼帥。」宥晴也加入評論。

　　「是啊，這下只有吳先生有福利看美女，我們沒眼福看帥哥呢！」吳太太立即糗了吳先生，三人哈哈大笑。

　　不曉得主辦單位故意安排還是湊巧，中國館跟台灣館居然還對面而立，中國館由於價格優勢，人潮自是多一些，不過吳先生並不擔心，產品品質相差頗大，他堅信台灣製的機械品質還有絕對的競爭力。他們來到熟識廠商的攤位，生產平織機喬立機械的周先生，他跟吳先生之前有過生意往來。

　　「吳兄，你們來看展嗎？請進來坐一下。」周先生熱絡招呼著吳先生等人。

　　「周兄，生意如何？接幾個貨櫃的生意啦。」吳先生笑著說。

　　「『二咖跪』（二個櫃），看的人多，買的人少，大多數是來亂的。」周先生幽默地消遣著。

　　「很多人看起來都像是來逛大街的，不過越南市場很熱門，只要

找到對的客戶，買整廠設備，這下你可要賺翻了。」吳先生還是很樂觀。

「吳兄開金口給了我好采頭，希望能真的找到大客戶買整廠。」

「周兄客氣了，你越南市場已經營得很穩了，這下子可能又要多接好幾個貨櫃。」

「吳兄你有所不知，我進入越南市場雖早但卻備極艱辛，當初此地經濟發展比較差，所以都傾向買二手機械，不但跟台灣買也跟中國買，因為他們工業剛開始發展，技術不成熟。」

「早知道我也弄幾台二手機器賣給你，不過你怎麼有那麼多的二手紡織機可以賣？」

「早期我推新機械給國內客戶，同時也回購舊機械，整理過後轉賣越南；現在因為大陸崛起，二手機械價格競爭太激烈，才想改推新機械，因此連續幾年都來參展。」

「沒想到你手腳這麼快，我才想進入這個市場，你已經在這裡經營出心得了。」

「你現在進來才好，之前二手機械的訓練已經讓他們生產技術逐漸成熟，你剛好來賣新機械。」

「那要靠你這位前輩多多幫忙，一起合作前進越南市場。」吳先生誠懇地說。

「那還有什麼問題，以後你的圓織機跟我的平織機可以合作併櫃出貨。」

「那一言為定，咱們回台灣再好好談一下，那我們先告辭了，台灣見。」吳先生告別周先生，收穫頗多，很滿意。

打造契機　共織未來

回台後，吳先生積極地催生電腦自動控制的圓織機，這是個大工程，改成電腦自動控制，連機械的構造都一併要更改。由於之前的前置作業已經完成，所以新機型很快完成了，目前正試機當中。

新式的圓織機較傳統的簡單許多，操作上也簡單得多，不需要特殊的技術，連新手都可操作，在花樣設計也更簡單，只要利用電腦將樣式設計好的圖檔，輸入機械中的電腦控制器，就能生產，不必像過去傳統機械，單是設計圖稿打樣就要花上好長一段時間。宥晴對新機器很具信心，突然想到另一款機器。

「吳先生，上次馬來西亞客戶想要買生產護具的圓織機，開發好了嗎？因為目前泰國客戶也來信詢問這一類的機器。」

「我先將生產帽子、圍巾的圓織機自動化，接下來再進行護具圓織機的改造，很快就能完成。」吳先生很具效率。

「我覺得最近詢問護具圓織機的人明顯地增加，可見這項產品很具潛力，以後可能變成主力產品，我們要加緊腳步掌握市場趨勢。」宥晴職業的敏銳度很夠，已察覺圓織機的市場變化。

「沒錯，妳的觀察力很敏銳。事實上因為生活型態的改變，現代人注重運動，護具市場日益增大是必然的現象，年初參加機械工會的聚餐時，大家已經在討論護具市場了。」

「難怪在馬來西亞客戶提出生產護具圓織機，您信心十足，一口答應，原來這已經在您預訂的計畫中。」

「之前人力不足，我一心數用，沒辦法兼顧很多事，現在外銷由妳幫我處理，加上我大兒子今年將學成歸國，算是後繼有人，我就可以放手一搏了。」

「真是恭喜，兒子接班如虎添翼，事業版圖更上層樓了。」宥晴真的很替吳先生高興。

「到時候還要妳幫忙訓練他，有他接班我心裡踏實多了，可以繼續往前衝。」吳先生止不住為人父的驕傲。

「能力所及一定幫，另外我覺得其實公司可以拓展相關事業，護具很夯，接下來必定是主流產品，其實我們也可以設個廠生產護具，直接外銷。」宥晴觸類旁通，積極為合興開闢其它相關事業。

「其實這個想法我也考慮過，我想設立工廠給我姊姊的兒子負責生產。我姊姊命苦，兒子很不成才，想趁這個機會，看能不能扶他一把。」吳先生露出少有的黯然神情。

「很好的計畫，到時候成品外銷，產品多元化經營，會是未來企業存續的關鍵。」

對於吳先生的計畫宥晴樂觀其成。

製造生產帽子、圍巾及製造護具的二款電腦自動控制圓織機終於試機完成，可進入量產階段了，宥晴立即廣發推銷函給所有客戶，當然也鄭重邀請馬來西亞代理Mike黃先生來台視察新機器。很快地他們就安排了來台的行程，這次Mike跟Terry父子二人來訪，一大早吳先生就到台中他們下榻的飯店接他們到工廠，宥晴則在工廠迎接他們，Terry一見宥晴很高興忘情地給她一個big hug。

「Terry，你都還沒問候Uncle、Aunty就急著跟Aurora打招呼，實在失禮。」Mike笑著提醒兒子。

「Uncle、Aunty您們好。」笑嘻嘻的Terry趕緊補上問候。

「別那麼見外，他跟宥晴年紀差不多，年輕人交情好嘛！」吳先生開心地替Terry解圍。

「我看吳兄你做個媒好了，撮合我家Terry跟Aurora，這個媳婦我很中意呢。」Mike似乎很認真的說。

「黃兄，我也有兒子，也很中意宥晴當我家兒媳婦，這樣我們二家得要競爭一下囉，宥晴妳可要睜大眼睛好好選。」吳先生似真似假地回應。

「二位大老闆，我的年紀比您們的兒子都大，這樣太委屈他們了。」宥晴趕緊緩和這尷尬的局面。

「娶某大姊坐金交椅，這樣子才好。」吳先生開始起鬨。

「Terry，你要好好努力，追到Aurora喔，哈哈哈。」Mike黃也跟著起鬨了，拍拍兒子肩膀。

「你們就饒了宥晴吧，她已經手足無措了。」看著臉紅不已的宥晴，吳太太終於出來解圍了。

　　Mike在工廠仔細勘查新機械，不斷地問問題，之後滿意地稱讚，未來似乎有很大的發展空間。

「吳兄，下個月我派個工程師過來工廠學習維修技術，接著就來全力推廣新機械。」Mike信心十足說道。

「沒問題，技術訓練就交給我，賣機器就交給你了，咱們合作無間，晚上我已訂好了餐廳，咱們得好好喝二杯，慶祝一下。」吳先生笑得合不攏嘴，緊握Mike的手。

「Uncle，我跟Aurora約好了要請她吃飯，所以我們可以缺席嗎？」Terry天外飛來一筆。

「是喔，原來你們經偷偷在進行了，看來我兒子真的輸在起跑點了。」吳先生笑不可抑。

「沒有啦，我們沒有約好，Terry這是怎麼一回事？」宥晴搞不清楚情況又窘得不知如何是好。

「妳忘記我們在吉隆坡的約定，我打賭輸了要到台灣請妳吃飯，妳忘啦？」Terry趕緊提醒宥晴。

「好啦，年輕人有自己的活動，咱們就兵分二路，宥晴妳好好替我招待一下Terry，別拘束。」吳先生顯然已經安排好後續的餘興活動。

「謝謝Uncle。」Terry喜出望外。

　　宥晴開車載著Terry準備好好招待這位貴賓，Terry比上次在馬來西亞見面時更黑更壯了。

「Terry，最近好不好，決定從事什麼工作了嗎？」宥晴打開了話匣子。

「我已經決定到公司幫爹地了，要從最基層做起，所以最近都忙著四處拜訪客戶，妳看我是不是變黑了？」Terry興味盎然。

「太好了，這樣你爹地簡直是如虎添翼，一定很高興。」宥晴像是聽到發票中獎般的高興。

「我可是聽了妳的話喔，因為妳，我做了這樣的決定。」Terry斬釘截鐵的說。

「原來我的話影響力這麼大，太讚了，晚上請你吃大餐慶祝一下。」

「說好了是我請妳吃飯，我已找好餐廳了。妳看是Ruth's Chris。」Terry拿著事先Google找的餐廳資料。

「這家餐廳超貴的，要我跟你一起體驗荷包陣亡的感覺嗎？你才剛開始工作，這樣不好。」宥晴除了不想讓他太破費，也想避免

在氣氛太好的餐廳，可能再有尷尬的狀況。

「難得的機會，沒關係，我已經開始工作了，還付得起啦。」Terry很堅持。

「既然你賭輸請客，那吃什麼應該由我決定才對。我們去逢甲夜市好不好？那是我的地盤，有太多深具魅力的美食了，我們可以邊吃邊逛，好不好？」宥晴不放棄說服。

「好吧，就聽妳的，逛夜市去。」Terry不滿意但接受了。

星期五晚上，一眼望去都是人擠人的人潮，這裡就是逢甲夜市，人聲鼎沸，連好好走路都有困難，二人一走進長長的人龍，幾乎快被沖散了，Terry於是順勢牽了宥晴的手，讓她嚇了一跳，二人一邊逛一邊吃，章魚燒、大腸包小腸、麻辣臭豆腐、芋圓……直到兩人都吃不下為止。好不容易穿過人潮，走出來。

「Terry，謝謝你大老遠飛來台灣請我吃美食。」宥晴的快樂溢於言表。

「妳跟我回馬來西亞，我天天帶妳吃美食，好不好？I am serious。」Terry溫柔的眼神定定地看著宥晴，希望她能給一個肯定的答案。

「別開玩笑了，怎可能離開這裏，到國外我只是個過客，唯有在台灣我才是歸人。」

「不能為我再考慮考慮嗎？You know what I mean。」Terry握緊了宥晴的手。

「Sorry，我愛台灣，很難改變，我們該回家了。」宥晴技巧地掙脫了Terry的掌握。

宥晴真的不知該如何婉拒才恰當，但無論如何不能讓Terry繼

續認眞下去，否則到時候只怕無法收拾。

「That's Ok，我明白妳的意思。」Terry雖然笑笑的說，但難掩失望，送他回飯店一路上，二人都沉默了。

　　雖然是周末，一早宥晴還是來到合興，因為吳先生跟Mike要談明年度的預估訂單（forecast）；結束後，吳先生會陪同Mike父子到國內一些紡織工廠，參觀圓織機實際運作的技術觀摩。期間宥晴一直處於忐忑不安的狀態，因為昨晚Terry明顯的失落，讓她擔心二人再見面可能會很尷尬，結果出乎意料之外，Terry一臉笑容，絲毫看不出有任何不妥，陽光般地問候著大家。

「黃兄，昨晚睡得好嗎？」

「非常好，謝謝，所以今天一大早就起床了。」Mike看起來精神奕奕。

「太好了，我們今天有一整天的行程，先談一下明年度的訂單預估量，你已經預算好了嗎？」吳先生一下就開門見山，說到核心議題。

「因為我們要開始推銷自動控制機器，所以明年的傳統型機器預估數量預計比今年約少三成，我希望集中火力在銷售自動控制機器，價格也希望別開太高，要多一些空間給我。」Mike在商言商，展開議價。

「預估數量減少我可以理解，沒問題，不過價格方面可能降幅有限，新機械的開發費用頗高，這要請你諒解。」吳先生開始價格攻防戰。

「吳兄，馬來西亞市場競爭激烈，你要多幫忙。」

「黃兄，價格先別降啦，我知道推廣新機器比較需要時間，所以

我也不會要求最低訂購量，一台我就可以出貨，另外附贈5%的備用零件給你，這樣好不好？」

「價格難道不能降一點嗎？我們都合作那麼久了。」

「價格方面，等量衝上來，我一定會給你很滿意的折扣，你是我的獨家代理，目前報給你的價格其實已經是獨一無二的好價格了。」吳先生對自家產品的品質及價格深具信心。

「好吧，既然吳兄已經承諾了，那就先這樣處理，希望我們一起合作再創好成績。」

黃先生終於首肯了。

中午Mike父子執意不肯外出用餐，一定要留在工廠內跟大家一起享用員工餐。

「黃兄，粗茶淡飯不成敬意，請別客氣啊，你怎麼知道我們的員工餐呢？」吳先生拗不過他們，只好請吳太太多做幾個菜。

「大嫂做的菜真是名不虛傳，上次在馬來西亞，Terry曾聽Aurora提起，就一直放在心上。」

「原來宥晴不但推銷機械，連我老婆廚藝也一起推薦，真不錯。」吳先生很高興。

一頓別開生面的員工餐，讓賓主盡歡。下午吳先生要帶Mike父子外出觀摩前，Terry找了機會私下跟宥晴告別。

「Aurora, thank you so much, Are we still good friend, right?」（Aurora，非常感謝妳，我們還是好朋友，對嗎？）Terry誠懇地說。

「Of course! We are always good friend, hope to see you again soon.」（當然，我們一直是好朋友，希望很快再見到你。）宥

晴誠摯地伸出手，二人珍重道別。

怨蒼天　收回給太多的幸福

宥晴最近又開始忙合興的案子了，圓織機改成電腦自動化後，初期推廣並不順利，今天來工廠看一下新機台改進的情況，因為新機台的電腦控制程式經常出錯，宥晴很關心。

「出給馬來西亞Mike的新機台，問題解決了嗎？」

「真是難看，三個月內就派工程師飛到當地處理二次，還好Mike很能體諒。」吳先生不禁搖頭嘆道。

「我們售後服務也很好，加上剛開發的電腦控制程式總是較不穩定，現在問題解決了嗎？」

「程式幾經修改，總算順利了，尤其是生產護具的圓織機在大陸銷售情況相當看好。」吳先生終於笑顏逐開。

「太好了，當初您很有遠見，判斷正確，現在護具的確是當紅炸子雞。」宥晴並未處理大陸的交易。

「大陸市場我透過喬立機械的周先生出口的，他在對岸有設廠，經常往來二地，交由他來賣，比較放心。」

「在越南說要一起開發當地市場，沒想到先合作開拓大陸市場，這樣也很好。」

「他還跟我提議一起合作，在大陸設個紡織成品，專攻邊境貿易及大陸內需市場。」

「中國陸路疆界綿長，如果我沒記錯，邊境國家好像有14個，這商機很大喔。」

「沒錯，我們計畫先從邊境貿易開始著手會容易些，內需市場則卡在17%的增值稅，必須重長計議。」

「大陸是個人治社會，不是法治國家，在當地設廠風險頗高，還

好有周先生可以在那裏打點，應該沒問題的。」

「我之前在大陸也有些台商人脈可以運用，所以相當有信心，等到台灣廠的製程順了，我就可以多到大陸。」

「對岸很危險吧，我看吳太太要擔心了。」宥晴忍不住開一下玩笑。

「放心啦，我是老船長，不會暈船了，我又不是沒去過，早就免疫了，哈哈。」

「最好是啦，宥晴，先吃飯去，其他的事下午再說。」午餐時間快到了，吳太太剛好進辦公室。

享用了吳太太豐盛的午餐，宥晴還在餐廳跟她討教廚藝，因為今天的香菇雞湯真是美味得令人讚嘆，嘴甜的宥晴逗得吳太太喜不自勝，二個人一直聊到忘了時間。

「吳太太，妳預約SPA的時間快到了，趕快出發吧。我還要跟宥晴談護具廠的事。」

「聖上饒命，耽誤到您寶貴的時間了，臣妾這就告退。」吳太太撒嬌地說。

三個人同時哈哈大笑起來，原來近日吳太太經常頭痛，卻屢查不出原因，吳先生覺得她可能太累了，就要她去休息放鬆，每個星期都催促她做一次全身的精油芳療SPA。

「您跟吳太太的感情這麼好，真令人羨慕，比我爸媽感情還好。」宥晴感受到他們無比真摯的情意，十分感動。

「我太太是個非常好的女人，不但善良，個性更好，是個有幫夫運的好牽手。」

說著說著，吳先生眼中些微濕潤。

「吳太太有您這樣珍惜她的伴侶，當然全心付出，無怨無悔。」

「其實要提攜我大姊的兒子也是她提議的，護具廠就設在機械廠附近，為了就近管理，讓他進廠從頭學期，盼他能成才。」

「這真的不容易，一般而言大姑跟弟媳的關係總是格格不入，常有紛爭。」宥晴不禁想起了之前昱貿的二姊友嵐跟弟媳江立薇水火不容的情況。

「除了對護具前景看好，加上她一直督促盡快設廠，才會讓我有動力在這麼短的時間完成設廠，目前也已經試產成功。」

「機器跟成品屬性截然不同，所以要推廣的國家也會很不一樣。」

「以後不管機械或成品，我預計護具系列會比帽子圍巾系列好賣，因為護具無淡旺季之分，帽子圍巾淡旺季明顯，且還有區域限制。」

「沒錯，時代改變，多數國家風行運動，只要運動盛行，護具就是必備產品。」

「以泰國為例，終年天氣炎熱，不需要帽子圍巾，但是當地流行拳擊（Boxing）比賽，因此護具則可終年熱賣。」提起熱愛的拳擊比賽，吳先生眼睛就發亮。

「那現在是不是請您帶我到先到護具廠去看看產品，我們再來討論。」

「沒問題，護具廠離這邊很近，走路大約十分鐘。」

「秋天的天氣很好，就散步過去吧！」

看完了護具廠，二人回到辦公室，繼續討論如何行銷護具。

「請問材質種類及產品價位大約出爐了嗎？」宥晴開始認真做筆

記。

「剛開始會以吸濕排汗的材質像是聚酯纖維（Polyester）、尼龍（Nylon）及萊卡（Lycra）為主，接下來逐步開發其他功能性材質，例如遠紅外線紗、涼感紗、竹炭紗等，產品定在中、高價位。」

「如果是中高價位產品，那市場就必須定在已開發國家，像是歐、美，但這會面臨一個問題，就是產品認證，我來查一下需要那些認證。」宥晴趕緊上網查詢。

「如果要認證就很麻煩，不僅花錢也花時間，我現在人力不足，可能有困難，至少也要等我兒子年底返國後才有辦法。」吳先生陷入思索。

「出口美國的認證是FDA，歐洲則是CE，申請這些認證的確需要時間跟金錢，不然現在暫時就交由貿易商銷售，等您兒子返國再重長計議。」宥晴效率好很快就查到了。

「沒認證貿易商有辦法賣嗎？」吳先生質疑。

「據我所知，有些貿易商有管道可賣給不需認證產品的地區，加上有些買主會自己申請產品的認證，我們可以先試試看是否可行。」

「可以這樣啊，那就來試試看，但要怎麼找到貿易商呢？」

「可試一家叫Yellow page的廣告雜誌，貿易商經常在此找供應商，還有台灣經貿網站的廣告，或請人介紹都可以。」

「好，初期護具廠我會請個小姐，負責打理一切及跟貿易商連絡，等我兒子回國再做更進一步的規劃。」

「太棒了，前途一片光明，我們一起加油。」宥晴滿心歡喜，合興這個案子合作的得心應手，順利的像是奇蹟。

剛好林致翰回來，打電話約宥晴看電影，今天看的是一部浪漫喜劇《巴黎不打烊》。走出電影院，宥晴對劇情意猶未盡，嘰嘰喳喳講不停，而致翰多半只看著宥晴傻笑，不搭腔。

「我很喜歡老奶奶『我喜歡奢華，但卻負擔不起，所以選擇在奢華的地方工作』的觀點。」

「我更喜歡她孫女Jessica的觀點：奢華無妨，但總要有比『為奢華而追求奢華』更有力的理由。」

「你應該是喜歡Jessica吧？哈哈哈。」

「突然有種很奇特的感覺，但是不知道怎麼說。」致翰期期艾艾有些結巴。

「什麼感覺，快告訴我。」宥晴一副窺探八卦的模樣。

「以後再告訴妳。」

　　時序進入冬天，合興機械也進入淡季，宥晴有好一陣沒去工廠，日子過得靜悄悄的，令人很不習慣。近日有一封來自墨西哥、詢問護具機的詢價信，宥晴一直在等吳先生的估價，都過二天了，卻一反常態沒有回應，打電話到工廠詢問，都說吳先生跟吳太太外出不在，手機則是關機狀態。這種不尋常的情況讓宥晴很不安，二天後吳先生終於打電話來了。

「宥晴，我太太走了，這幾天很忙亂，國外要聯絡的事情可以處理的妳就先處理，其他可能要暫緩。」吳先生強忍悲傷，告訴宥晴這個晴天霹靂。

「吳太太去哪裡，怎麼回事？」太慨是衝擊太大，宥晴嚇傻了，語無倫次。

「她過世了，腦動脈瘤破裂，昏迷三天，今天清晨走了。」吳先

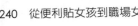

生哽咽。

「這不會是真的吧，怎麼會這樣？」宥晴淚水馬上飆了出來。

吳先生匆匆掛上電話，宥晴索性放聲哭了起來，驚動了在家的王媽，聽完了女兒抽抽噎噎的敘述，感性的王媽也不禁流淚嘆。

「好男人遇不到好女人，好女人也遇不到好男人，當好男人遇到好女人，終難與之偕老，是感情太好遭天忌嗎？」

因為要等二個在國外就學的兒子返台，因此告別式訂在二個星期後於工廠舉行，宥晴一大早就到了現場幫忙，但是眼淚始終沒停過，似乎也無法幫上什麼忙，整個儀式，憔悴的吳先生只是沉默。起靈後，吳先生按習俗不送吳太太上山，只是眼神定定望著棺木離去，由於商界的人弔唁的人很多，宥晴留下來跟公司的其他同仁，一起發送餐點給各賓客，等賓客都離去，大家突然找不到吳先生，眾親友後來發現他在員工餐廳，對著爐灶發呆。

「你要節哀，她最終一程，走得平順，有修有福報，我們要為她祝福才是。」

「你要打起精神，好好走下去，她那麼愛你，別讓她走得不安心。」

眾親友紛紛向前安慰，只見得憔悴木然的吳先生抖動肩膀，開始掩面哭泣。

「我真的不捨，她只讓我陪她三天，什麼都沒交代，放我一個人獨活，我怎麼辦啊！她怎麼可以這樣就走……」吳先生放聲大哭，眾人也只能靜默陪著掉淚。

「逝者已矣，生者何堪，活著的人最痛苦，我懂，我懂。」吳先生的好友抱著他，二個男人哭成一團，宥晴再也無法承受這樣悲

傷的場面，默默地離開了。

　　冬天已到，春天的腳步也不遠了，喪妻的吳先生過了好幾個月酗酒、意志消沉、生活失序的日子，這段時間的國外業務宥晴盡量自己處理，無法解決的問題就找公司其他同仁一起解決。就在過完農曆年後，情況漸漸好轉，吳家的大兒子信傑學成歸國準備接班，或許是這樣的力量，讓吳先生又重新振作起來，宥晴決定將國外業務逐漸轉交給信傑，於是在春暖花開的一天又來到合興，只是景物依舊，人事已非，陽光依舊普照，地球照常旋轉，但就是少了一個人，這種感覺心好酸。

「吳先生，好久不見，一切都還好嗎？」宥晴小心翼翼的，不知說什麼才好。

「每天睡醒提醒自己要呼吸，還有她已經不在了，經過了這一段日子，已經適應得差不多了，謝謝妳這陣子的幫忙。」吳先生終於露出淡淡的微笑。

「我不知道要說麼才好，只希望您能走出傷痛，公司還需要您帶領。」

「謝謝妳宥晴，今天就要麻煩妳多教導一下我兒子，信傑過來，你們談。」吳先生朝兒子招手，隨後就走出辦公室，處理其他事。

「信傑，我叫宥晴，雖然我年紀必你大，千萬別加個姊，否則我會翻臉喔。」宥晴試圖讓氣氛更輕鬆。

「沒問題，要我叫妳宥晴妹也可以，以後麻煩妳多多指導，剛回來什麼都不懂。」

　　彬彬有理的信傑，長得很像吳太太。

「別客氣，以後有什麼問題盡量問我，接下來你可能會很忙，因為同時要接圓織機械及護具成品的業務。」

「放心，我回來就是要分擔我爸的工作，他已經辛苦了大半輩子。」信傑連體貼的個性都跟媽媽很像。

「這些是跟客戶連絡的書信留底，你有空先先看，接下來我回客戶的信，也會Cc一份給你，等你進入狀況之後，再正式轉交給你。」宥晴將之前連絡的書信資料copy一份給他。

「要給我一些時間，別太快交給我，我爸希望我先進工廠了解機械，學一些技術。」

「沒問題，等你準備好了跟我說，我再轉交。平常我都在家處理這些信件，這是我家電話，有問題隨時跟我連絡，請別客氣。」初見信傑讓宥晴很放心，父母將他教得很好，想必吳先生後繼有人，不用擔心。

　　正準備要回家的宥晴，遇見陳廠長從工廠跑出來，他站在停車場等宥晴，有話要說。

「王小姐，有一家食品機械廠，老闆是我鄰居，一直找不到適合的國貿業務，我看妳幫吳先生做得很好，可不可以也幫幫我鄰居。」

「好啊，把他們公司聯絡資料給我，我來跟他們聯絡，評估一下看是否幫得上忙。」

「這是他的名片，先謝謝妳。」陳廠長不斷的點頭致謝。

「請別客氣，希望我能幫上忙。」跟他道別，宥晴沿著蒼鬱的林蔭大道回家，心情好輕鬆。

品佳食品機械

賴先生：老闆，食品機械進口商

林小姐：已離職的外銷業務

廣仕文具禮品

鄭先生：老闆，文具禮品製造商

偉蒙自行車配件

周榮昭：自行車車燈製造商

食在好機會　食品機械

　　品佳食品機械廠其實就位於合興工廠附近，宥晴打算如果接案以後一趟路可以走訪二家廠商，相當方便，於是儘速跟老闆賴先生約好時間到公司拜會，一見面賴先生忙不迭地讚美宥晴。

　　「沒想到王小姐這麼年輕漂亮，真難得，希望妳可以幫我處理進口的業務，如果妳能力好，我可以支付雙倍的費用給妳。」賴先生豪氣萬千地大聲允諾著。

　　「賴先生，我收費有一定的標準，您別太客氣，可否先告訴我目前進口業務的大概狀況。」宥晴覺得他的談話有些唐突。

　　「我公司從芬蘭、德國、日本進口食品加工機械給各食品加工廠及市場攤販，主要的是處理肉品的機械，像鋸骨機、絞肉機、切片機等，都做了十多年了，生意一直很好，唯獨人才老是留不住，很令我頭痛。」他一股腦兒說個不停。

　　「這事很多進出口業者都會遇的困難，我可以看一下書信往來的檔案嗎？」宥晴評估，進口應該比出口更好做。

　　「檔案全在這裡，之前林小姐要走也不等我找到人交接就走了，真是氣死我了，也不想想我給她那麼高的薪水，真是脾氣古怪的老小姐……」賴先生口沒遮攔地大肆批評。

　　「林小姐跟客戶聯絡做得很好，走得匆忙應該是有不得已的原因。」宥晴看了檔案，直覺她應該是非常優秀的員工，只是不知道離職怎麼會鬧得這麼僵。

　　「有什麼苦衷，應該是心理不正常，事後居然還跑去調解委員會告我，說我少給她一個月薪水，沒來交接，最後一個月薪水當然不給她。」賴先生說的氣憤。

　　「怎麼會這樣？我會盡力幫忙，過去的事就別再追究了。」宥晴

不知說麼才好。

　　面對賴先生不斷的抱怨，宥晴著實覺得尷尬，初次見面就聽到這麼多負面的八卦，加上老闆娘寒著一張陰沉的臉站在一旁，讓宥晴感覺不太好，不過因為這是第一次接觸進口業務，她還是答應接了。

「進口業務已經空窗了好一陣子了，目前緊急要處理的是一台從芬蘭進口的切片機，已經抵達基隆海關，目前報關行正在通關領貨，妳幫我處理一下。」賴先生因為宥晴答應幫忙，頓時火氣全消，趕緊回歸問題面。

「沒問題，我盡快和報關行聯絡，詢問報關進度，到時候再向您回報情況。」

「王小姐，萬事拜託，拜託！謝謝。」賴先生有點誇張接連著說。

「不必客氣。」看著情緒變化極大的賴先生，宥晴心想他或許是個坦率直接的人，應該不難相處，只是老闆娘自始至終不發一語，沉著臉在一旁打量，讓宥晴覺得不舒服，這時候不由得讓她又回想起合興吳太太溫暖和善的笑臉，內心湧上一陣惆悵。

　　隔天宥晴馬上跟報關行聯絡，結果是出師不利。這台從芬蘭進口的機器從海關領出後發現外箱破損，內部機器也壞了，由於這是併櫃貨，加上轉運，在運輸過程中損壞的可能性很高，她趕緊跟賴先生聯絡。

「真害，機器居然碰壞了，這下子可慘了，客戶現在正等著要交機，我怎麼交代？怎麼辦？怎麼會那麼衰。」賴先生聽到這個壞

消息，氣急敗壞、呼天搶地抱怨著。

「先別擔心，我先跟芬蘭廠報告此事，請他們看看可否緊急先空運一台機器來，先處理客戶交機的燃眉之急。」

「那損失怎麼辦？」

「我們可先請公證行出具損害公證報告，損失的部分跟保險公司請求賠償，我跟報關行連絡一下。」宥晴覺得此事並不難處理，只是手續會麻煩些。

「好、好，妳果然有經驗，處理事情很在行，交給妳處理，萬事拜託！拜託！」賴先生終於安心掛上電話。

宥晴聯絡報關行後，才發覺這下代誌大條了，原因是這批貨並沒投保貨物海運險，推想應該是林小姐離職後進口業務空窗期，無人處理所造成的疏失，宥晴還在思索如何向賴先生說明狀況以及解決方式時，他已經打電話來了。

「王小姐，報關行跟我說這批貨沒投保，那也安ㄋㄟ？那這下可是『火燒菇寮全無望』，去了了，這些損失我要找林小姐算帳。」賴先生怒不可遏，音量越來越高，害宥晴話筒越拿越遠。

「賴先生請別生氣，我先跟芬蘭原廠聯絡，請他們一併想看看有沒有辦法將損失降到最低，其他索賠的事我們再循序解決。」宥晴試著降低賴先生的怒氣。

「也只能先這樣了，一切萬事拜託！拜託！」

宥晴有條不紊地展現她危機處理的功力，讓容易情緒失控的賴先生緩和下來。

宥晴隨即跟芬蘭廠聯絡，請他們儘速空運另一台新機器來台，其次說明此批貨因為一時疏失沒保險，請對方設法協助降低損

失。關於後者她不敢對芬蘭廠抱太大希望，只能死馬當活馬醫，因爲這一切發生得太突然，令人措手不及。

　　隔天一大早，宥晴趕緊上網查看，芬蘭廠很有效率已經回信了。看完了回覆，宥晴對著電腦大叫，開心的不得了，眞是天上掉下來的大禮物，芬蘭廠不但答應馬上空運另一台新機器來台，而且要宥晴別擔心沒投保，因爲他們每出口一批，不管貿易條件爲何，總是會再自行加保，所以這次可由他們申請理賠，宥晴開心到顧不得一大早，趕緊打電話給賴先生告訴他這個好消息。

「眞的，還好天公伯有保佑，算是逃過一劫，王小姐妳眞是福星，事情一到妳手上就解決了。」

「我們的運氣不錯，遇到肯負責任的供應商，其實這件事他們也必須負些責任。」

「我們沒保險，是我們的錯，怎麼他們也要負責？」賴先生覺得很奇怪。

「認眞說起來這次的貨物損壞，我們可以主張說是包裝情況不良導致的，這就是他們的疏失了。」宥晴事後分析對方承諾負責可能的主因。

「那眞不簡單，以前要是這種狀況，我們都束手無策，求償無門。」賴先生露出崇拜的語氣。

「所以我才說芬蘭廠是很負責的供應商，但如果遇到強勢、傲慢的賣方，我們也可能得全數自賠了事。」宥晴不敢邀功自居。

「妳是怎麼跟他們談的，芬蘭廠居然會慷慨答應？我很好奇。」

「台灣廠商遇到客訴事件，通常不管誰是誰非總是馬上降白旗，任對方予取予求，而我的處理方式，只是根據事實情況，找出事

證據理力爭，不過也只能碰運氣，並非所有的交易對手都會像芬蘭廠這麼的講理、負責。」

「國際貿易上的這些眉眉角角還不簡單，妳懂得真多，很厲害。」

「您過獎了，這些都來自經驗累積，而且勤做功課，外加多方詢問得來的，我會盡速處理芬蘭這一批貨的後續，完成後會跟您報告。」宥晴為了盡快處理事情，趕緊結束話題，掛上電話。

經過一番聯絡之後，損壞的機器也因芬蘭廠同意賠一台全新機器，而有了完善的解決，只不過現在要面臨後續所產生的一些費用，宥晴不得不再打電話跟賴先生商量。

「賴先生，芬蘭廠已經準備好機器，準備要經由空運來台了，而他們也要求損壞的機器海運回去給他們。」

「沒問題，壞的機器我們也沒辦法使用，妳盡快安排將它運回芬蘭。」賴先生一派輕鬆地允諾著。

「不過這筆空運費跟海運費及報關費要由我們支付，我請報關行估算了一下總共大概要台幣十五萬左右。」宥晴據實以告。

「瞎米！要這麼多費用，這麼貴。」賴先生顯然不能接受，大聲起來了。

「比起之前機器的損失，這些費用算很輕微了，不是嗎？」宥晴很訝異他的反應那麼劇烈。

「話是這樣說沒錯，如果沒出這個差錯，根本不必支付這些，都是林小姐那個衰女人害的。」賴先生還一直怪離職的林小姐。

「其實您也別再怪她了，這件事是在她離職之後，業務空窗期發生的，反正現在已經解決了，就別再追究了。」宥晴很不喜歡他

這樣欲加之罪。

「她故意的啦，之前她企圖勾引我，我沒上當大概懷恨在心吧！」賴先生開始八卦大爆料。

「發生了什麼事？」宥晴心想，賴先生長像普通，脾氣壞，居然也有粉絲。

「每次跟我出差，在我車內當我的面補妝還梳頭，這不是擺明在勾引我。」他義正辭嚴地解釋。

「應該不是那個意思，她可能比較愛漂亮，一時沒注意到場合不對。」宥晴突然發覺這個賴先生不但脾氣壞還有妄想症，想太多，連這樣也可以聯想是別人企圖勾引他。

「妳不知道啦，她很喜歡跟我一起出差。」賴先生曖昧地說。

「她應該是很盡責的人，您可能誤會了，這些話請別再提起，免得讓您太太知道，徒生是非。」他的話題讓宥晴聽來很不舒服。

「我太太那個笨女人不會管這些的。」賴先生越發口無遮攔。

「賴先生，關於芬蘭這批貨後續的費用，請您務必同意，否則我沒辦法解決。」宥晴很怕又要說出麼不堪的話來，趕緊言歸正傳。

「就照妳的意思處理，萬事拜託！拜託！」賴先生最後總會加他不可少的口頭禪。

事情圓滿處理完畢，這是來自工作中很大的成就感，雖然共事的是位怪大叔，但也無妨，多認識些不同樣的人，是件有趣的事呢！

「食」力驚人　體驗大不同

大概是太累了，宥晴居然趴著睡著了，電腦也沒關，也不知睡

了多久，剛好林致翰在Skype上Q她。

「忙什麼？昨夜打了幾通電話給妳都沒接也沒回，過分喔。」除了文字他還傳了個生氣的臉譜。

「最近接了新案子，老闆是個怪大叔，昨天一整天都在忙這個案子，沒注意到，歹勢！」看到他的關心，心情頓時好起來。

「什麼怪大叔？」傳了緊張的臉譜，致翰緊張起來了。

「脾氣壞、八卦、自我感覺良好、想太多，口頭禪是『萬事拜託！拜託！』」她忍不住把這個有點奇怪的賴大叔事蹟說給致翰聽。

「要小心這個怪大叔，他心理變態、口無遮攔，工作時盡量跟他保持距離，也千萬別跟他出差，免得他跟旁人亂嚼舌根，到時妳一生清譽就毀了。」致翰非常激動。

「唉喲，大律師怎麼這麼激動，火氣這麼大，沒那麼嚴重。」宥晴覺得他實在反應過度。

「妳太單純又笨笨的，對人不懂得設防，很讓我擔心，有些男人嘴巴很賤，沒有的事，也會憑空想像亂說一通，要當心點，大傻瓜。」致翰還是覺得此人不能等閒視之。

「沒禮貌，我出社會又不是一、二天，會看人的好不好，不過謝謝關心，我會注意。」對於好友的提醒，她還是很開心的放在心上。

「差點忘了正事，最近接了新的訴訟案，貿易商跟布料工廠下單，以國內信用狀支付，工廠貨出了，貿易商卻倒閉跑路，銀行現在拒付信用狀，工廠要告銀行，我想了解一下國內信用狀做做功課。」這下換致翰求助宥晴的專業了。

「根據UCP600規定，只要賣方按信用狀上的規定出具齊全的押

匯文件，銀行應該不能拒絕付款才對，貨被領走了嗎？」

「國外的買主早以擔保提貨方式將貨提走了，所以貿易商倒閉跑了，工廠貨沒了、錢也領不到，才會提告。」致翰細說詳情。

「那就不妙了，我猜銀行可能也求償無門，所以才會故意就『文件』上挑瑕疵拒付。」

「對，銀行說品名不一致，所以他們拒付。工廠則主張之前都是以這樣的品名出貨，押匯都沒問題。」

「此一時彼一時，工廠不懂信用狀的利害關係，之前押匯沒問題，是貿易商沒倒，領得到錢，所以銀行沒挑剔，現在這瑕疵可是銀行免賠的護身符。」

「那這下工廠要打贏官司恐怕很難了。」

「你們律師不是很厲害嗎？我這裏有一本UCP600可以借你，查一下相關條文，舉證銀行之前接受這個品名，但現在拒付貨款的不合法性，多找些法條盧盧看。」

「我可是專業律師辦案，什麼盧盧看，這涉及毀謗罪，可依民法第一九五條請求精神賠償喔。」

「好嘛，算我沒說，不過這次我有幫上忙，你得支付顧問費，請我吃大餐。」

「沒問題，等我下次回家，可以嗎？金光黨。」致翰的心中滿滿的期待。

　　大概是致翰的話奏效，之後宥晴盡量不去品佳跟賴先生碰面，也因為她將進口的業務處理得很順利，所以好一陣子都先相安無事，也就漸漸淡忘賴先生的怪異。

　　不過由於最近要跟日本廠討論共同開發鋸骨機一事，宥晴必須

到公司去跟賴先生開會討論，一到辦公室，很奇怪的，賴先生夫婦都不在，只有會計陳小姐在。

「陳小姐，我跟賴先生約好了，他還沒來嗎？」

「昨天下午他們夫婦大吵，還大打出手，所以二人可能還在休息中。」陳小姐一派輕鬆的說。

「爲了什麼事大打出手，這麼嚴重？」宥晴大驚，覺得很不可思議。

「他們經常這樣，爲了工作、小孩，甚至一些芝麻小事都能吵，昨天是因爲剛得知去年一位業務離職後，自己創業，還跟日本廠進口同型的鋸骨機跟我們搶生意，夫妻就爲了這件事吵架，最後還打起來。」陳小姐敘述事情始末。

「遇到戰前倒戈的叛將，眞的會很生氣，不過他們也不必爲此吵架啊。」宥晴不解。

「因爲那位業務是賴太太的遠房表親，所以遷怒於她吧。」

「這實在太扯了，錯的是那位業務，怎可遷怒他太太。」

「員工爲何會背叛，該自我檢討，他怎麼對人，人家就怎麼回報他。」陳小姐越說越氣，不過這時後賴先生走進辦公室了。

「王小姐，妳來得正好，先幫我寫封Email給日本廠，要他別賣機器給從我這離職的那個業務，最氣人的是，他的公司名稱居然取名叫『勝品佳』，快把我給氣死了。」

賴先生一進辦公室就氣呼呼的。

「請您再考慮一下，這是你們二家廠商的恩怨，揭露給外國人知道不太妥當。」宥晴直覺這樣的處理方式很不妥。

「一定要這樣做，我要跟日本廠抗議施壓，才能給那個叛徒教

訓，妳照翻就好。」賴先生說的斬釘截鐵，毫無商討餘地。

「好。」宥晴看著他寫的那一張有如八點檔連續劇的原稿開始翻譯，越翻越奇怪，內容根本就是東家長、西家短的長舌婦才會投訴的事，翻完後宥晴根本不敢以自己的名義發信。

「為了慎重其事，我想由您具名發信比較有說服力，麻煩簽名。」

「我寫的內容有全部翻譯嗎？一句也不能遺漏。」他再三確認。

「那還要討論日本廠鋸骨機的事嗎？」

「等回信後，看他們怎麼說再決定。」

可能彼此的頻率實在差太多了，宥晴趕緊起身告辭，覺得這個賴先生實在太怪異了。

日本廠對於那封抗議信，回了個不承諾、不拒絕的官方說法，簡直大打太極拳，很符合日本的民族性，賴先生也莫可奈何，最後還是不了了之，跟日方約了來台討論共同開發鋸骨機的時間。當天賴先生和宥晴到飯店接日方代表、負責研發的渡邊先生，三人驅車前往中央市場，勘查鋸骨機用戶的使用狀況。一行人來到傳統市場的肉品區，一股血腥味直衝腦門，穿著一身白套裝的宥晴邊走邊膽顫心驚，就在此時突然從肉品攤內流出一條條血水，大家只得趕緊逃離血腥之地，回到公司討論研發新機器事宜。

由於渡邊先生的英文不是很流利，所以整個討論是以英文、肢體語言外加中文筆談進行。

「妳跟他說，台灣羊肉爐很盛行，目前他們的鋸骨機，無法鋸出所需的羊骨尺寸，要他們改一下。」賴先生交代宥晴討論重點。

「渡邊先生說這涉及改機器規格，需要一些時間更改及測試，可

能要到明年度。」

　宥晴跟渡邊先生溝通完後，再傳達給賴先生。

「這樣太久了，看能不能盡快在今年底完成，這件事已經拖了很久。」

「他說之前有大約跟您討論過，但是他們要求的條件我們不同意，這件事才不了了之。」

「現在是卡在哪裡？之前Email溝通得哩哩落落，我都搞混了。」賴先生不知是真糊塗還是裝迷糊。

「他說之前曾提出修改機器規格，必須承諾每年至少訂購十台，但是當時我們並不同意，所以他們的開發計畫就一直擱置。」

「對啦，之前我沒有全力去推鋸羊骨的機器所以沒答應，可是現在我已經有接到幾台確定的訂單了，現在可以答應他年訂量。」賴先生釋放出善意。

「太好了，渡邊先生承諾返日後會盡速完成新機器開發。」

　討論結束後，招待渡邊先生吃中餐，之後送他回飯店，回程的路上，在賴先生車上時宥晴顯得很緊張，因為單獨跟賴先生在車上。

「王小姐，今天真的謝謝妳，幫我很多，以後誰娶到妳真的是莫大福氣。」聽起來賴先生今天心情很好。

「您過獎了，這是我應該做的。」宥晴心裡隱隱發毛。

「妳條件這麼好，怎麼沒沒嫁？有沒有男朋友，女人青春有限，要趕快嫁，再晚就嫁不掉了。」賴先生開始發揮東家長、西家短的長舌本質。

「私領域的問題跟我的工作無關，謝謝您的關心。」宥晴突然有

種被騷擾的感覺。

接下來對於賴先生沒營養的話題，宥晴除了禮貌的回應，盡量減少答腔，希望盡速結束話題。

品佳的生意很好，在國內的市占率頗高，機械進口的數量也越來越多，賴先生不曉得去哪裡聽來的旁門左道，居然動起節稅的腦筋，打電話要求宥晴試試看。

「王小姐，我聽朋友說進口時可以壓低價格，就能節省進口稅，怎麼做妳知道嗎？」

「這種進口方式是以貨價低報（undervalue）進行，不過這有些難度，首先我們必須取得國外各供應廠的同意，答應配合才行。」

「那妳就寫信跟他們溝通，請他們配合。」

「不過根據我以前的經驗，歐洲廠因為會計制度嚴謹，通常不願配合，因為這樣他們的帳務會有問題。」

「妳先試試看，時機歹歹，能省則省。」

「其實這樣，並不會節稅。例如貨價低報三成，食品機械的進口關稅才3%，省不了多少稅，在出售後淨利反而虛增不少，年底的營利事業所得稅是25%，這樣一來，不能節稅，反而要多繳稅。」

「是喔，那不就偷雞不著蝕把米？」

「沒錯，而且現在海關的稽查制度完善，一旦被查到貨價低報，除了會罰鍰之外，貨物還會被沒收。」宥晴提出可能的風險，想阻止他從事不合法進口的行為。

「這麼嚴重，還好沒做，否則這下代誌大條了。」賴先生顯然嚇

到了。

「之前我還有一次無心之過的經驗，出口時因為貨物有買主的商標，因為不知道要跟買方索取『商標使用授權書』，結果剛好抽到C3被驗貨查到，不但被罰鍰還被列入『海關黑名單』。」宥晴想用實際案例來嚇阻賴先生。

「被列入海關黑名單會有什麼後果？」賴先生丈二金剛摸不著頭緒。

「就是每次進出口通關時，自動跳C3，也就是貨物應審應驗，為期一年。」宥晴再說得更詳細，讓他徹底死心。

「應審應驗不就是要開箱驗貨嗎？如果是機械很容易損壞呢，之前有一批貨抽到C3，箱子被撬開，驗完後沒釘牢，結果運到公司，機器有輕微損害，很麻煩。」賴先生憶及過往不愉快的經驗。

「所以為了避免引起更大風險考量，盡量還是要合法行事，免得因小失大、得不償失。」

「對對！妳書念得多，果然懂得多，真是女狀元，不像我是沒念什麼書沒麼墨水，經常被人看輕。」看得出來賴先生對於自己學歷不高這件事頗為介意。

「快別這麼說，『聞道有先後、術業有專攻』您事業做得成功，這就是很令人看重的才華。」

宥晴成功地阻止賴先生異想天開的提議，不覺輕鬆起來，在一次次的危機處理中，讓她越來越肯定自己，也更喜歡國際貿易的工作。

變調的樂章　嘎然而止

　　時序進入夏天，爲了因應即將到來的中元節跟中秋節，賴先生跟芬蘭訂了切肉片機及日本的大型鋸骨機，將陸陸續續在這個月內抵達台灣。

「王小姐，日本的鋸骨機會準時抵達吧？客戶已經在催了。」賴先生問道。

「沒問題，預訂到達日期（E.T.A.）是這星期四，我已經向報關行確認過，船會準時抵達。」

「對了，保險有保了嗎？」上次的教訓讓賴先生將保險視爲第一要務。

「當然！我保了ICC（A）A條款的險種，承保範圍最大，請放心。」

　　日本進口三台大型的鋸骨機終於如期抵達港口，報關行完成了清關手續後，安排貨車要將機器送到品佳的倉庫，途中經過高速公路下的高架橋時，由於機械高度過高，撞上橋墩，其中一台機器撞壞了，接獲消息的賴先生氣極敗壞，宥晴更是忙著處理善後。

「奈攔安ㄋㄟ？二個月遇上二次機器損壞，我怎麼那麼衰。」賴先生氣得七竅生煙。

「我已經連絡公證行來做損壞評估的公證報告，等一下我會連絡保險公司進行理賠後續工作。」爲了讓賴先生息怒，宥晴盡可能加速處理善後的腳步。

「妳趕緊連絡日本廠，盡速再出一台給我們，還好這次有保險，否則又要賠錢了。」

賴先生情緒總算緩和下來了。

　　宥晴跟保險公司連絡後，心涼了半截，看來這批貨的損壞是沒辦法獲得理賠，只得硬著頭皮打電話給賴先生。

　　「賴先生，日本這一批貨保險只保主航程，並未加保二端的內陸運輸，這次損毀的地點在進口地的內陸運輸當中，所以沒辦法獲得理賠。」宥晴據實以告。

　　「什麼，都已經保險了，還不理賠，保險公司是吸血鬼啊，光會收錢，遇上理賠就推得一乾二淨。」賴先生以震耳欲聾的音量，大聲嚷嚷。

　　「不是這樣的，我們沒有加保內陸運輸險，所以無法獲得理賠。」宥晴耐著性子，盡量解釋。

　　「那妳怎麼沒加保？」

　　「很抱歉，我是依循之前加保的習慣，所以……」宥晴還沒解釋完竟被打斷。

　　「妳不是很厲害，都讀到碩士，居然連這麼簡單的事都沒想到，還給我領著麼高的薪水。」賴先生越發不可理喻，大聲訓斥宥晴。

　　「賴先生，很抱歉，因為我沒有進口經驗，所以一些細節沒有考慮很周詳，我會改進，但是我並未跟貴公司拿很高的酬勞。」宥晴也生氣了。

　　「每個月光是寫幾封信，也沒在公司上班，還給我領那些錢，還不夠高嗎？」賴先生開始盧個不停。

　　「您太激動了，需要冷靜一下，我們下次再談好了。」秀才遇見兵，有理講不清，於是宥晴先掛電話，不想再跟他扯下去。

因爲保險的事，在電話上起衝突後，對於這種人格異常的人，宥晴這一陣子暫時不想跟賴先生電話連絡，所有的該處理的事都透過Email，避免他情緒再次失控，也希望他藉著時間平靜自己的情緒。沒想到他又像個長舌婦似的去跟合興的陳廠長嚼舌根，讓陳廠長不得不打電話給宥晴關切一下。

「王小姐，我想賴先生可能讓妳很困擾，實在眞歹勢！」陳廠長一打電話來就語帶抱歉地說。

「賴先生說了些麼嗎？」宥晴很不解賴先生的舉動。

「我了解他的個性，因爲成長過程辛苦，所以個性有點極端，容易激動，其實他心地不錯，請別見怪。」陳廠長避重就輕地說。

「請別擔心，其實整個事件只是溝通不良，沒有絕對的誰是誰非，只是立場不同，賴先生很情緒化，這點比較難以招架。」宥晴也老實說出她的苦惱。

「他的個性的確極端，表面斯文有禮，一旦抓狂起來就六親不認，經常會動手打人，所以老婆小孩都跟他不親，家庭不和睦。」陳廠長忍不住說出賴先生的眞實狀況。

「其實我早就發覺他的言行有些怪異，但沒想到他情緒這麼極端，以後跟他說話可能要注意一些，免得刺激他。」這下連宥晴也覺得他是危險人物。

「他學歷不高，自卑心重，常怕別人看不起他，所以個性才會像刺蝟。」

「謝謝您告訴我這些事情，以後跟他溝通時會更加小心注意。」

　　宥晴漸漸明白，每個人的所呈現表象，通常來自內心的渴望，每個人都像一本書，不能只看封面標題，應該細讀內容才能了

解，只是現代人繁忙，很少有時間對人觀察入微，因此人與人之間的誤會及疏離，也就這樣產生了。

「賴先生，日本廠已經將鋸骨機裝船了，四天後會到達，保險都已經處理好了。」宥晴想藉著報告業務的處理進度，打開她跟賴先生的僵局。

「好，謝謝妳。另外那一台損壞的鋸骨機，我有辦法修，所以也不必運回日本修，損失應該不會太大。」

「那太好了，只不過修過的機器，賣得出去嗎？」

「我打算留下來自己使用，上一次去台北看食品展，台灣的肉品加工業，做得很不錯，我打算也成立一家食品加工廠。」

「這個主意很好，反正這些加工機械您都很熟悉，企業要多元化經營，才能更具競爭力。」

「是啊，而且我有二個兒子，這二家公司，以後他們兄弟一人繼承一家，才不會吵架。」

其實賴先生跟台灣其它的父母一樣，都很疼惜自己的子女，只是用的方式不一樣而已。

宥晴逐漸找到跟賴先生相處的方法，只是他仍然像一顆隨時會爆炸的地雷，跟他相處必須小心翼翼，以免誤觸被炸得體無完膚。

而合興機械的業務也逐漸轉交由第二代吳信傑負責，不過吳先生打電話給宥晴，要她有空回工廠一趟，似乎運作得不太順利，於是這天宥晴在品佳開會結束後，順道驅車前往合興。

「宥晴，怎麼有空來呢？」信傑一看到宥晴，驚喜不已。

「我來驗收成果，看你有沒有好好經營外銷部。」

「機械廠因為之前老爸打下穩固的基礎，所以沒什麼大問題，護具廠就很有問題了。」信傑終於找到可以討論對象，於是滔滔不絕說起來。

「護具廠出了麼問題？」

「因為剛開始，產品賣給貿易商，由一位劉小姐負責接洽，她也不太有經驗，經常被貿易商牽著鼻子走。」

「有些不肖的貿易商的確會欺生，發生什麼問題嗎？」

「他們亂殺價不說，還看準我們不熟國際貿易就亂扣貨款，像上次交易條件是FOR，居然還在給我們的貨款中扣報關費用。」

「厲害喔，你居然知道FOR條件的報關費應該由貿易商支付的。」

「還不是被他們逼的，我問有經驗的朋友，外加看書硬學的。」

「怎麼不來問我？」

「妳那麼忙，我不好意思老是麻煩妳，所以……」

「千萬不要那麼客氣，以後有問題儘管問我。」

「最近出給一家初次合作的貿易商，結果居然被倒了，人也跑了。」

「初次交易，你沒要求要出貨前付款嗎？」

「這是劉小姐接的生意，對方說他們公司慣用的付款方式是出貨後14天期票，我想金額不高，所以就答應劉小姐接單。」

「過程有何怪異之處嗎？」

「除了付款條件外，其實對方不殺價，也不必出貨樣確認，算是隨和的好客戶。」

「你們遇上詐騙集團了，他用隨和、不拘小節來鬆懈你們的戒心。」

「唯一比較怪異的是，送貨地點是一處民宅，貨出之後，劉小姐要跟他請款，就找不到人了。」

「以後初次交易的貿易商，最好要先到經濟部國貿局的網站，查看該公司是否有登記，如果新成立不久的公司也要注意。」宥晴一一叮嚀。

「妳懂得真多，以後遇到不尋常的情況一定先找妳商量。」

「OK，一言為定。」

秋天到了，各工廠多數也進入淡季，品佳的芬蘭供應商周年慶，來函邀請賴先生夫婦參加慶祝酒會，宥晴勢必也要跟著去，她喜憂參半，喜的是沒去過北歐，剛好可去看看，憂的是要跟二個頻率不同的人一起度過那麼多天，風險指數破表。這下子不知道會發生啥事，性急的賴先生，迫不急待的打電話來跟宥晴喬出訪的日期。

「王小姐，到芬蘭廠拜訪的行程，麻煩妳安排一下，大概需要十天的時間。」

「十天？為什麼要去那麼多天。」

「我三年前去拜訪過一次，除參觀他們工廠之外，老闆還會安排我們參觀當地使用者的使用狀況，最後開船帶我們去玩。」賴先生頗為驕傲地說出他預計的行程。

「您跟賴太太都出國，這十天公司唱空城計可以嗎？」

「我太太不去，他要留守及帶小孩，就妳跟我去。」

「可是我最近工作很多，可能無法出國那麼久……」宥晴嚇死了，想趕緊找理由，看能不能不跟他去芬蘭。

「奇怪了，妳不想跟我去對不對？這機會別人求之不得呢。」賴

先生突然大聲起來。

「真的是因為我其他工作很忙，而且賴太太沒去，我覺得不太方便……」

「什麼不方便，妳跟合興的吳老闆就可以一起出國去，大學畢業妳才看得起嗎？」賴先生在電話那一端用力咆哮。

「請您冷靜一點，有話好說，不必這麼激動。」宥晴也動氣了。

「我那有激動，明明就是你看不起我這書讀不多的大老粗，妳有什麼了不起……」賴先生邊說還邊拍桌，整個人已經抓狂了。

「我無法跟你溝通。」宥晴氣到不知如何說，只好掛電話。

　　職場即是道場，近年來的歷練，讓宥晴待人接物進退合宜，不過今天卻徹底破功。經過這一番激烈的口角，她更堅信這種人絕不能跟他出國，否則不可預期的狀況會很多，而且她決定要辭了這個工作，跟一個無法溝通之人共事太痛苦了，自己的情緒會跟隨著這樣的人不斷地波動，於是寫了封辭職的Email，請賴先生盡速找人來交接，並向他承諾，一定會等到找到人交接再離開。

　　儘管賴先生事後請合興的陳廠長來當說客，想挽留宥晴，但她心意已決，迫不得已，只好再應徵新人，終於找到了一位經驗不多的年輕女業務到任，宥晴去品佳辦理業務移交，一進公司又聽到賴先生又在大放厥詞對新人說。

「如果妳能力好，我可以支付雙倍的薪資給妳……」

　　辦完交接，走出品佳，帶著複雜的情緒回家，這個第一個她在最短的時間放棄的案子，一方面感覺很挫敗，但一方面又有逃離劫難的輕鬆，不過她仍很珍惜學習到的寶貴經驗。

尋找禮品業的春天

　　一大早宥晴的手機就有好幾個未接來電，其中有一個陌生的號碼連撥了三次，看來是非常緊急的樣子，於是她趕緊回電。

「您好，我是王宥晴，請問是您找我？」

「王小姐，我是之前在百程的會計林小姐，生產汽車排檔鎖的，還記得我嗎？」

「林小姐，我當然記得您啊，最近好嗎？」宥晴很驚喜接到熟識友人的電話。

「百程倒閉後我就到現在這家公司上班，生產馬口鐵製品，最近老闆想拓展外銷市場，想找人幫忙，我馬上想到妳，妳現在還接這類的工作嗎？」

「有啊，現在又接了好幾家外銷公司，謝謝您還會想到我。」

「對了，先跟妳說一個大八卦，百程倒閉後，自行創業的黃廠長最近也聽說要關廠大吉，眞是太快人心。」林小姐顯然很高興黃廠長的失敗。

「怎麼了？」這一下又令宥晴回想起那段不愉快的記憶。

「妳沒幫他做外銷後，那位哥倫比亞客人不久也沒再下單給他。」

「我其實蠻後悔，把哥倫比亞那筆生意給他做，他不但過河拆橋，而且現實無情。」宥晴一說起他就有氣。

「我那時候不就提醒過妳，他這個人城府深，一肚子壞水，絕不是個好的合作對象，吃虧了吧。」

「這是我識人不清的代價，做人做事還是要憑良心，如果心術不正，企業當然難以爲繼，算是現世報吧。」宥晴終於有種撥雲見日，大快人心的感覺。

「他對待員工及下游廠商都很苛刻，跟之前在百程揮霍公司資源的樣子判若二人，嚴先生太信任他了，讓他權力在握且無限上綱。」

「難怪之前開會時，都是他在發言，剛開始我還錯認他可能是大股東呢。」

「妳還記得之前哥倫比亞客戶來參觀，曾提起我們的庫存管理不佳，堆積太多庫存成品跟零配件，有些都已經斑駁生鏽嗎？告訴妳，這些都是拜他跟下游供應商勾結之賜，他拿的回扣可能多過本薪好幾倍。」

「這個人怎麼這麼差勁，我真是豬頭，還幫他，真是助紂為虐。」

二人一下子同仇敵愾、惺惺相惜聊開了，講了好一陣子，林小姐才驚覺忘了談找宥晴的真正目地。

「王小姐，差點忘記剛才說的，我們公司外銷拓展的事。」

「對耶，聊到黃廠長情緒一整個失控。貴公司外銷拓展的事，我明天去找您，評估看看是否可行，如何進行等細節。」

「先謝謝喔，我等一下會先將公司資料Email過去給妳參考。」

「那是最好不過了，明天見。」

前一晚看了一下林小姐給的資料，發覺這個產品要做直接外銷可能很難，不過宥晴還是決定親自走一趟，分析不適合直接外銷的原因。

「王小姐，這位是黃總，我老闆。」林小姐介紹了他的老闆和宥晴認識。

「黃總您好，我是王宥晴，很高興認識您。」宥晴邊自我介紹邊

遞名片。

「聽林小姐說妳都在幫工廠推廣外銷，而且做得很好，所以想請妳來幫忙，看能不能將我們的產品也賣到國外。」

「昨晚我有大約看一下貴公司的產品，很抱歉要跟您老實說，這產品要直接外銷難度會比較高。」

「怎麼會？因為外銷雜誌的專員頻頻拜訪，大力推薦一定要做外銷，所以我開始刊登廣告，為什麼妳反而不看好？」黃總明顯很失望。

「廣告業務為了要招攬業績，通常會淨說好處，少說實話，請問您於雜誌刊登廣告後，覺得效果如何？」

「沒什麼效果，也沒什麼人來問，我還在納悶怎麼會這樣。」

「貴公司的馬口鐵產品，最主要是做成各式各樣的鐵罐，算是一種包裝，並不是終端成品，會比較難推廣。」

「可是每個產品不是都需要包裝，況且外銷產品都很注重包裝，怎麼會難推廣？」

「馬口鐵罐體積大，如果裏面沒放產品，只賣鐵罐，單是運費就划不來。」

「妳的意思是，我這個產品要外銷希望不大？」

「也不盡然沒希望，不過可能要多一些時間策劃。」

「怎麼策劃？麻煩妳解釋一下。」

「如果要現有的鐵罐外銷，只能找內容物產品工廠一起搭配，像是茶葉、香精、筆、眼鏡、手錶等產品都還蠻適合用鐵罐包裝。」

「這部分目前已經有這樣做，只是都將鐵罐當包材賣給這些工廠，感覺不是自己做外銷，我比較想要自己作外銷。」

「如果要自己作外銷，那麼就要改造產品，讓它變成成品而不只是包裝材料而已。」

「這個我有興趣，只是該怎麼個改造法？」

「例如您可以將馬口鐵做成禮品，像是筆筒、存錢筒、手提箱、CD盒、杯墊、面紙盒、煙灰盤，這些產品就算是成品，就可直接外銷。」

「妳的建議很好，不過開發這些產品，必須增加生產線，得從長計議，真謝謝妳。」

「的確需要花一些時間全盤考量，以後有什麼問題，我可幫上忙的話，請別客氣，隨時跟我聯絡。」

這個工作讓宥晴經驗豐富，透過各種面向也更能分析產業，讓她的專業功力更上層樓；加上人緣好、個性討喜，讓她擁有豐沛的人脈資源，不虞匱乏的工作來源。

雖然沒接成馬口鐵罐的案子，但熱心的林小姐又介紹了她熟識的廠商給宥晴，也是生產文具禮品的廣仕，以生產存錢筒（Saving bank）、收銀箱（Cash box）為主，也是從接貿易商訂單的間接貿易轉為直接貿易。國貿人員總是來了又走，老是請不到穩定的專業人員，老闆鄭先生一看就是個殷實的企業主，頗有文人氣息，讓宥晴毫不考慮就接下這個案子，到工廠檢視之前往來文件時，才發覺人員不固定，產生很多漏失。

「王小姐，這是之前往來的文件，妳看看還需要提供什麼資料給妳。」鄭先生溫文有禮，非常客氣。

「鄭先生，我大概看了一下，發覺之前檔案管理不是很順，因為許多來文跟回文都兜不上，這樣來接任的人會摸不著頭緒很辛

苦。」宥晴邊看檔案，一邊擔心，不知如何著手整理。

「就是因為這樣，來的人都做不久又走了，整個聯絡過程斷斷續續，我英文又不行，所以很頭痛。」鄭先生顯然對於沒人才可推廣外銷也很頭痛。

「很多中小企業都面臨找不到國貿人員的窘境，真不知道每年畢業那麼多的國貿科系的學生都去哪裡了。」宥晴也是百思不得其解。

「我每次刊登求才廣告，登了好久，都沒人來應徵。我的要求很簡單，大學畢業，英文聽、說、讀、寫流利。」鄭先生一臉無奈。

「問題大概就出在這裡，現在畢業的大學生，不一定是英文聽、說、讀、寫流利，所以當他們看到這條件，就不敢來了。」

「這我倒沒想過，現在的年輕人也太沒自信了，這樣就不敢來應徵，台灣未來前途堪慮啊，這些沒用的年輕人。」

「其實下次您不妨改個應徵廣告詞，如果是『大學業，諳英文』，看能不能找到人。」

宥晴文學造詣頗好，獻上一計。

「用『諳英文』有效嗎？」

「這個說詞比較沒有『聽、說、讀、寫流利』那麼直接，不會把人給嚇跑，先吸引一些其實英文還可以，但對自己沒自信的人來應徵，開始工作後，稍微訓練一下，應該很快就可上手。」宥晴頗懂得年輕菜鳥的心境。

「下次我再來試試看好了，現在先請妳幫我解決眼前的困境。」

「沒問題，我先將所有的檔案都看過，整理好，我們再討論如何進行下一步。」

宥晴開始聚精會神，專心地整理資料。

經過大半天的整理，終於理出大約的頭緒，目前首要處理的是即將要出給美國客戶D.T.的一個20呎櫃的收銀箱，因為這筆交易是以信用狀為付款條件，所以宥晴找來信用狀，看看內容條文有無不妥之處。

「鄭先生，美國客戶派人來驗貨了嗎？」

「我怎麼不知道要驗貨？之前的國貿業務沒跟我說要驗貨，妳怎麼知道的？」

「我是從信用狀上得知的，在條款46A應備文件的第四項，要求我方押匯時要出具由他們開立的驗貨證明書（Inspection Certificate）。」

「這下糟了，貨就要出了他們哪有時間驗貨，根本來不及，沒有驗貨證明書會怎樣？」鄭先生非常著急。

「既然它是信用狀要求的必備文件，押匯時就一定要附上，否則可是重大瑕疵，如果扣瑕疵費或利息那還好，最嚴重有可能對方會拒付貨款，那就麻煩了。」

「糟糕，真是被之前那位業務害慘了。」

「其實這是非常高階的國貿專業知識，一般經驗不多或沒經歷過的人根本不會知道，如果要怪的話，應該要怪您的銀行，因為現在的銀行在通知客戶領信用狀前，都會先大約看一下內容。像這樣的問題，資深的行員會提醒您條款的風險性。」

「我應該要打電話給那個外匯部的行員好好罵他一頓，這麼差勁的服務，這下如果害我拿不到貨款，以後不跟這家銀行往來了。」鄭先生帶氣地罵著。

「現在怪他也沒用，我先來想辦法解決，這批貨一定要出嗎？如果留下來賣給其他人可以嗎？」

「沒辦法，這批貨品上都有客戶授權的商標，不出給他，就要作廢，所以一定要出貨。」

「好，那我趕緊跟美國D.T.催催看檢驗證明書是要如何處理，貨可能要先出，因為最遲裝船期限是這個星期五，如果沒趕上星期三結關，就會變成晚裝船，也會造成文件瑕疵。」

「這筆交易價值美金四萬元，好不容易接到一張大單，現在卻出現這種狀況，運氣真差。」鄭先生愁容滿面。

「先別擔心，我剛剛google了一下這個買主，算是大公司，應該不會在信用狀上故意設陷阱，一定有方法可以解決。」宥晴頻頻安慰鄭先生。

「這貨品上有買方的商標，D.T.有沒有給商標授權書？」宥晴突然想起。

「有，之前他就主動將商標授權書給我們了。」

「那太好了，可見D.T.應該對進口貨品很有經驗，相信這次不會有事。」宥晴心中湧起很好的預感。

「禮」來我往　過關斬將

這幾天宥晴卯足全力處理廣仕出美國D.T.的這批貨，結關在即，卻一直等不到客戶對於檢驗證明的回覆，鄭先生很慌，一直打電話來問宥晴應不應該出貨？此時她也覺得非常為難，出了貨，萬一拿不到檢驗證明書，信用狀押匯勢必有被拒付的可能，不出貨的話，這批貨也無法轉賣，這時候宥晴閉起眼睛，深深吸一口氣，想了一下還是覺得出貨的勝算會比較大，於是打電話給

鄭先生。

「鄭先生，美國D.T.那批貨，我評估了一下，覺得應該要出貨比較好，它是大公司，不太可能做一些旁門左道的事，出貨我們有一半的機率可收到貨款，如果不出，這批貨就完全損失了，您覺得如何？」宥晴仔細分析利弊。

「妳說得沒錯，現在頭都洗了，不剃行嗎？只好跟它賭了。」鄭先生壯士斷腕做了決定。

「那我馬上就去處理船務報關的後續，我有預感，應該可以順利出貨押匯，請放心。」宥晴立即安排貨櫃裝船出口，另外也持續催美國客戶，請對方協助解決檢驗證明書一事，那幾天過得膽顫心驚，最後終於在裝船的第五天，美國D.T.傳來一只檢驗證明書，讓廣仕順利押匯，取得貨款，大家終於鬆了一口氣。

　事後宥晴針對此事做了一番調查，問了銀行及其他相關單位才知道，自從911事件發生後，大型採購商或是進口商對於進口貨物，多數會要求驗貨，不管是派人或是請公證行執行，已經成為一個必要的程序，於是宥晴轉告鄭先生，之後出口美國貨物一定要先問客戶是否要驗貨，以哪種方式驗貨，免得像這次出貨雖然最後還是順利完成，但過程令人擔心。

「王小姐，今天公司接到一張英國寄來的支票，還有一封信，不知要做什麼用，我先把信傳給妳看看。」鄭先生隨即傳真信給宥晴。

「信上面是說，附上面額五千美金支票，請我們出給他等值的樣品，這家公司之前有連絡過嗎？」

「沒有啊，是第一次聯絡，怎麼連詢價步驟都省略了，直接就下

單了，真奇怪。」

「這可能有問題，麻煩您先將支票拿去銀行代收看看，貨款入帳後，我們才出貨，我會先寫封Email告訴客戶。」

「我請會計馬上拿去銀行代收，看情況如何再跟妳連絡。」

結果不久，鄭先生馬上又打電話給宥晴。

「王小姐，銀行說這張是私人支票，一般他們不收，不過如果我們想託收看看，他會接受，不過託收時間可能要一、二個月，所以我想算了。」

「這支票也可能是偽造假支票，國際詐騙集團會用的手法，放棄也好，免得冒險又浪費時間。」

天下事無奇不有，宥晴心想哪有這麼好做的生意？天上掉下來的，不會是禮物，只會是鳥屎。

為了要參加每年一度的「台北國際文具禮品展」鄭先生卯足了勁做準備，更開發了新產品，在展覽前夕，宥晴到廣仕跟鄭先生進行展前討論。

「王小姐，這些都是這次參展預計展出的展品。」鄭先生準備了很豐富的展品。

「這個像本精裝書的產品，看起來很特別，用途是什麼？」宥晴看到一個有別於其它的產品，相當特別。

「妳觀察力很好，一眼就看上了最新開發的產品，這是個保險箱，外表做成精裝書的樣子，放在書櫃有偽裝的功能。」

「這個產品很讚，您真的很厲害，將收銀箱改造成保險箱，這次在展場必定大受歡迎。」

「我沒那麼厲害，這個是德國客戶給我的idea，我開發了好一段

時間才完成。」

「客戶沒給圖或樣品，光給您一個構想，就可以將概念商品化，真不簡單。」

「妳不知道現在的國外客戶選擇多，所以變得格外挑剔，供應商不能再只是看圖或依原樣進行估價、打樣，否則很快就被淘汰了。」

「難怪您在這個產業占有一席之地，原來有這麼領先的見識。」

「這個行業算冷門產業，這幾年來更是面臨大陸激烈的競爭，如果沒兩把刷子，如何有別於大陸製的產品。」

「說的也是，這正是貴公司的核心競爭能力，無可取代外銷的利器。」

「台北的國際文具禮品展已經沒落了，早期春秋兩季的展覽我都會參加，近年來的效果越來越差，所以只參加春季，希望這個新產品可引起國外客戶的關注。」鄭先生語重心長的說。

「除了台北展，您還參加哪些國際展？」

「台北展曾經是亞洲第一大文具禮品展，但現在已經被香港展取代，所以三年前我開始參加香港展及德國的法蘭克福展。」

「這樣很好，您有先見之明，先到國外參展。」

「早點認識妳就好了，這幾年國外展我都在當地找展場翻譯，第一年真的很慘，找的翻譯哩哩落落，第二年就好多了，後來我都跟她們固定配合。」

「這樣很棒啊，合作久了雙方的默契自然就更好，費用也更精簡。」

「我一直希望能夠找固定的國貿人員一起出去參展，這樣跟外國客互動會更好，不過就是一直找不到。」

「會啦，總有一天您會找到的。」

　　台北國際文具禮品展開展了，據鄭先生說，人潮有越來越少的**趨勢**，不過廣仕已經參加此展多年，還是有累積一些客源，因此訪客算是不錯，新開發的保險箱果然引起了國外客戶的注意，紛紛詢問產品的相關訊息，令鄭先生相當興奮。

　　由於剛開始合作，二人的默契稍嫌不足，剛開始宥晴跟客人溝通時採逐步翻譯，鄭先生總是在一旁頻頻回答：「Yes」似乎都清楚英文對話內容，讓宥晴誤以為鄭先生都懂她與外國客戶的對話內容，所以後來，她都省略翻譯，所以洽談過程非常順利且具效率，過了一上午，下午德國客戶問了好些問題之後，鄭先生終於忍不住了。

　　「剛才德國客戶都問些什麼？我聽得霧煞煞。」鄭先生有點不好意思地說。

　　「我看您頻頻點頭說Yes，以為您都知道我們的對談內容，所以就沒有翻譯，真是抱歉。」宥晴為自己的大意深感抱歉。

　　「因為我只會說Yes啊，呵呵呵，我的英文很不好，雖然一直在進修，但或許是年紀大了，記憶力差，往往是一目十行，過目即忘。」

　　「哈哈，您還真幽默呢，您還年輕，一定可以學好，不過也幸好您沒學好英文，否則我可能要失業了。」

　　「會說英文是做貿易的基本功，每次出國參展，總感受到有口難言的窘境，進而下定決心要找個家教好好學英文。」

　　「結果呢？」

　　「唉，君子立恆志，小人恆立志，我是小人啦！每次回國後就把

在國外立下的決心拋諸腦後，呵呵呵。」幽默的鄭先生，自我解嘲。

「對了，保險箱果然一鳴驚人，效果非常好，看來這次展覽要靠它吸引客人。」

「是啊，沒想到有興趣的人那麼多，這次看能不能多接幾張訂單。」鄭先生笑得合不攏嘴。

「不過這個設計是屬於德國客戶的，他們會不會要求專賣，不得外售其他人。」

「當初開發時，就談好了，德國只能賣給他們，至於其他國家我們可以自由賣，因為模具是我們開發，所以沒問題。」鄭先生考慮周詳。

「鄭先生果然很在行，深謀遠慮，將後續可能會發生的情況都一併考慮到位，不簡單。」宥晴很開心從鄭先生身上又學到了幾招。

「沒什麼啦，學費繳多了，就會從剛開始的跌跌撞撞練就一身功夫。」他眼神堅定，但語氣輕鬆的說。

第三天早上才開始展覽沒多久，貿協展場人員便到每個攤位發送邀請卡。

「這是剛才主辦單位拿來的邀請卡，晚上在展覽館二樓，舉辦買主之夜（Buyer's Night）。」宥晴拿出邀請卡給鄭先生。

「以往我都沒參加，展覽結束後都累了，只想回飯店休息。」鄭先生顯得意興闌珊。

「可是這也是展覽的一部分，最好參加。您要參加嗎？」

「只是去吃一頓，了無新意，有些人還像餓虎搶食般，看了就不

舒服。」

「那只是少數人欠缺用餐禮儀，之前我在新加坡展因參加買主之夜而找到客戶呢。」

「真的，那今晚就聽妳的，我們一起去參加。」

　　展覽在六點結束，鄭先生跟宥晴隨即上二樓準備參加6：30舉行的買主之夜，一到二樓就看見等待進場的人排成一條長長的人龍，大家引頸企盼，大門開啟後眾人湧進，主辦單位隨即開幕致詞，不過眾人飢腸轆轆，似乎無心聽講，只覷覦著吧檯上的食物，等大會宣布餐會開始，便蜂擁而上，宥晴也看傻了眼。

「妳看吧，大家搶食的樣子實在難看，妳看那個人端了整盤的蝦子，真歹款，會讓外國人看笑話。」鄭先生不禁搖頭嘆道。

「可能是文化不同，國外的買主之夜，用餐前會先來個酒會，讓買賣雙方藉著品酒、聊天先暖身，接下來再進餐，就會從容許多，不會像這樣場面失控。」

「是啊，也可讓那些單純是來混進來吃飯的人知難而退，妳看這種氛圍，外國客戶哪會來。」鄭先生不禁嘆道。

「別失望，您看那位不是德國的Paul嗎？」宥晴眼尖看到德國客戶也來參加，馬上跟鄭先生向前打找招呼，三個人找了地方坐下來聊起來。宥晴更是發揮了她獨特接待外國客戶的專業功力，Paul跟鄭先生經由宥晴居間翻譯，互動非常好，三個人笑聲不斷，這個買主之夜算是個有收穫的快樂夜晚。

　　就在餐會快結束時，宥晴突然聽到有人叫她的名字。

「王宥晴，你怎麼會在這裡？」一位瘦小臉尖的男性走到宥晴的

面前。

「請問你是……」宥晴一下子認不出眼前的這個人。

「我是小周，妳的國中同學，看妳貴人多忘事。」

「你是周榮昭？光線太暗，一下子沒認出來，很抱歉。」

「我聽其他同學說你做貿易做得很不錯，給我一張名片，我改天找妳，需要妳幫忙。」

「這是我的名片，請多多指教。」宥晴看著周榮昭遞過來的名片，公司是偉蒙，職銜是總經理，專門做自行車配件。

「我有事先離開，咱們再連絡。」

台灣引以為傲的風火輪　自行車業

台北國際文具禮品展回來後，宥晴一直忙著展後追蹤，聯絡國外客戶，新開發的保險箱果然一鳴驚人，贏得許多買主的青睞，詢問度之高前所未有，讓宥晴忙得好有成就感，正忙著當中，手機大剌剌地響起來了。

「王宥晴，我是妳國中同學小周，在忙嗎，方便聊一下嗎？」

「嗨，周老闆怎麼有空找我？你現在應該要忙著做展後追蹤，聯絡客戶才對。」宥晴接到老同學的電話，開心的抬起頭來。

「唉，我家的文具禮品，算是沒落了，這次效果極差，沒啥新客戶，不需花太多時間做展後追蹤。」小周一開口就唉聲嘆氣。

宥晴的國中同學周榮昭在家族企業工作，公司是專門生產文具禮品的製造商，早期都靠貿易商，近幾年來發覺微利時代只靠貿易商讓公司營業額每況愈下，才開始積極參展，因此這二年都有參加台北國際文具禮品展。

「你沒開發新的產品嗎？應該做得不錯吧，上次同學會，林致翰

說你開雙B名車耶。」宥晴消遣了一下年少得志的小周。

「同學會妳沒來，我聽林致翰說妳貿易做得很不錯，早就想找妳合作了。」

「我只是幫別人做貿易，那陣子剛好在國外，所以沒辦法參加。」

「這次在禮品展遇見妳，應該是老天爺安排的，妳一定要幫我，況且我們還是老同學。」小周猛拉關係，就怕宥晴會拒絕。

「你公司不是也請了國貿業務，為什麼還找我？」宥晴很不解。

「妳有所不知，我把他炒魷魚了，這次台北展我都快被他氣死了，不好好招呼國外客戶，只管把妹，其他廠商也看不下去，要我換個業務。」小周帶氣地說。

「這麼離譜。」聽得宥晴也為他義憤填膺起來。

「其實我忍他很久了，這個人能力不怎麼樣，只是會唬爛，業績做得不好，我還替他找藉口，說是因為文具禮品業沒落了，本來就不好做。」

「不錯嘛，很能夠正面思考，體諒人。」

「不過這次文具禮品展他讓我很感冒，決定長痛不如短痛才資遣他。」

「你還是太意氣用事了，應該找到繼任者再請他走。」

「我實在氣壞了，也沒多想，況且接下來我要轉做自行車配件，我不想再交給他處理。」

「你要轉自行車業？難怪，我上次看到你名片就覺得奇怪，印象中你家是做文具禮品。」宥晴恍然大悟。

「沒錯，而且新產品已經開發好了，我計畫去國外參展。」

「那你還敢辭了他，心臟真夠強耶，那誰要幫你去展場接待國外

客戶？」

「所以才要請妳幫忙，只要妳肯幫，我會讓妳賺大錢的。」小周誇下海口。

「拜託，你太誇張了吧。」宥晴不免損損老同學。

「別小看我，這次研發的產品是非常有潛力的太陽能車燈，很棒的產品。」

「全世界吹起環保節能風，太陽能的確很夯。」

「所以囉，只要你幫我，保證可以海撈一票，不是嗎？」

「我都跟客戶收取一定的服務費，哪會如你所說的海撈一票，又不是走私販毒。」

「妳的眼光太小了，固定的收費，妳很吃虧，我想採抽佣方式，妳才能賺更多。」小周說出他的想法。

「很抱歉，我不採抽佣方式，因為我的物質慾望不高，不需要賺太多錢。」宥晴一聽到抽佣方式，整個人不舒服起來。

「先別拒絕，妳考慮看看，我再找時間跟妳詳談整個計畫，妳一定會接受的。」小周很肯定。

「那就之後再說好了，再連絡囉。」宥晴採緩兵之計，她一點都不想重蹈覆轍，就這樣掛斷電話。

宥晴起了個大早，正專注整理事情時，聽見電話響了。原來是致翰的來電。

「大律師，怎麼一早就打電話來了。」

「查勤啊，看妳有沒有夜不歸營。」

「鬼扯，本大小姐要夜不歸營，還要你許可嗎？有冤情趕緊報，否則退堂。」宥晴最近迷上連續劇《包青天》。

「大人息怒，我是受人之託，咱們同學周榮昭要我來說服妳，接他的案子，他說妳沒多考慮就拒絕他。」

「所以你是來當說客？小周肯定請你去制服店喝酒看辣妹當報酬，對不對？從實招來。」宥晴忍不住逼問。

「我哪敢，妳很像我老婆耶，管我管得這麼嚴，整個醋缸都打翻了呢。」致翰不由得逗弄一下宥晴。

「胡說八道，誰是你老婆，別害我嫁不出去。」宥晴被說得有些不自在。

「放心，妳嫁不出去我一定負責，好不好？」致翰拐彎抹角地向宥晴表白。

「別胡扯了，你想要我幫小周嗎？」電話一旁的宥晴臉紅得趕緊轉移話題。

「正好相反，我想勸妳別淌這混水，小周這個人非常陰沉，況且『矮子矮一肚子拐』，他一臉尖嘴猴腮的小人相，不是妳這個大傻瓜可以應付的了的。」致翰對小周真的很感冒。

「你會看相？我跟他不熟，看來你跟他梁子結得很深。」宥晴很好奇致翰對小周的看法。

「國中時，他坐我旁邊，考試時經常看我的答案作弊，事後還大言不慚說自己有多厲害，最氣的是那次化學課，我們同組創作，明明是我的構思，最後卻被他偷走。」事隔多年，致翰還是很介意小周的小人之舉。

「我記得你們那一組創作得冠軍，小周代表領獎說是他的創作，光環全在他身上，你氣到中午摔便當。」宥晴回憶起國中時的往事。

「妳記憶力很好喔，這種人小時就這樣，長大應該也好不到哪裡

去，妳要小心。」致翰展現大律師的推斷論。

「放心，我本來就沒想要接他的案子，會拒絕的原因是他想採抽佣制，所以他是啥種人關我屁事。」

「王宥晴，注意妳的氣質，別把『屁』掛在口頭上，要當我老婆可不許這樣喔。」致翰逗著宥晴。

「你很煩耶，誰要當你老婆。屁啦，屁啦！」宥晴臉紅到耳根，趕緊掛電話。

接下來幾天，小周不斷打電話企圖說服宥晴，而她也用各式各樣的理由婉拒，就在某一天下午，小周突然到宥晴家拜訪。

「小周，你怎麼不事先打個電話來，萬一我不在家，你不就撲了個空？」宥晴很訝異他的突然造訪。

「我怕你躲我嘛，我真的很誠意拜託妳來幫我推廣新產品，你看這是我新產品的資料。」小周拿出了樣品、目錄、規格明細資料給宥晴。

「你為何決定要跨到自行車業，之前的文具禮品不做了嗎？」宥晴很好奇。

「文具禮品讓給我哥經營，免得兄弟常因意見不和傷和氣，況且我們都結婚了，事業不分開的話，日後麻煩更多。」小周意有所指。

「也對，之前我服務的企業也曾遇同樣的問題，兄弟單身時感情很好，各自結婚後開始交惡。」

「這一切還不都要怪女人，雞腸鳥肚愛計較，才惹出那麼多是非。」小周很感慨。

「不過妳一定不會，妳眼界寬廣具國際觀，個性成熟穩定，有幫

夫運，誰娶到妳，誰就大發。」小周燦舌蓮花的鼓動著。

「好啦，少拍馬屁，來研究一下你的新產品，這個燈有何特性？」宥晴拿著只有半個巴掌大的燈具問道。

「這是腳踏車的頭燈，因應國際趨勢，我設計了太陽能發電，目前市場上類似的產品不多，比較知名的是日本製頭燈，但是單價很高。」小周侃侃而談，想必做很多功課。

「因為日本製品，品質好單價當然高，消費者願意付那個價格，你的產品有何競爭力？」

「我跟日方的一名研發工程師小野合作，產品的外型及功能都不輸日本製產品，重要的是價格只有日產的一半，所以我有把握，一定可以順利打開國際市場。」

此時宥晴的手機響起，是廣仕鄭先生打來的。

「小周，你的案子我會考慮，我們再找時間談，客戶要跟我講展覽的事，可能要講一會兒，我會再跟你聯絡，好嗎？」宥晴做揖拜託。

「一定喔，可別又藉機閃人躲我。」小周起身告辭。

「一定一定，人格保證。」宥晴心想這小周還真盧，等他一走，趕緊接電話。

交易曲折與眉角　創意保險箱

之前不愉快的經驗加上致翰的忠告，幾經考慮後，宥晴終究還是婉拒了小周的案子，令小周很失望。

時序進入夏天，宥晴更是忙得不可開交，由於她所接的案子，主力市場還是放在歐美，所以她想趁著歐美客戶放暑假前，將該

聯絡、處理的事項都辦妥，所以格外忙碌。

　　台北國際文具禮品展後，經過三個月的持續連絡，廣仕新開發的保險箱果然一鳴驚人、不負眾望，經過漫長的樣品、包裝等最終確認，德國客戶Paul在下單前提出了要求。

「鄭先生，Paul下單前希望您承諾他可擁有德國專售權。」宥晴回報Paul的來函要求。

「沒問題，需要傳授權書給他嗎？」鄭先生不假思索就答應了。

「他並未提起，只不過您答應得好乾脆，不多考慮一下嗎？」宥晴有些驚訝。

「這問題開發前我就想過了，那時我就打算要取得這個產品的所有權，所以包括商品設計及模具費等開發費用都是我們支付。」鄭先生凡事考慮周詳，想得遠。

「原來是這樣，歐洲客戶一向實際，Paul只要求德國專售權，算是很合理。」宥晴恍然大悟。

「近幾年來，業務繁忙，我也越來越沒時間去開發新產品，Paul算是幫我忙，給他回饋是應該的。」

「可見您的專業很讓客戶信任，願意將新商品的構思交給您，如果再多一些像這樣的客戶，那研發部就不愁沒靈感來源。」宥晴一語道出廣仕的新希望。

「沒錯，那就麻煩妳盡快回覆Paul，請他盡速下訂單，因為已經進入旺季。」

「沒問題，我馬上回覆。」

　　更令人振奮的是，隨後不久，一位英國新客戶Arvin也下單了，宥晴覺得好有成就感，鄭先生更忙著加速生產，因為歐洲客

戶通常要求要在九月底或十月初之前出貨，才來得及趕上耶誕節檔期上市，鄭先生預計先出德國的貨，再出英國，希望二批貨均能順利準時出貨。

　　Paul很快就下單，宥晴給他的P.I.，他也當天就簽回，就在要開始量產時，他突然對工廠又有新的要求。

「Paul昨天Email提到要加訂紅色的保險箱200個，而且要求不含鉛的紅色烤漆，出貨時間來的及嗎？」

「一般的紅色烤漆應該來得及，但是他要不含鉛的紅色烤漆，恐怕有問題。」鄭先生陷入沉思。

「現在歐盟對於進口產品都要求符合RoHS規範（危害性物質限制指令），所以通常會要求供應商遵守。」宥晴想到了歐盟新規定。

「問題是不含鉛的紅顏料烤漆，色澤晦暗，不但不鮮紅，也沒有光澤，賣相不佳。」鄭先生不斷搖頭。

「也許Paul會接受，我們可以試做樣品供他確認。」宥晴秉持著一貫的樂觀。

「製做樣品給他確認，肯定來不及交貨，目前烤漆廠正值旺季，他們根本無法幫我們做這種特殊的樣品，更何況目前很少有人用無鉛紅色烤漆。」

「不然我先回信婉拒這個追加訂單，日後再設法，順便也問他何時派人來驗貨。」

　　之前在台北展，Paul就曾強調他們公司一貫的規定是出貨前會指派專人驗貨，鑒於上次美國D.T.驗貨的冒險經驗，宥晴此次特別小心，還好跟Paul約定的付款條件是以電匯（T/T）付款，所以應該不會有類似的狀況發生，但她仍小心翼翼的盯著。

貨物完成後，公證行的驗貨員依約到廣仕來抽驗這一批貨物，或許是「莫非定律」吧，越怕出錯越會出錯，驗貨員才開第一箱，馬上發現一只烤漆表面有瑕疵，立即下令全部必須拆箱重檢，整個工廠忙翻天，能支援的人員都來幫忙，經過一下午的重檢，發現整批貨有瑕疵的，就只有被抽查到的那一只。

「我該去買獎券了，怎麼就那麼準，唉，真衰！」鄭先生傻眼到無語問蒼天。

　　經過一番波折，德國Paul的貨終於驗貨完成了，宥晴也已經訂好船，將S/O（Shipping Order）傳給鄭先生，順便打電話到他，確認工廠的交期。

「鄭先生，出給德國Paul的貨，我已安排好船期，S/O已經傳給您了，可以準時出貨吧？」

「德國的貨可準時出沒問題，不過現在我遇到一個問題。」鄭先生聲音聽起來有些沮喪。

「怎麼，發生了什麼事？」

「我今天早上接到台北一家貿易公司曹先生的電話，他聲稱是英國新客戶Arvin的台灣代理商，Arvin授權他安排接手所有出貨、驗貨事宜。」

「那很好，有什麼問題嗎？」宥晴有點不解。

「他開口要求要5%的佣金。」

「什麼？光安排出貨、驗貨就要5%佣金，這也太獅子大開口了，您要付給他嗎？」

「這個行業利潤已經相當微薄了，再給他5%佣金，我賺什麼？不過接單在即，沒辦法不付。」

「是否可以拒絕這個代理的要求呢？」

「不行，代理主動聯絡我，可見是Arvin知會他的，他們應該有牢不可破的合作關係，惹惱了代理，我們會吃虧。」商場如戰場，這點鄭先生很清楚。

「學個經驗也好，當初在台北展時沒問清楚，下次記得新客戶一定要確定在台有無代理，以防萬一。」宥晴愈發覺得商場如戰場，眉角很多。

「有時候買主在台有代理也不講明，我考慮以後在展場的報價可能要先浮報一些，一來預留代理佣金，二來應付客戶的殺價。」鄭先生想出了可行的解套方法。

「不經一事不長一智，不過這產品算是市場上很成熟的產業，價格應該很透明，您不擔心客戶會比價？」宥晴提出她對浮報價格的看法。

「這個問題我想過，我會針對新產品的報價浮報，舊有產品維持現狀。」

「這樣的安排恰當。」

「所以持續研發新品將是公司未來營運的重要核心。」

宥晴逐漸明白，一個企業營運的成功與否，跟企業主眼光的長遠及心態正向是關鍵，隨著她的職場生涯不斷的躍進，認識的人越多，無形中學到更多難能可貴的人生體驗。

廣仕鄭先生除了不斷研發新產品，更砸下重金在雜誌、網路刊登各種廣告，因此國外來的有效詢價信函越來越多，讓宥晴益發忙碌。最近有一個美國新客戶Victor要來工廠談合作開發新產品，宥晴特地撥空和鄭先生一起接待這位遠來的貴客。去飯店接

Victor前她特地去買了一杯波霸珍珠奶茶當迎賓飲品。

「Victor, welcome to Taiwan, this is for you.」（Victor，歡迎蒞臨台灣，這是為您準備的飲品。）一見面宥晴馬上給他珍奶。

「Wow, I like it very much! Thank you, Aurora.」（哇，我很喜歡，謝謝妳。）Victor很驚喜宥晴準備的飲品。

一到工廠展開會談，有理工背景的Victor對產品的開發設計很有概念，提出很多問題，經鄭先生詳細說明後，一點就通，非常順利，不過他對國際貿易的交易細節則一竅不通。

「Victor, our payment term is based on L/C at sight or T/T before shipment, what do you like?」（Victor，我們的付款條件是即期信用狀或是出貨前電匯貨款，您想用那哪一種？）首先宥晴先談到最重要的付款條件。

「Excuse me, What is L/C and T/T?」（抱歉，什麼是信用狀和電匯呢？）Victor完全狀況外。

一問之下，宥晴才知Victor剛接班父親的進口事業，所以對於國貿實務還沒接觸過，精通國際貿易的宥晴花了一些時間，幫Victor講解關於國貿實務的基本概念，Victor不斷的點頭，作筆記，二人聊得很開心。

「Thank you for being my tutor, you are a really expert on International trade, Aurora.」（謝謝妳擔任家教，教我很多，妳真的是位國貿專家。）

Victor對宥晴的專業讚譽有加。

「Don't mention it, It's my pleasure to help you.」（快別這樣說，能幫上忙是我的榮幸。）

「May I buy you and your boss dinner tonight?」（我可以請妳與妳老闆一起吃晚餐嗎？）

「Thank you for inviting, that will be great!」（謝謝您的邀請，真是太棒了。）

「I found a very nice steak house near here through internet, look this.」（我在網路上找到一家非常好的餐館，妳看。）Victor拿起手機給宥晴看。

「Wow, this is very nice restaurant, but very expensive.」（這是間非常棒的餐廳，但是所費不貲。）宥晴一看，Victor找到的居然是「茹絲葵」。

「You are definitely deserved, Aurora.」（妳絕對值得我這樣做。）Victor很肯定宥晴的付出，所以盛情以待。

　　於是三人到這家高級餐廳享受了豐盛的燭光晚餐，吃西餐的餐桌禮儀對宥晴而言不是難事，但是對於習慣吃台菜的鄭先生很不能適應。習慣希哩呼嚕大口吃，面對西餐拿刀拿叉，簡直是折騰，另外宥晴發現，中西方吃餐方式真的差異很大，Victor慢條斯理，安靜優雅地享用美食，而鄭先生則完全展現台客式的豪邁，不但吃得快且急，整個過程更希哩呼嚕作響。

　　這就是文化差異，沒有絕對的好或壞，吃西餐可能要按西方人方式吃，但如果吃台菜，就要按我們的方式吃，才會豪邁愉快。

　　　國貿女王就是我

商萊自行車燈

周榮昭：自行車車燈製造商

佳佳：工讀生，業務助理兼總務

李維剛：王宥晴大學國貿系學長，在家族事業自行車廠擔任業
　　　　務經理

小孟：德國自行車展展商

小羅：德國自行車展展商

Mario：美國自行車進口商

第九章　國貿女王就是我

289

投身自行車產業　發現新騎趣

　　炎炎夏日，宥晴走到住家附近的飲料店，想買杯清涼飲品消暑一下，一進店裡，迎面而來的人居然是小周。

「同學，這杯先給妳，珍珠奶綠去冰半糖的喔。」小周遞上一杯飲料。

「奇怪了，你怎麼知道我愛喝這個？」宥晴接過飲料，覺得很不可思議。

「之前為了找妳幫我外銷，我可用心良苦、做足功課。所以連妳的喜好都打聽得很清楚。」

「是林致翰那個大嘴巴告訴你的吧？」

「哦，難怪上次同學會林致翰聊起妳的近況如數家珍完全掌握，你們在一起多久了，怎麼這麼保密。」小周發現大八卦，大笑了起來。

「你太八卦了吧，捕風捉影也可以編出一篇來，真能扯。」宥晴突然心虛起來。

「不逗妳了，免得妳一直自動對號入座，妳那杯珍珠奶綠是幫我老婆買的，我想妳們女生口味都差不多，沒想到被我矇對了。」小周為自己的小聰明沾沾自喜。

「果然愛胡說八道的本性一點都沒改，不過還是謝謝你的飲料。」宥晴搖搖頭。

「你要不要再考慮一下，來幫我啦！」小周像小孩子一樣耍賴。

「唉唷，真是吃人嘴軟，這件事真的要認真考慮了。」宥晴學他耍嘴皮子。

「其實我父母一直不希望我跟兄弟拆夥，自己創業，所以我得要很努力有好成績，證明這是對的決定，讓他們放心。」小周說詞

誠懇。

「可是我不做接受抽佣方式，因為之前有過不好的經驗。」宥晴將之前的經驗大約說了一下。

「我們是老同學了，妳應該可以相信我，不會有那種情況發生。」小周態度懇切。

「可是……」宥晴很是很猶豫。

「採抽佣制，原因之一是因為我剛創業，資金有限；其二是這個產品我很有信心，一定可以大賣，希望妳跟我一起努力，共享豐碩成果。」能言善道的小周，有點打動宥晴。

「我再考慮看看好嗎？」宥晴實在快被說動了，但一想到致翰的話，還是來個緩兵之計。

「又來了，妳已經狼來了很多次了，不過我一定會等到妳肯定的答覆。」小周深具信心。

「這次一定給你確定的答覆，如果我還是無法幫你，那你就另找他人，別再來盧我喔。」宥晴很認真地承諾。

這次宥晴認真的考慮是否接此案，因為對他的新產品很感興趣，況且自行車業一直是台灣外銷強項，儘管這個產業之前曾遭遇歐盟控告傾銷的打擊，以及大陸低價競爭的壓力，但台灣的自行車業就像傳說中的火鳥，置死地而後生，而且浴火中重生後鳳凰也越來越耀眼，在在代表著永續經營的生命力，宥晴不想喪失躬逢其盛的機會，一直思考著，這時後門鈴響起。

「同學，我已經三顧茅廬了，妳要我破古人記錄嗎？拜託幫幫忙啦。」小周又跑來找她了。

「三顧茅廬，你真是卯起來盧耶，有毅力，佩服啊周同學。」連

宥晴都感動了。

「爲了請妳這位專家幫忙,當然要使盡全力,否則那叫誠意呢?」

「好,看在你如此的誠心誠意,我決定接了,希望我們合作愉快。」宥晴伸出手來。

「眞的,謝謝妳,謝謝,我一直想要參加德國展,這下可以放心了。」小周激動地握著宥晴的手。

「你報名了嗎?我如果沒記錯的話,那是自行車第一大展,每年八月份在德國南部舉行的EUROBIKE。」宥晴記起了自行車業的盛典。

「果然是專家,連EUROBIKE都知道,厲害厲害。」

「去年三月的台北自行車展,我跟林致翰去看展,遇見熟識的廠商聊起才知道。」

「怪了,常約會還狡辯你們沒在一起,哈哈哈。」小周曖昧地笑了起來。

「狡辯什麼,林致翰參加車隊騎越野車多年,我跟他去看個展,算哪門子的約會?」

宥晴覺得臉發燙。

「好吧,言歸正傳,我新產品已經完成可以參展,但現在的問題是,EUROBIKE是大展,我根本訂不到攤位,這才讓我苦惱。」小周談到正事倒是很正經。

「的確,今年如果不參展,失去新品上市的時機,之後會更難推廣上市,可試試看跟其他廠商分租攤位。」

「可以這樣嗎?我上哪兒去找願意分租攤位給我們的廠商呢?」小周眼中燃起希望。

「你跟組團參展的主辦單位連絡看看，請他們幫忙洽詢是否有廠商願意分租。」

「好，我先來詢問看看，再跟妳連絡後續。」小周喜出望外。

「確定之後，我再找個時間去你公司，商討參展的的細節及了解產品。」

「一言為定，一言為定喔。」

決定接小周的自行車案，宥晴心中充滿期待，為了多了解這個產業，也開始計劃買輛好的登山越野車來騎，只是她心中有點罣礙，不知該如何跟致翰說明，她原本信誓旦旦不接此案，現在卻食言，宥晴很在乎致翰的看法，不過她還是決定誠實面對，看看他怎麼說，於是打了個電話給他。

「林律師，忙完了嗎，吃飯沒？」宥晴用罕有溫柔的語調。

「唉喲，王宥晴妳怪怪的，一定有啥鬼計或要我幫什麼忙，說吧。」致翰一下察覺出。

「我計畫開始騎越野車，你可以陪我去買自行車嗎？」

「天下要下紅雨了，妳不是最怕曬的，怎麼會想騎越野車，受了麼刺激啊？」

「因為我剛接了自行車的案子，想多了解這個產業，所以要親自體驗。」宥晴準備挨罵。

「妳接了小周的案子對嗎？」致翰說完後，一陣沉默。

「是啊，你生氣了？」宥晴有些擔心。

「沒有，我早知道他那燦舌蓮花般的嘴一定會說服妳，他外號叫蠍子且城府深，小心別被他螫到，以後需要我幫忙儘管說。」致翰語重心長地說。

「放心，合作前我會跟他說清楚講明白，況且我有你當靠山，他不敢造次。」宥晴很開心，因為致翰並未生氣，只是擔心她。

「的確，誰敢欺負妳這個恰查某。自行車我幫妳買，我有生產自行車的客戶，可以買到優惠價。」

「真的假的？這樣以後假日我也可以跟你們車隊一起去騎車了。」宥晴天真的想像著。

「算了吧，妳還是別來拖累我們車隊，我們是公牛隊，個個驍勇善戰，專選挑戰級路線，到時候妳在半路哭著不肯繼續騎，那可糗了。」致翰誇張地嚇宥晴。

「你很沒禮貌欸，我哪會這樣。不想讓我跟就拉倒，理由這麼多。」宥晴嘟噥著。

「跟車隊騎車要很有體力，不適合初學者，我另外再找時間陪妳騎車，還沒學走就想飛，還真自不量力呢。」

「好吧，騙人是小狗喔。」

宥晴無比開心地掛上電話，準備體驗火紅的產業，邁向全新挑戰之途。

　　一早依約來到小周麻雀雖小卻五臟俱全的辦公室，公司目前只有小周跟一位工讀生助理佳佳負責會計、總務等雜事，而小周則是校長兼撞鐘的全能負責人，而此時的小周忙得跟無頭蒼蠅似的團團轉。

「同學，妳先坐一下，我馬上就好。」小周一邊聽電話，一邊打電腦，忙到不行。

「有什麼我可以幫上忙的？」宥晴使命感上身，趕緊跳出來幫忙。

「妳來得正好，我已經查好了一些自行車配件進口商的資料，準備來寄樣品開發客戶。」小周掛上了電話之後，興沖沖地跟宥晴討論起來。

「新產品開發客戶，可先以Email寄開發信，聯絡客戶，如果他們有意願，需要樣品再寄也還為時不晚。」宥晴直覺小周的方式有些不妥。

「之前的文具禮品都是這樣方式推廣，一有新樣品，就寄給客戶。」小周顯得理直氣壯。

「之前寄樣品給既有的客戶，這無可厚非，可是現在自行車業你還沒有客戶，這樣寄樣品給客戶，顯然是亂槍打鳥，會出問題的。」

「是嗎，會出什麼問題？」

「這個太陽能車燈是新產品，你這樣天女散花亂寄一通，萬一樣品落入敵手，豈不馬上被仿，你研發的心血不都白費了？」

「不會啦，之前做文具禮品都是這樣做的，我已經花了幾百萬研發費，沒趕快將產品推廣出去，才會出問題。」小周很堅持己見。

「那至少客戶資料先給我，我連絡一下，你再寄樣品好不好？」

「好吧，就先按妳的方式進行好了。」二人終於有共識了。

「對了，德國EUROBIKE展，你找到願意分租攤位給我們的廠商了嗎？」

「一忙差點忘記了，我已經找到分租的攤位了，所以妳要排出時間跟我一起去參展喔。」

「那有什麼問題，新產品都開發完成了吧？」

「都差不多了，我幾乎每晚都跟小野在Skype聯絡，產品開發進

度超順利。」

「我怎麼不知道你日文那麼流利，可以溝通無阻。」

「妳愛說笑，從小我語文科的成績就一直爛到底，是小野的中文很流利。」

「原來如此，那日本市場你會讓小野獨家代理專賣嗎？」

「這個我還在考慮，因為會研發的人，通常不太會賣，這可以日後再說。」

「德國展他會去嗎？」

「會，他也是產品的研發者，一定要去看看產品上市的反應如何。」

「那再好不過了，到時候可按實際情況，再來商討進一步的合作關係。」

「沒問題，如果談妥，先給口頭承諾，合約先暫時不簽。」

「那當然，到時候見招拆招。」

馭風而行　期待暢行無阻

「對了，下個月中，就要將展品交運，頭燈及其他的東西都來得及，但是尾燈可能來不及，怎麼辦？」小周已經開始準備參展的事項了。

「沒關係，到時候我們以快遞方式寄到下榻的飯店即可，安全又方便。」

「我本來還想出國時放在大行李箱中順道帶過去，但怕塞不下或超重。」

「託運行李不妥，我們這次飛行要轉機二次，萬一行李轉丟了，就沒法展出，很麻煩。」

「這樣也好，寄快遞不失為簡便的好方法，只是一想到要飛那麼久，我就很頭痛。」

「你該不會懼高，怕搭飛機吧？」宥晴睜大眼睛。

「不是，我天不怕地不怕，就怕不能抽菸，飛機上禁菸，對老菸槍來說真是要命的酷刑。」小周面露愁容。

「太誇張了，年紀輕輕，菸癮那麼大，你該不會也酗酒吧？」宥晴提高音量。

「妳是半仙，全被妳給猜中了，做研發的人，為了要提神有靈感，通常是菸、酒一家親。」

「好個冠冕堂皇的理由。盡量少抽菸、酌量喝酒，要為家人多保重。」宥晴擔心小周健康，忍不住提醒。

「林致翰說得沒錯，妳真是管家婆，妳管好他就好，就不必操心我了。」一句話就將宥晴給堵住了。

「好心沒好報，你盡量喝酒抽菸，以後就讓內臟變成酒釀黑心肝好了。」宥晴實在看不慣小周輕忽自己身體的態度。

「好，謝謝妳的提醒，我會注意身體健康，活一百歲，賺很多錢，這樣好不好？」小周還是愛耍嘴皮子。

「說正經的，你考慮一下買輛登山自行車來騎。要跨進這產業，總是要多了解，不是嗎？另外還可以健身，一舉二得。」宥晴真誠地建議。

「默契不錯，我正打算這麼做，下次約致翰一起上山騎車。」

「要他跟二個拖油瓶一起騎車上山，他可能會不願意喔，呵呵。」

「嘿嘿，這個書呆子未免太臭屁了，書可能唸不贏他，運動可是我的強項。一定要找他下戰帖。」這下子小周很不服輸。

「奇怪，你是鬥雞啊，從小就愛比賽，連騎車運動也要分輸贏。」宥晴覺得小周連對運動都這麼好勝，跟小時候沒二樣，不覺莞爾。

　　接下來宥晴非常投入自行車產業，除了每天清晨努力騎車上山之外，更全心幫小周拓展業務。她更利用自己熟識的人脈尋求各種支援，第一個想到就是國貿系學長李維剛，畢業後就在自己家族企業擔任要職，那可是家自行車大廠，宥晴心想可請他幫小周的新產品評估一下，給些專業的建議。

　　獨生女的宥晴，在大學時期非常活躍，因為喜歡登山，加入登山社，認識了國貿系的學長李維剛。第一次社慶攀登合歡山東峰，李維剛就對宥晴留下深刻印象，看似瘦弱的她，從頭到尾揹著自己的背包，默默地往上爬，不像其它女生，撒嬌耍賴要男生幫忙揹背包，或嗲聲嗲氣要男生攙扶。當時他大四，她大一，由於同系，加上系上活動多，幾次相處後很自然地就很照顧她；後來李維剛畢業後又繼續念研究所，整整三年期間，活潑愛玩的宥晴，每每到了考試時，都要去盧一下李維剛幫忙找重點複習，這樣的臨陣磨槍，也讓她低空飛過免於被當，所以在她的心目中，李維剛就是她的小叮噹，可以協助她解決很多問題。

　　宥晴和學長約了時間，夥同小周拿著產品資料，一起前去拜訪，幫二位互相介紹後，就言歸正傳拿出車燈樣品。
「這是我在電話上提過新開發的車燈，想請學長給我們一些關於這個行業的專業建議。」宥晴起了頭。
「李經理，這是全新研發的太陽能風火輪燈，裝設在車輪，當車

輪轉動時，就如同三太子的風火輪般，夜間騎車，兼具安全警示與時尚，還有三個顏色可選擇，如果能跟貴公司的自行車一起外銷，一定會引起轟動。」小周對自己產品深具信心的介紹著，但只見李維剛拿起樣品，看了一下就放在桌上。

「周先生，這個產品的創意不錯，不過重量太重，外型不夠圓弧、風阻大，只能裝飾，實際功能不佳。」李維剛坦白地點出這個產品的缺點。

「重量已經盡可能輕了，而且這個燈主要的功能就是裝飾，夜騎效果很酷呢！」小周頗不以為然。

「重量對多數的登山車而言非常重要，多數的車手並不愛在車上加裝非必要的配件，以免增加不必要的重量及風阻。」

「這燈還有警示的功能，不是多餘的配備喔。」小周想說服李維剛。

「自行車的警示最主要還是靠前後頭燈跟尾燈，這個輪燈光線不足，無法取代。」李維剛堅定的強調。

「前後頭燈跟尾燈已經開發好了，只是我覺得風火輪燈是目前市面上沒有的創新，我深信它會造成風行。」小周的自我意識牢不可破。

「那就預祝貴公司產品暢銷。」李維剛客套地說。

「李經理，這些樣品留給貴公司參考，希望能一起合作外銷。」小周有些白目，搞不清楚狀況。

「周先生，我們公司生產的是高級登山車，輪燈恐怕無法適用，樣品派不上用場，請帶回。」李維剛正式婉拒。

「學長，謝謝幫忙，今天為我們上了寶貴的一課，抱歉占用了您很多的時間，我們先告辭了。」宥晴看氣氛不對，趕緊示意小周

起身道別。

「別客氣，宥晴，有關自行車的問題，妳儘管來問我。」李維剛對宥晴相當支持。

　　走出自行車廠，小周情緒明顯不佳，一個臉皺得跟包子似的。
「怎麼了，不開心？」
「你那個學長把我的精心傑作看得跟垃圾似的，我怎麼會開心得起來。」小周很明顯情緒化反應。
「別這樣想，學長給你的意見都很有建設性，新開發的產品盲點本來就會比較多，有人提點是好事。」宥晴試圖讓小周釋懷。
「但是他連一點機會都不給我，連樣品也不要，實在傷人。」小周依舊忿忿不平。
「我這學長曾派駐歐洲好些年，早已養成西方人坦白直接的溝通方式，並沒惡意。」
「你也認同你學長對產品的意見嗎？」小周認真地問宥晴。
「我也覺得這個產品有再改進的空間，就像買車者通常不會買第一代的新車，會買第三代，因為大家普遍認為第一代比較容易有問題。」宥晴據實以告。
「是這樣喔！」小周的臉很難看，但也沒再說什麼。
「別洩氣，我們趕緊到塑膠射出廠去看一下，商討外殼是否有改善的空間。」

　　二人一到製作輪燈外殼的塑膠射出廠，卻發現老闆劉先生外出，也沒交代什麼時候回來，二人無功而返。
「小周，你沒跟劉老闆事先連絡嗎？」宥晴看小周臉色很難看，

不禁追問。

「怎麼沒有？我今天早上還跟他電話確認，八成是要他修改的模具還沒改好，躲起來了。」小周不禁有氣地說。

「這個人行事風格這樣，爲什麼你還要跟他合作？」宥晴很不解。

「我們從當兵就認識，一直是好哥兒們，前幾年他爸把塑膠廠交棒給他經營，一度經營不善、幾乎要關廠，我想拉他一把，所以才找他幫我代工。」小周一臉無奈。

「不錯嘛，有情有義的好兄弟，不過你得盯緊一些，外銷產品是出不得狀況的。」宥晴沒想到小周也有重情的一面。

「我會盡量再跟他溝通，非不得已不會考慮換掉他。」

「也對，產品都開發完成，也幾乎可以量產了，別爲了一些小細節再重頭來，那就得不償失。」宥晴說些好話讓小周寬心。

「塑膠廠的事我會處理，德國自行車展快到了，妳幫處理展覽的事就好。」

「下星期一去你公司開展前會議，好嗎？」

「好，下星期一我都在公司，我們見面再談。」

　　二人隨即道別，回家途中的宥晴心中有股隱約的憂慮，卻又說不上來。

　　星期一下午，宥晴依約造訪小周，一到辦公室正看見小周忙得**團團轉**，還邊罵助理佳佳，見到宥晴到才住口。

「怎麼啦，火氣這麼大？」宥晴一進門隨即關心一下暴怒中的小周。

「沒什麼，妳等我一下，我在忙著準備展覽的一些資料。」小周

鐵青著臉，不斷地敲打著鍵盤，而一旁的佳佳紅著眼眶，忙著打包展品。

「有什麼我可以幫忙的？」為了打破僵局，宥晴問道。

「妳幫我打一下商業發票，目前有一些新開發的樣品來不及海運，我們搭機時一起帶過去。」

「我看這些展品還不少，最好不要Hand carry，這一趟飛行要轉機二個地點，萬一轉丟了，那就麻煩了，況且這些展品會讓行李超重，超重費很可觀喔。」宥晴細心提醒小周。

「那怎麼辦，這些都是來不及海運的新產品，一定要帶去啊！」小周很著急。

「之前提過可用快遞寄到我們下榻的飯店，我會Email先跟飯店聯絡他們先代收，這樣比較安全。」宥晴提出萬無一失的好方法。

「對喔，我都忘了，我可以寄UPS，我是他們的VIP，費率很優。」小周終於露出一絲輕鬆的笑容。

「相信我，絕對沒有問題，這樣一來確保展品一定寄到，而且運費比Hand carry省得多。」宥晴也露出肯定的笑容。

「同學，妳真得很厲害，這幾年不是混假的。」問題解決了，小周心情明顯轉好。

「別捧我了，我們好好準備，希望這次德國展能一舉成功。」宥晴很有信心。

「有妳幫忙我很有信心，這是我第一次出國，還真得有些緊張。」小周有點不好意思。

「真的嗎？那我給你一份出國必備物品清單，請你老婆幫你準備。」宥晴馬上從筆記型電腦找出一份文件給小周。

「對了，我已經申請了商標『Sunlight』，我要做自己的品牌，公司中文名稱就改爲『商萊』。」小周雄心勃勃。

「品牌跟公司名取得很好，不過你應該知道要打響品牌是要燒錢的。」宥晴提醒著。

「我知道，但未來一定要這麼做，不是嗎？同學，妳要好好幫我。」小周懇切地說。

「這是一定的，出發之前，請你將價格訂出來，在展場買主一定會問價格。」

「可以先不報價嗎？我還不知如何定價呢。」小周猶豫著。

「你可先訂個大約價格，我會在展場上說明，最終價格會由我方再確認，其實買主只想知道，價格是否在他的採購預算範圍內。」

「好，我這幾天盡快算好，再傳給妳。」

全球自車業嘉年華會　EUROBIKE Friedrichshafen

前往車業的盛會德國EUROBIKE的日子終於來了，小周跟宥晴選擇跟團，比較輕鬆。傍晚到了機場集合，參展團的陣仗驚人，簡直像是自行車同業的國外旅遊，二人在排隊等待Check in時有一組人耗時甚久，最後居然吵起來了，驚動了領隊去處理，愛湊熱鬧的小周，趕緊上前去了解原委，不一會兒，興高采烈的回來，八卦的將整個過程說給宥晴聽。

「這家廠商行李超重太多，航空公司要收費每公斤八百元，所以他很不高興跟航空地勤吵起來。」小周幸災樂禍地說。

「吵得真激烈，最後怎麼解決呢？」宥晴很好奇。

「最後領隊幫那位廠商分擔一些重量，讓他不必付那麼多才解決

的。」小周一臉興奮。

「他也太誇張了，帶這麼多展品，難道不知道超重費很貴？」宥晴狐疑著。

「他應該跟我一樣是第一次出國，我有優秀的國貿顧問，他沒有，所以就遇上這等麻煩事啦！」小周得意洋洋地說。

「知道我的重要了吧。」宥晴開玩笑地說。

　　二人登上飛機，中途過境泰國，一下飛機，小周就好像毒癮發作般，急著找吸菸室，讓宥晴不懂搖頭，勸他要戒菸。

　　在阿姆斯特丹轉機時，小周居然被當成偷渡客攔下來盤查許久，令宥晴擔心不已，趕緊請領隊去幫忙。

「他媽的，居然把我當泰勞了，氣死我了。」小周忿忿不平。

「幸好只是虛驚一場，不過你真的很像泰勞耶。」宥晴覺得好笑，哈哈笑了起來。

「同學，妳很沒禮貌ㄟ，不過之前就有人將我誤認成泰勞了，哈哈哈。」小周不由自主笑了起來了。

　　一行人飛抵瑞士，隨即轉搭巴士，前往位於德國、瑞士與奧地利邊境、波登湖畔Friedrichshafen渡假勝地的展場。

　　十多個小時沒抽菸的小周，貌如枯槁，趕在上巴士之前努力吸菸振奮精神，而第一次來到瑞士的宥晴，則忙不迭地飽覽沿途風光，她感覺到空前得心曠神怡，從來沒有一次出差像這次這麼快樂。

　　過了德瑞邊界，領隊用心安排了在德國波登湖畔的酒莊吃中餐，眾人不但享受了佳餚，還品嚐了四款風味絕佳的白酒，一群

人在微醺的氛圍中，一路欣賞美景。這次住的是在湖邊的旅館，一進旅館，宥晴就看到他們的展品已經由快遞寄達，正放在大廳角落，宥晴隨即跟櫃檯領取，讓小周安心領回房間。

已經是晚上七點了，歐洲的陽光還懸在半天邊，似乎離天黑甚遠，長途飛行令宥晴疲憊，但是為了怕太早睡，時差不好調，於是跟小周約在樓下餐廳隨便吃點東西，順便四處逛逛，以便打跑瞌睡蟲。福吉沙芬是德國南部著名的風景區，德國人真聰明，將國際展館設在如此風光明媚的度假聖地，讓參展或看展的人無法抗拒，一定要在這個高消費的地方停留數日，幫他們創造經濟奇蹟。

回到旅館，一進入房間，真是大開眼界，除了臥室，還有個面湖的客廳，風景棒極了，要一起入住的室友隔天才到，所以空蕩蕩的房間讓宥晴只想睡，迷迷糊糊竟睡著了。

隔天一大早，跟小周就忙著到展場去布展，由於小周是自行車業的菜鳥，為了盡快熟悉這個產業，當務之急就是多認識業界的廠商，聽取他人的經驗，因此飛行途中，宥晴就開始和同團的廠商聊起來，活潑大方的宥晴，一下子就跟大夥兒成了好朋友，而有點架子的小周，反而比較沒辦法融入。

「布展結束後，小羅他們約我們一起去小島玩，一起去吧。」宥晴邀約著。

「小羅是誰？」小周疑惑著。

「就飛機上坐我們後面那一排，做配件的廠商。」

「妳這麼快就跟他們打成一片？真誇張。」小周不可置信。

「小周，我們是自行車業的生手，很多事情都要靠這些業界的前

輩提點，所以我一路上都在幫你建立人脈，以後有不懂之處，才有人可以問，他們是我們的智庫，知道嗎。」宥晴對小周的狀況外，有點傻眼。

「同學，妳想得很周到，真不是蓋的，接下來要怎麼做，都由妳安排。」小周恍然大悟，對宥晴很佩服。

布完展後時間還早，一行人一起相約要搭船到小島，來到碼頭買了船票，還有半個小時才有船班，於是眾人又四散逛街。宥晴拿著相機四處拍，這時有個老外走過來搭訕，表示可以幫她拍，宥晴讓他拍完照之後，二人就聊了起來。原來他是來看展的美國買主，霎時宥晴的「業務魂」上身，請小周自己去逛，她要留下來跟這個買主聊一下，小周逛了一大圈回來後，看見宥晴還在跟那位美國人聊，不過手中已經拿了張名片，笑吟吟正在跟他道別。

「同學，妳是太敬業了還是看見帥哥就衝過去啊？」小周消遣著宥晴。

「這叫隨時行銷。你看，還沒開展我已經拿到買主名片了，強吧？」

「好啦，超級業務，我們要趕快去搭船囉！」

於是二人跟其他展商一起搭船去小島欣賞美景去了。

台灣的參展團有個不成文的規定，住宿落單者，由旅行社安排與另一名落單者同住一房，雖然有些奇怪，但廠商為了省錢，也都能夠將就，宥晴多年來出差跟陌生人同住一房的經驗頗豐富，打呼、磨牙、睡不著的室友通通遇過，幸好宥晴天賦異稟，能吃

又好睡，什麼樣的室友都困擾不了她。

昨天布展後在小島悠閒逛了一下午，旅途疲憊加上時差，當晚宥晴早早就睡，一覺醒來才看見她的室友，一個由東歐直接飛來參展的可愛、活潑女孩，到達時已經是深夜，太概累壞了，等宥晴梳洗打扮完畢，她還沒起床，宥晴忍不住叫了她。醒來道謝後她「咚」一聲跳下床，衝進浴室盥洗；宥晴還在準備東西時，不一會兒，她已經換了衣服，站在宥晴面前了。

「Hello，我是孟瑋玲，大家都叫我小孟，昨晚太晚到飯店了，希望沒吵到妳。」爽朗的小孟主動跟宥晴攀談起來。

「Hi，小孟，我是王宥晴，叫我宥晴就好，昨天布展我累壞了，所以睡到不醒人事，妳沒能吵醒我呢！」宥晴笑吟吟地。

「妳準備好了嗎，我們一起去吧。」身穿Polo衫及牛仔褲的小孟，手抓了個大包包，似乎已準備好要出門了。

「妳就穿這樣去展場嗎？」一身正式打扮的宥晴不可置信地看著小孟。

「到展場妳就知道，很多人都這樣穿，我第一年來參展時，也像妳一樣打扮得很正式，第二年再來參展就入境隨俗，跟大家一樣比較自在。」小孟儼然是個識途老馬。

「原來是這樣，真有趣。」宥晴不覺莞爾。

「是啊，自行車展是個休閒展，很多消費者會來參觀，把展場當成大賣場逛大街，熱鬧得很。」小孟一副經驗老道的模樣。

二人一起走到大聽，這時小周也已經等在那裏了，於是一起外出搭接送交通車到展場，一到攤位，就聽隔壁的廠商正氣急敗壞的用電話連絡著，小周好奇過去關心一下，才發覺原來是展品失

竊。

「損失嚴重嗎？」宥晴見小周回來，不免也關心一下。

「他們丟的不是展品，是一台高級登山車，是向當地代理商借的，爲了展出他們的配件。小偷實在太大膽了，居然整台車偷走。」小周皺起眉頭。

「看來，我們要小心些，下班時展品要全數收好，免得被摸走，自用還好，拿去模仿就糟了。」宥晴提醒小周。

「沒錯，我們的展品不多，下班前收好放在可鎖櫃中，避免引人注目。」

畢竟是自行車第一大展，開展的第一天參觀的人潮便不斷湧入，展場內不時有各家展商精心策劃的行銷活動，展場外更不遑多讓，花式單車表演正精彩上演，熱鬧非凡，不到中午宥晴的學長李維剛，便到攤位上關心。

「學長，我在這裏。」宥晴看到遠處正走過來的學長，興奮地揮了揮手。

「周先生、宥晴，一切都ok吧？需要幫忙隨時找我。」學長很熱心地打招呼，小周禮貌性地打招呼，隨即走開了。

「大掌櫃一大早就出來趴趴走，不在攤位上，客戶要找你怎麼辦？」宥晴俏皮地消遣學長。

「我們買了歐洲公司，今年由他們展出，我代表業務部來support一下，不需要接待客戶。」李維剛充滿自信的微笑。

「原來如此，難怪我在buyer's guide（買主手冊）上看不到你的公司名，正覺得奇怪呢。眞失禮，居然不知道。」宥晴有些難爲情。

「這是自行車界的大事，因為你是剛入行的菜鳥，所以不知道很正常。」

「初來乍到的菜鳥，以後還要請學長多提攜，小女子這廂有禮啦。」宥晴連忙打躬作揖。

「沒問題，為了歡迎你們加入自行車業，晚上請妳和周先生一起吃晚餐，我住See Hotel，就在飯店吃，可以嗎？」李維剛誠心提出邀請。

「哇，學長你住五星級飯店呢，一定要好好敲你一頓，呵呵。」宥晴興奮得跟個小女孩一般，隨即轉頭詢問小周意見，而小周推說太累了，不想去。

「沒關係，再找機會好了，不打擾了。」李維剛面對小周的拒絕，為了避免宥晴為難，只好趕緊告辭。

「謝謝學長，我們再連絡。」宥晴禮貌地送學長。

「小周，學長好意要請我們吃飯，你怎麼這樣。」學長一走，宥晴不免抱怨一下。

「我沒辦法跟這種眼高於頂的人吃飯，會消化不良。」小周不屑地說。

「好啦，吃飯事小，努力做生意才要緊。」宥晴意識到小周記恨的個性，趕緊岔開話題。

第一天展出效果普普，傍晚展覽結束後，二人跟隨小羅、小孟和其他展商一起吃晚餐，順便吸收自行車業的新知，這一晚大家都喝不少德國的白酒，一群人搖搖晃晃開心地回到旅館，不勝酒力的宥晴還在旅館門口的階梯跟蹌一下，險些摔跤，幸虧小羅身手敏捷及時拉住，眾人笑不可仰。

展場如戰場　見招拆招

　　開展第二天，終於見到盼望的人潮，一早宥晴就應接不暇，接洽半天，都因為小周堅持只賣掛自我品牌的產品，雙方洽談總是無疾而終。過了中午，宥晴眼見情況不妙，趕緊跟小周商量。

　　「小周，賣自我品牌產品似乎行不通，要不要改個策略？」宥晴頗憂心。

　　「我花了幾百萬研發這個產品，就是要主打自我品牌，要怎麼改策略？」小周還是一貫的堅持。

　　「你有沒有想過？花那麼多錢了，如果一直堅持品牌，接不了單，工廠生產線怎麼持續？這樣下去，不但品牌打不成，連公司很快就玩完了。」宥晴有條理地分析利害關係。

　　「妳有什麼想法嗎？」小周沉默了好一會兒，終於開口。

　　「如果願意賣我們品牌的產品，M.O.Q.（最低訂購量）1000個，低於M.O.Q.也可以視情況接受。」宥晴趕緊提出她打算採取的新策略。

　　「這想法不錯，但是如果客戶堅持要掛他們的品牌呢？」

　　「那就將M.O.Q.提高到3000個，這樣可讓客戶做抉擇。」

　　「數量提高至3000個合理嗎，客戶會接受？」小周狐疑。

　　「掛客戶品牌會衍生其他附加附用，例如要開模具印logo，且彩盒也要更改等等，提高M.O.Q.是很合理的。」宥晴思慮清楚，據實以告。

　　「同學妳真的經驗豐富，連這些細節都能考慮周詳，就聽妳的。」小周終於被說服了。

　　「我也沒把握一定行得通，不過到時候再根據實際狀況做微調。」宥晴很高興，這次很快地就跟小周取得共識。

採取新策略後，果然打破僵局，芬蘭客戶跟德國客戶都有意買「Sunlight」品牌的車燈，儘管數量不多，但已經讓二人興奮不已。和小周一起研發的日籍工程師小野，在展覽的最後一天到攤位來，表示很滿意太陽能燈展出的成績，正用流利的中文和小周討論之後合作的計畫。這次展覽真是史無前例的成功，宥晴好有成就感心情好極了，暗自竊喜，幸好接了這個案子。

在福吉沙芬的最後一晚，二人跟其他幾位參展的廠商共同慶祝，吃大餐，喝好酒，為這次旅程畫下美好的句點。

金童玉女　緣來在一起

經過長途飛行，飛機一抵達台灣，宥晴迫不急待打開手機，想跟媽媽報平安，結果一開機，發覺有幾通未接來電都是致翰打來的，最後一通還留言說要來機場接機，正在狐疑當中，致翰又來電了。

「宥晴妳到機場了沒？」致翰用了罕見的溫柔語調。

「你在哪，真的要來接機？」宥晴丈二金剛摸不著頭。

「我已經在機場了，妳一出海關就可以見到我，我先接個電話，見面再說。」致翰的手機響起了插撥，先忙著。

「同學妳行情不錯喔，一下飛機男友電話馬上就響了。」小周邊拉行李邊消遣宥晴。

「是林致翰，說他已經在機場了，第一次來接機，很詭異耶。」宥晴笑咪咪地。

「情意綿綿藏不住啦，我們趕緊出海關，別讓他等。」二個人拉著行李快速離開。

一出走出海關，就看到致翰已經等在一旁。

「致翰好兄弟，很高興見到你。」小周熱絡地跟致翰握手致意。

「喂，七月剛過你在說什麼啊，少廢話了，請你們吃飯。」致翰握拳捶了一下小周。

「我作東，因為正好有一些專利的問題要請教你。」

　　於是三個人一起前往鄰近的機場的Novel Hotel一邊吃飯，一邊聊天。

「致翰，我在想這個車燈是否該申請專利，避免被仿冒或侵權？」小周開門見山問道。

「產品申請專利一定要在市場揭露前，需要一些時間，目前看來已經來不及了，你應該早一點進行。」致翰以他專業的觀點說明。

「很多因素讓我一直在考慮，猶豫不決，所以就延宕下來。」小周明顯沮喪。

「沒關係，我看這個產品不申請專利也好，因為它只能申請新式樣專利，式樣很容易模仿，申請專利所費不貲，你要三思。」

「你說它很容易模仿，是怎麼一回事？」小周自我防衛心強，明顯激動起來了。

「周同學，別激動，這產品最大特色就是在外型新穎輕巧，很吸引人，可是內部結構是由幾個外購的零件組合起來的，基本上沒麼核心技術，想模仿的人只要拆解過產品就能破解。」致翰直接而坦白的剖析，讓空氣中凝結著尷尬的氣氛。

「大律師幫幫忙，別光提出問題，也要提供解決方案啊。」宥晴趕緊緩頰，也偷偷拉致翰的衣角，暗示他別讓小周太難堪。

「抱歉啦，同學，原諒我實話實說的職業病，其實我要說的是，

產品容易被模仿，唯一的解決之道不是申請專利，而是加快開發速度。」

「這倒是個好意見。」小周明顯緩和下來。

「其實你的產品沒有技術核心，所以不建議你申請專利，但只要不斷推陳出新，一定能在市場上占一席之地。」致翰誠懇地說，一邊不斷替宥晴夾菜。

「我吃不了那麼多啦！」宥晴看面前的碗盤上，堆滿食物，輕聲地抗議著。

「你們倆現在上演哪一齣，一直曬恩愛，閃得我睜不開眼睛，哈哈。」小周促狹地消遣他們。

「你不知道她已經被我訂走了，未來的律師娘 ── 王宥晴小姐。」致翰朝宥晴眨眨眼。

「林致翰，你沒喝先醉，誰被你訂走了。」宥晴臉紅著辯解著。

「同學，妳就別掙扎了，致翰很優，先卡位免得被搶走，都三十歲了，拉警報了囉。」小周幫腔著。

「所以囉，小周，請善待律師娘，別欺負她，否則你吃不完兜著走。」致翰搥了下小周。

「放心啦，絕對幫你好好照顧著，否則老外客戶很煞她，你軍情告急喔。」小周嚇嚇致翰。

「真的？那我得先下手為強，王宥晴是我的。」致翰認真地摟著宥晴說。

「喂，你們兩個瘋話連篇，有完沒完啊。快吃喔，還要回家呢。」宥晴忍不住搥了致翰。

「律師娘要翻臉了，那我幫你顧老婆，你得當我免費的法律顧問，這公平吧！」小周嬉皮笑臉。

「那還有什麼問題，一言爲定。」二人連忙擊掌，三人都笑了。

吃完飯，走出餐廳，天色微暗，致翰很自然地牽起宥晴的手，她終於不再閃躲，讓他帶著，三人一起走到了停車場。

「小周我有話要跟律師娘說，你先上車。」致翰拉著宥晴迅速離開小周的視線範圍。

「你幹嘛啦？」宥晴被致翰拉到一旁，一臉不解。

「這樣的告白，你接受嗎？」致翰雙手拉著宥晴輕聲的說。

「這算什麼告白嘛！」宥晴羞澀地低頭。

「那怎麼樣才算告白，嗯。」致翰順勢地將宥晴擁入懷裏。

「我……」宥晴整個人像被溶化一般話都說不出來了。

「別再掙扎了，十四歲時我就一見鍾『晴』了。」致翰輕吻著宥晴的髮梢。

時間就像凍住了般靜止，二個人沉浸在無聲勝有聲的時刻裏。

「好了啦，我該回家了，你也早點回去，明天還要上班。」宥晴掙開了致翰的懷抱。

「到家要打電話給我。」致翰拉著宥晴往回走到小周車上。

「放心啦，使命必達，一定將律師娘安全護送到府。」小周笑嘻嘻打包票。

一路上，喜孜孜的宥晴，臉帶駝紅，不斷地微笑，惹得小周忍不住狂笑起來。

「笑什麼！」宥晴忍不住。

「律師娘，你很粗魯耶。」

「你管我，誰叫你笑得那麼不正經，讓我一整個不蘇胡啦。」

「我是替你們開心，曖昧了那麼多年，終於開打了，哈哈哈。」這時候宥晴也笑開來了，的確，打從國一開始，那個老愛跟在她身旁的小男生，經過了麼多年的守候終於向她告白了。多年來相知相惜的情愫，兩人一直不知如何說開，只是她很驚訝於致翰居然選在這時候，這樣直接說清楚講明白，果真是律師本色啊！這一夜儘管旅途勞頓，但是宥晴卻神采飛揚，精神奕奕，狀況好得不得了！

　　一回到家就跟致翰熱線很久，加上時差關係，隔天宥晴睡到中午才起床，一臉笑意，心情好極了，這一切都看在王媽的眼裡。

「都中午了現在才起床，又不屬豬，還真能睡。」王媽笑念著。

「人家時差嘛。」宥晴嬌嗔著。

「再掰啊，妳哪來的時差？以為我不知道妳昨晚跟誰講電話，舌頭那麼長聊到半夜？」王媽瞅著女兒。

「林致翰啦！」宥晴臉突然紅了起來。

「長壽伯的長孫，當律師那個，你們談戀愛啦？」王媽一下子全切中要點。

「老媽，幹嘛一下子問那麼多。是他沒錯，昨晚跟我表白，我們剛開始交往。」宥晴忍不住扭捏起來。

「那個孩子人品不錯，不過他家的飯碗不好端喔。」王媽明顯憂慮。

「想太多了啦，老媽，我又不一定嫁給他。」宥晴試圖讓王媽寬心。

「妳們年輕人想法淺，不知驚，林家是大地主，長壽伯觀念保守、規矩多，你們交往會很辛苦。」王媽說出她的擔心。

「現在是麼時代了，還講門當戶對呢，致翰不會有這種想法啦！」

「你沒聽致翰提過她爸媽的事？他們家一切還是由長壽伯在做主。」

「都那麼久的事了，人的想法總是會改變的，老爸跟妳前一陣子不是還擔心我的終身大事嗎？怎麼我有好對象，你們反而意見一堆。」宥晴撒嬌抱怨著。

原來林爸年輕時，父親林長壽執意要他學中醫回來接掌家業，原本念商科的林爸考了多年都沒考上，也就放棄，隨即在銀行上班，就在那時，認識了當工讀生的林媽，她由寡母撫養長大，當時念夜校在銀行半工半讀，等到林爸已屆適婚年紀，林長壽欲安排門當戶對的富家千金給兒子，但他堅持娶自己喜歡的林媽。

最後雖然有情人終成眷屬，但婚後的林媽適應得很辛苦，而當夾心餅的林爸不得已才帶著林媽跟致翰姊弟到台北打天下，弄的父子幾乎決裂。幸好林爸到台北打拼，因緣際會做起了馬達買賣生意，剛好遇上台灣經濟起飛，生意蒸蒸日上，事業有成，沒辜負父母的期望，近年來父子的關係才漸漸改善。而孝順的致翰是林長壽鍾愛的長孫，懂事的他更是爺爺跟爸爸間的最佳潤滑劑，大學聯考完填志願時，他原想讀商管科系，以繼承爸爸衣鉢做生意，但阿公執意要致翰讀法律當律師，在他跟阿公數度溝通無效，最後還是捨棄己見，聽阿公的話改念法律系，阿公甚感欣慰，全力支持他念到法學碩士，更逢人便提起這個令他驕傲露臉的金孫。

「我們二家的政治立場也不同，他們是深綠，你爸可是深藍，以

後當親家恐怕有得吵。」王媽不死心，連政治立場都搬出來了。世代大地主的林家經歷過三七五減租，祖先辛勤攢下的祖產被削減了大半，其怨念可想而知，而王爸是個踏實的公務員，忠黨愛國也一直是他的信念。

「喔……媽，連這個也是理由？妳也擔心太寬了吧，真受不了，我先出去忙囉。」

宥晴想法很簡單，對這段戀情信心滿滿，因為她相信二人這麼多年來的守候，絕不是那些世俗條件可破壞的，收拾了一下東西，準備去小周的公司處理展後的追蹤工作。

一進到商萊辦公室，就看見小周又在罵助理佳佳，而淚漣漣的佳佳只是低頭啜泣，宥晴連忙插話緩頰。

「小周，怎麼回事？生這麼大的氣。」

「我才幾天不在公司，她什麼事都弄不好，該做的沒做，不該做的亂做一通，氣死我了。」小周氣到臉都歪了。

「她只是個工讀生，年紀又輕，很多事情都不懂，還需要時間歷練。」

「我哪有那個美國時間等她學會。」

「很簡單，你找個有經驗的助理不就得了，省得老是生氣。」宥晴準備「嗆」一下小周。

「就很難找啊。」小周一出口，馬上又沉默了。

「這就對了，適合的人本來就難找，且以你公司目前的業務量，即使找到有經驗的人，一來恐怕待不住，二則薪資太高，不符成本。」宥晴一語道破小周的盲點。

「媽的！」被說中痛處的小周氣得槌桌子、飆髒話。

「喂，飆髒話，沒禮貌，我們開始展後討論吧。」宥晴希望轉移小周的注意力，以消他的火氣。

　　這時只見得小周鐵青著臉，拿出展場紀錄表等相關資料，準備開始展後討論。或許宥晴把小周一直當成是同學，講話總是坦白沒修飾，無形中刺激了驕傲的小周，但單純的宥晴渾然不覺。

「德國跟芬蘭客戶在展場下的樣品單各一千個，應該能在一個月後準時出貨吧？」

「我再催一下，鋰電池供應商供貨不太穩定，出國前要他們準備一百個我要做樣品，到現在都沒寄來。」

「怎麼會這樣？」

「他們說我們這邊沒催貨，所以延後出貨，我剛才罵佳佳就是因為這事。」

「這是工廠的問題，這樣的供應商以後一定會出包的，你最好另外再找。」

「我也知道，電池廠都外移了，素質參差不齊，找到好的工廠得靠運氣。」

「你一定要盯緊這些外包廠，尤其是德國的試訂單要用於下年度新品發表記者會，採購經理Armin還特地打電話來強調這訂單有時效性，一定要準時出貨。」宥晴慎重地叮嚀。

「所有的配件都備好了，現在只差鋰電池還沒來，我再催一下應該沒問題。」

「這次展覽，許多國外客戶都提到，頭、尾燈的外型還是稍嫌大了些，看起來笨重，何時會有改進的新外型？」

「我正在跟日本的小野討論這個問題，恐怕需要一些時間。」

「沒關係，我先將手上這些客戶聯繫好，預計這一、二天可完成展後追蹤，展場紀錄表我copy一份帶回去，我們電話連繫。」

「好，妳隨時回報跟客戶聯繫的內容進度，我們分頭進行。」

「O.K，先這樣。」

能源危機　環保風起

自從參展後，商萊的太陽能車燈頗受國外買主的青睞，詢問度很高，宥晴忙的很開心，眼看著德國的試訂單出貨日漸漸逼近，小周一直沒給正確的交貨日期，一大早小周打電話來，卻給了一個晴天霹靂。

「同學，代誌大條了，鋰電池供應商廠房失火，德國試訂單無法如期出貨了，可能要延二個星期。」小周心急如焚。

「這下糟了，我先發個Email給Armin看他的意見如何？」宥晴掛完電話，急忙寫了封Email給Armin，而他很快就回覆，並大發雷霆，表示延遲出貨，產品就無法趕上他們的記者會，更無法對他們的經銷商交代，要商萊務必想辦法如期出貨，宥晴將Email翻譯給小周看，小周馬上又打了電話來。

「德國不同意延個二個星期，電池廠恢復產能需要時間，這下要怎麼辦？」小周極為懊惱。

「進口商跟經銷商合作時通常簽有合約，確保彼此的權利義務，我想這些產品沒趕上記者會，Armin的公司可能會面臨鉅額的違約金，西方國家很重法治。」

「但我們也不是故意要延，這下怎麼辦才好？」

「公司目前還有多少個樣品呢？」

「還有約50個，我預計這星期將它們再寄給一些潛在客戶。」

「先別寄，通通以空運寄給Armin開記者會用，以解他們燃眉之急。」宥晴想出了解決的辦法。

「那怎麼行，那些是我要開發客戶用的樣品，怎可通通寄給Armin，再想想其它辦法。」小周極力反對。

「這時候你還變得出其他的頭燈嗎？總不能為了潛在客戶反而丟了現有客戶吧？而且一旦Armin遭受違約索賠，他一定也會向我們索賠，到時後恐怕我們賠不起。」

「哪有這麼嚴重？」小周明顯不悅，更不相信。

「那不然就照你的方法賭一下如何？」宥晴也生氣了。

　　小周終究還是不敢冒險，也就依了宥晴的方法，當宥晴將解決方案給Armin，他很高興，謝謝商萊的幫忙，同時還要宥晴將這50個車燈寄空運的「運費到付」即可，宥晴很高興又解決一個難題，馬上將信翻好轉發給小周，只不過小周並不覺得高興，宥晴只是覺得小周有時候個性很怪，想法也很難懂，其實她哪知道自己的聰慧，已經讓掌控欲很強的小周心生不快。「功高震主」一直是職場大忌，而城府頗深的小周，則不露聲色，暗自將一筆筆令他不快的事件，歸到「記帳本」中，等時機成熟，再攤開來算總帳。

　　就在德國跟芬蘭的試訂單出口過後，美、日等國的訂單也陸續湧入。開春之後，新型的頭燈跟尾燈，也在小周歷經數月與日本的小野挑燈夜戰下呼之欲出，預計在新一年的台北自行車展展出，小周要宥晴到公司來共商台北展事宜。

「我們這次要以聯展的方式展出，共訂六個攤位，由六家廠商一

起參展。」小周興高彩烈的說著。

「哇，之前在EUROBIKE小羅的主意真的實現了，還一下子就湊齊六家，不錯喔。」

宥晴覺得這個方法很棒，因為新參展廠商或小廠通常只訂一個攤位，也就很難選到好位置，如果六家一起聯展，大攤位可先選位置，往往就會選到好位置。

「是啊，小羅很積極。」小羅是年輕的第二代，企業本來是家族企業，在他爸爸經營時，經歷家族鬥爭而拆夥，而小羅一退伍馬上接手，很努力也很積極要將爸爸的心血更發揚光大。

「這次由小羅統籌展場布置，全部攤位一律用黑色，讓所有的產品更出色。」

「這次一定要讓沒買過的下單，買過的再續訂。」宥晴很有信心。

「這是這一期的佣金，努力很有代價吧。」小周地給宥晴一張支票。

「又沒很多，瞧你說的，我接這個案子又不是因為錢。」宥晴輕鬆的開著玩笑。

「怎麼，妳嫌錢少？」小周明顯不悅。

「拜託，你嘛幫幫忙，我的意思不是這樣。要是嫌錢少當初我就不接了，我知道剛創業的人，資金總是比較不充裕，我不會在意這些。」宥晴很誠懇地解釋。

「那就好，你趕緊去連絡國外客戶關於台北展的訊息，希望這次台北展能接更多訂單，這樣就可以給你更多的佣金了。」小周正經的說。

走出商萊，春天的夕陽顯得分外溫暖，宥晴忍不住撥了致翰的手機，但響了很久就轉語音，大概又在忙了。二個工作都忙且又相隔二地的戀人，要經營感情還真辛苦，但是想起這麼多年的守候，再怎麼困難也要堅持下去。

　　而致翰在表白後，更是積極帶著宥晴出席各種公開場合，算是確認這段感情的宣示，過年後，致翰也帶著她參加律師公會舉辦的春酒晚宴，這對金童玉女在眾人的起鬨下，不但玩起了愛的乾杯三部曲，致翰學著浪漫的偶像劇，拿著啤酒拉環，單膝下跪跟宥晴求婚，那一整晚，宥晴始終帶著拉環戒指。

　　德國跟芬蘭試訂單出貨後，歐洲進入冬季，也是市場淡季，宥晴接著推其它地區像是中南美、中東等，效果頗佳，紛紛來函詢價、要樣品，這也讓宥晴忙得不可開交，花很多時間處理，因而對其他case稍有影響，廣仕的鄭先生一大早就打電話來抱怨。

　　「王小姐最近很忙？H.D.的供應廠商須知妳翻譯好了嗎？我還在等。」鄭先生語帶不悅。

　　「真是不好意思，我翻了一半，最近較忙有點耽誤，實在抱歉。」宥晴想起前幾天，鄭先生傳給她的文件，H.D.是大客戶，對於供應商極為嚴格，規定更是一大堆，A4尺寸的廠商須知密密麻麻的共有16頁，真不是簡單的差事。

　　「妳不要接那麼多case，不但忙不過來，也會影響處理品質，這樣不好。」鄭先生有點訓斥的意味。

　　「謝謝您的建議，我會注意，不過供應廠商須知頁數太多了，真的需要一些時間處理，麻煩您再等幾天。」宥晴委婉地說明。

　　「這個星期五之前一定要給我，我還需要一些時間來看內容條

文。」鄭先生斬釘截鐵的要求。

「好，一翻好我就傳給您。」宥晴硬著頭皮答應，因為今天都星期三了。

廠商的要求有時會令宥晴為難，有時則啼笑皆非，但是她總是想辦法使命必達。就拿這份供應廠商須知而言，涵蓋範圍廣，不僅有產品的專業知識，更有客戶採購的習慣、智慧財產權、法律等複雜的內容，沒接觸過的人恐怕需要更久的時間，不然就是翻不出來，幸好宥晴經驗豐富，能觸類旁通，要是換個貿易菜鳥恐怕要落跑了，樂觀的她，總是不怕挑戰。

半夜二點了，skype響起訊息聲，一看原來是致翰Q她。

「妳怎麼還沒睡？」致翰傳了個驚訝的表情。

「我在趕一份文件，你也還沒睡？」

「我也在趕一份結案文件，明天要交，妳早點睡吧，下次別忙的這麼晚。」

「沒辦法，客戶要求。」

「妳要不要考慮，不要工作了，嫁給我吧。」致翰很認真。

「這算哪門子的求婚？太遜了，就算我結婚，我也要工作，現在的女性不流行找長期飯票啦。」宥晴也很認真。

「可是我家那麼傳統，我阿公很固執，妳又不是不知道。」致翰很苦惱。

「那你要不要考慮換個新娘呢？」宥晴淘氣的開玩笑。

「妳怎麼可以這麼說？這麼輕率的看待我們的感情。」致翰生氣了。

「我只是開玩笑，對不起啦大律師，以後不敢了。」宥晴趕緊求

饒。

「別再輕易開這種玩笑，早點睡！」

離線後，宥晴第一次覺得公主跟王子相戀之後，不是就過著幸福快樂的日子，更多現實的問題會一一浮現。

隨著宥晴的知名度越來越高，找上門的廠商更多，她曾試著找上之前在昱貿上班的學妹Amy一起工作，Amy能力好、效率佳，是個很好的合作夥伴，只不過年輕氣盛，跟廠商的應對總是不夠親和、圓融，加上多數的廠商還是指定要由宥晴親自接案服務，讓宥晴很為難，對Amy很不好意思，不過Amy很識大體，也自覺得不適合這樣的工作型態，所以只幫忙短暫的時間，之後宥晴又回到一個人單打獨鬥。

儘管還不時有廠商找上門，她也不敢貿然接下，不過面對這種情況，她著實很憂心，台灣是島國經濟，一定要靠國際貿易才能跟國際接軌與生存，為什麼這麼缺國貿人才呢？每年大專院校的國貿系、國企系培育那麼多人才，畢業後到底都到哪兒去了？在一次某商業餐敘中，宥晴與一位人力銀行的高階主管江總聊起這個議題，才豁然明白其中緣由。

「台灣的企業主不喜歡請男性國貿業務，因為男性較有野心，唯恐他們日後將公司的資源帶走，自行創業；女性的特質很適合擔任這個工作，但是又有結婚生子的關卡，一結婚，不要說去國外出差，就連在公司都很難專心、全力以赴在工作上，所以才會那麼多企業都找不到國貿業務。」江總喟然嘆道。

這一席話也令宥晴心情沉重，想到自己的未來，該如何在工作和婚姻之間取得平衡點，讓她開始不安了。

日子就在忙碌中飛逝，台北自行車展也快到了，不過讓宥晴覺得怪異的是，小周最近很少找她，她抽了空到商萊去了一趟，一進門就發覺氣氛詭異。

「小周，台北展的展品都準備的差不多了吧，新型的車燈如何，可以看一下嗎？」

「正在組裝，應該來得及，這裡有幾個組好的，妳看一下。」小周隨手拿幾個車燈給宥晴。

「真不錯，精緻小巧多了，很符合日本設計風格，小野果真厲害。」宥晴很喜歡這新型產品，讚不絕口。

「我已經跟小野終止合作了。」小周寒著臉。

「怎麼會這樣，沒有挽回的餘地嗎，到底是誰的問題？」宥晴很不解。

「別問那麼多，做妳該做的事就好。」小周口氣很差，說完持續沉默。

　　宥晴覺得詭異極了，之前二人不是合作無間嗎？怎說終止就終止，但是他不講，也沒辦法知道原因，也許小周說得對，做該做的事就好。

台灣自行車界盛宴　台北自行車展

　　終於到了每年台灣自行車界盛宴——自行車展，這次由六個廠商一起聯展，展場的布置由小羅一手打理，布置得很恰當，以黑色為底色，讓六家廠商的金屬零配件，更顯光彩奪目。

　　開展的首日參觀人潮讓宥晴忙得不可開交，參展者不怕人潮多，只怕少，因為冷清的展場令人難熬，度日如年，訪客多，讓參展者個個精神抖擻，連過了中午都覺得不餓，趁著人潮少了一

些，小周拿了便當給宥晴。

「同學先吃吧，免得餓壞，林致翰會找我算帳，這一陣子真謝謝妳。」小周很少如此正經。

「你怪怪的，很難看到你正經的樣子，怎麼啦？」宥晴覺得奇怪。

「哪有，妳是過敏三娘啊！快吃，否則等一下客人來了又沒得吃了。」小周催促著，就在宥晴才吃了二口飯，來了一位高大的外國客戶，宥晴馬上站起來接待。客戶一進門先是道歉他打擾了她吃中餐，接下來宥晴就詳細地介紹產品，聽得這位來自瑞士的客戶Leif頻頻點頭，表示明天還會來詳談，因他跟另一位廠商有約必須先走。Leif說了個攤位號碼問宥晴怎麼去，宥晴一聽離這裡不遠，索性自告奮勇帶Leif過去，他是個身高約200公分的親切長者，進出攤位時，細心的宥晴特別提醒他小心別撞到頭，這一點讓Lief印象非常深刻，臨別之際對宥晴說：

「Thank you, Aurora, you are the most impressive exhibitor I have ever met. See you tomorrow.」（謝謝妳，Aurora，妳是我見過印象最深刻的展商，明天見。）

「又不是年輕帥哥，妳幹嘛服務如此周到，幸好這段時間沒外國客戶來，否則怎麼應付？」小周有些怪宥晴多事離開攤位帶Leif去找廠商。

「這是客戶服務，他年紀那麼大了，只是舉手之勞幫他，幹嘛那麼計較。」宥晴對小周有些狹隘的思維很不以為然。

「產品的資料幫我整理一下，今天晚上我要跟幾個自行車配件業者吃飯，討論一些事情。」小周不是太高興，面露慍色。

「需要我一起去幫忙嗎？」宥晴熱心地說。

「不用了，我去就可以了。」小周很直接的回絕了。

　　這令宥晴覺得很奇怪，之前小周去拜訪廠商，總是喜歡邀宥晴一起去，希望她多了解這個產業，也可更投入，把這個事業當成是自己的好好經營，宥晴也很贊同他的提議，所以都盡可能抽空參與，畢竟她比較細心，加上豐富的歷練，總能在洽談時適時給小周一些建設性的意見，但現在是怎麼了？

　　第三天中午過後，學長李維剛經過，順道進來打聲招呼，宥晴看到他非常開心

「學長你又出來逛大街了，這幾天生意好嗎？」

「還OK啦，我幾個比較重要的客戶在去年十一月份的台中週來過，該討論的事情都已經談好，台北展反而輕鬆許多，你們呢？」

「還不錯，訪客不斷，有效客戶也不錯，你沒看見我們周老闆笑呵呵的。」宥晴想讓小周也過來打個招呼，加入話題。

「李經理請坐，我有事要出去一下。」小周技巧地迴避加入話題，隨即出去了。

「妳的老闆似乎對我很有成見，不太喜歡我。」李維剛開玩笑地說。

「別在意，他最近忙著研發展品壓力大，可能沒睡好，大概又要去外面抽菸了，他菸癮可大了，別介意。」宥晴也忙著緩頰解釋。

「對了，晚上我跟一位美國客戶吃飯，沒事的話一起來好嗎？」李維剛說了找宥晴最主要的目的。

「你們不是要談生意，我在場會不會不方便呢？」

「他算是前客戶，之前是美國著名大廠B.T.的研發設計師，B.T.發生危機被併購後，他就離開B.T.自行創業，主要研發設計車架，再找台灣的供應商製造組裝成車，進口至美國。」李維剛詳細介紹了今晚宴請的主賓。

「美國人真是聰明，組裝、研發與通路，微笑曲線的二端都掌握住了，獲利頗豐，台灣還是要再升級，老是在賺最底層的製造利潤。但他現在不跟你的公司做生意了嗎？」

「他離開B.T.自行創業之後就沒有了，不過我們一直維持很好的情誼，不時互通業界訊息，交換心得，因為我們的頻率相同，很有話聊。」

「真不簡單，商場上能有這樣相知相惜的朋友很值得珍惜，如果我不會妨礙到你們，當然很高興赴約。」宥晴笑得好開心。

「二個男人吃飯多無聊，找個美女一起吃，氣氛更好，妳今晚可以知道更多關於自行車業的眉眉角角，功力必定大增，這樣雙贏的事，何樂而不為？6點到我公司攤位找我，我們一起去。」

當晚美國的Mario、李維剛跟宥晴三人就在展場附近的飯店餐廳用餐，Mario跟李維剛聊了很多關於事業上的雄心壯志，以及未來的計畫，宥晴坐在一旁安靜的聽著並不插話，等到兩人談及輕鬆話題時，她才適時發揮幽默的功力融入話題，經過多年工作的歷練，她已從當年那個青澀、沒自信的小女孩，蛻變成圓融豁達、進退得宜，儼然是個極具魅力的新女性。

這整晚三人笑聲不斷，Mario對於Aurora這個談吐不俗、內涵豐富的年輕女孩印象非常深刻，到了結束餐敘，二人握手話別。

「Aurora, you are so impressive. What do you find the most impressive tonight?」（Aurora，妳真是令人印象深刻。今晚有什麼讓妳印象深刻的嗎？）

「You have many mpressive qualities but the most impressive is your name, Mario.」（您給我印象深刻的事情很多，但最深刻的是您的名字。）

「Why do you think so?」（怎麼說？）

「Because it reminds me of my favorite computer game when I was a child–Super Mario Brothers.」（因為這個名字讓我想起了小時候的電玩 —— 超級馬力歐兄弟。）

「Ha, Ha, Ha, you are so cute.」（哈哈哈，妳太可愛了。）三個人在笑聲中，結束了這次氣氛融洽的餐會。

台北展的最會一天下午，剛好遇上星期六，因此人潮頗多，不過多數是想來展場撿便宜的消費者，就在宥晴忙著接待一批中南美客戶時，瑞士客戶Leif再次到商萊的攤位，想來詳談產品之事，眼看宥晴被一群人圍住，忙得不可開交，想跟小周談，小周英文不通，後來就先離去了。

「那位身高200公分的瑞士客戶剛剛來過，不過看妳在忙，就走了。」

「那應該走不遠，我去找他。」宥晴二話不說，馬上追了出去，幸好Leif的個子高目標明顯，才一下子，就找到他了，宥晴趕緊請他回攤位，針對Lief提出的問題，都給予詳盡而專業的答覆。由於她專業又到位的客戶服務精神，讓Leif非常高興，臨走之前很肯定說，他一回瑞士，馬上會進行下單事宜，就在宥晴起身欲

送Leif離開時，他轉身對小周說。

「Lucky guy, your partner is anexcellent person to work with. Cherish her and treat her well.」（幸運人士，你的工作夥伴非常優秀，要好好珍惜、對待她。）

而英文不通的小周，當然丈二金剛摸不著頭，只能下意識的說：Yes，Yes，等Leif走後，小周才問宥晴。

「剛才那位巨人阿伯跟我說什麼啊？我有聽沒有懂。」

「他是說，你很幸運，有個優秀的工作夥伴，務必要好好珍惜，沒聽懂還亂答應哩。」宥晴消遣了小周。

「工作夥伴，他說的是妳嗎？」

「當然啊，不然咧？周同學，重諾不輕許喔，你已經答應Leif了，可不許耍賴。」宥晴想開開玩笑輕鬆一下。

「喔。」小周沒再搭腔，露出很複雜的表情，宥晴正沉浸在受到多數客戶肯定的喜悅裏，並未察覺小周的異樣。

展覽結束前，致翰到展場來探望她，由於隔天是周日，致翰要宥晴留在台北，隔天可跟他一起出遊，最後二人跟小周道別後，一起吃晚餐。

「展覽情況好嗎？」致翰關心著。

「當然，外國客戶很肯定我們的產品，還有我的服務精神，這次展覽很成功。」宥晴開心地跟致翰撒嬌。

「既然是這樣，我怎麼覺得小周陰陰沉沉的，一附有心事的樣子。」致翰發揮了職業的高敏感度，觀察入微。

「怎麼會，這次效果很好，已經有客戶確定下單了，他應該很開心才是。」宥晴一副不可置信的樣子。

「沒事啦，或許我太敏感了，最近案子太多，腦袋過熱，呵呵。」致翰為自己的多慮開脫。

「惜惜，我的大律師，別太累了。」宥晴凝視著致翰，愛憐不已。

「我沒事，快吃。」致翰捏捏宥晴的臉頰，二人相視而笑。

台北展回來後，宥晴努力的追蹤後發現，潛在客戶還是集中在歐、美、日這些主要市場，其他地區的買主一直來砍價格，宥晴找了個時間，到商萊討論一下對策。

「除了歐、美、日多數的客戶嫌價格太高，這方面有沒有辦法改善？能降低成本嗎？」

「我也很頭痛，正在想辦法，不過新產品的開發成本高，要壓低成本可能就要另找出路了。」小周抽著菸、蹙著眉，原本消瘦的臉，變得更尖。

「你想到了什麼出路嗎？」宥晴很好奇。

「還沒，不過一定會想出來的，對了，我昨天瀏覽網站，看到美國客戶在網站上低價出售我們的產品，你要寫Email去制止他，否則美國市場會壞在他手裏。」小周突如其來的消息，令宥晴吃驚。

「Freecycle的James嗎？他在網站上的售價是多少？」

「他標示的售價是美金19.90，離我們給他的建議終端售價35~40美元相差很多。」

「這真是糟糕，我會盡速去信制止，還好你看到了，否則這個價格繼續賣下去，美國市場肯定會亂。」宥晴頗慶幸小周及早發現，可及早制止，才能避免導亂市場價格。

「瑞士的巨人阿伯的訂單下了嗎？」

「他說下星期跟經銷商開會討論，決定數量後，就會立即傳訂單給我。」

「那好，不過我想數量應該也不會太多。」

「嗯，首訂單嘛，不過Leif也告訴我一個好消息，他說歐洲的交通新法規，規定自行車上一定都要裝有頭、尾燈，以策安全，對我們而言這是個大好消息。」宥晴很興奮。

「什麼時候告訴你，哪一封Email？你怎麼沒翻譯給我看。」小周一臉嚴肅。

「前天我們通電話時，他順口提的，我想今天來公司跟你討論事情再告訴你。」

「以後跟客戶任何聯絡的內容，還是都要知會我一下比較好。」小周認為宥晴私下跟客戶的互動太好，令他產生戒心。

「歹勢，我沒想到這些細節，下次一定注意。」宥晴吐了吐舌頭。

　　內心坦蕩蕩的宥晴，覺得跟客戶互動好，是幫商萊穩住客戶的好方法，但在看在小周眼裏，可不是這麼一回事，解讀完全不同。

　　雖然產品價格遭到許多客戶挑剔，但新型的車燈在歐、美、日市場還是受到青睞，儘管還沒有大單敲進，小單倒是持續中，數量雖不多，但這對一個新廠商開發的新產品而言，絕對是邁向成功的一大步，宥晴對這個產業非常有信心。

關鍵轉折　牽動不一樣的未來

　　轉眼進入夏天了，西方的買主紛紛放假去了，宥晴輕鬆了一些，一早打開電腦，信箱傳來小周的一封長信，大抵意思是他的自行車燈面臨很多難題必須解決，像是研發、製造及成本等等，他決定結束台灣部分的工作，將它移到對岸大陸去，並客套地謝謝宥晴這一段的幫忙云云。宥晴一看嚇了一跳，太突然了，她馬上打了電話給小周想勸他再三思。

　　「小周，怎麼會突然作這樣的決定，不會很冒險嗎？」宥晴滿是關心。

　　「其時我已經考慮好幾個月了，最近才終於敲定，未來台灣公司只負責研發，關於製造跟行銷都會轉到大陸去。」小周聲音很平靜且果決。

　　「那不是很危險？如同致翰說的，這個產品很容易仿冒，你還自己送上門去？」宥晴很緊張，一直試圖勸他。

　　「不會啦，在大陸我有合作的夥伴，而且我們已經都說好了，這一年多謝謝妳的幫忙。」小周心意已決。

　　「不客氣，只是以後你要多注意一些，到對岸做生意，你畢竟還是生手。」宥晴還是很擔心這個老同學，不免叮嚀著。

　　「不用擔心，我會注意，麻煩妳把信箱的密碼給我，我要將業務轉給新團隊了。」

　　「這麼急，密碼就是我家的電話號碼啊。」

　　「謝謝，還欠妳幾筆佣金，會盡速寄支票寄給妳。」

　　「不急，有空再給就好了，那就醬，掰掰。」

　　掛上電話，宥晴覺得很奇怪，覺得有點悵然若失，跟商萊的國

外客戶互動非常好，而自行車這個產業也正夯，做起來得心應手，就這樣突如其然地放手，實在有些可惜，一邊思索著，一邊收Email，才一下子，商萊的信箱就馬上收不到信了，宥晴覺得好詫異，小周到底在急什麼？於是撥了個電話跟致翰聊聊。

「你在忙嗎，想跟你聊一下。」

「怎麼，好像很沒元氣的樣子？」致翰聽得出宥晴似乎有心事。

「小周真的好奇怪，今天突然傳來一封Email說要將車燈事業轉到大陸，結束跟我合作，隨即就將信箱密碼改了。」宥晴莫名感到沮喪。

「不意外，妳終於可以不必再跟他共事，我安心多了，他應該早就在布局此事，只是妳不知道而已。在台北展時，我就察覺有異樣，我還問妳，但妳一副傻丫頭樣，根本不知道人家早已私下運作。」致翰一副事後諸葛模樣。

「果然是職業病，你在辦案嗎，說得跟真的一樣，只不過他幹嘛那麼急，我都沒時間可以跟那些客戶道別。」宥晴嘴上嘟囔著，心也想起之前一些奇怪的徵兆。

「傻瓜，妳當先鋒已經將他外銷的路鋪好，沒利用價值了，當然急著甩開妳，還會讓妳跟客戶道別。」看來致翰對小周成見很深、很難解。

「別那麼說，反正少了他這個case我會清閒一些，這是好事不是嗎？」宥晴為了避免加深致翰對小周的成見，趕緊結束此話題，始終相信人的宥晴，對於此事，沒想得太糟，也沒時間想，因為其它case還有得忙呢。

自從沒接商萊的案子後，空閒多了不少，這下才發現之前花太

多的時間在這個案子上，最近宥晴一直在思索，未來該怎麼規畫，因為致翰一直頻頻催婚，儘管他是宥晴認真考慮託付終身的最佳對象，只不過一談到致翰希望婚後宥晴辭去工作回歸家庭，二人就起爭執，果然再深的感情，都還必須經過現實的淬鍊，才知道是繼續走下去，還是就此分道揚鑣。

她既不想放棄和致翰共組未來，但也不希望就此當個家庭主婦，這二難的困擾讓宥晴理不出一個頭緒，不知該如何是好，她心想就先擱著，能解決的事不必煩惱，解決不了的事，煩惱也沒用，反正老天爺會安排一切，到時候再說。

轉眼到了秋天，這天學長李維剛，突然打了電話給宥晴。

「宥晴，之前在台北展跟我們一起吃飯的美國客戶Mario，跟我提了個計畫，他預計在台灣設個office，想找個合適的人，幫他handle，他居然想到妳耶！」李維剛很興奮地告訴宥晴這個好消息。

「為什麼找我？」意外之餘，宥晴還搞不清楚狀況。

「傻瓜，他看中妳，想聘妳來他台灣的office幫他工作，這可是個大好機會。」

「可是我進入自行車產業時間不長，懂得也不多，不知能不能勝任？」宥晴一下子腦中思緒混亂，不知這個消息對她而言是好還是壞。

「他就是看中妳在自行車產業幾乎是張白紙，可重新塑造，找經驗豐富的人反而問題多。Mario說吃飯那天他一直在觀察妳，發現妳是個有潛力的工作夥伴，這幾年來我很了解他的事業藍圖，妳加入他的團隊，未來有無限可能！」

「真的喔，那我的工作內容有哪些？」宥晴此時才覺得這可能是她未來很關鍵的決定。

「Mario自行創業後，生意越做越好，這次想在台設立分公司，妳負責幫他盯代工廠的生產進度、集貨、驗貨及裝船；也要更幫他找代工廠，處理台灣跟大陸的製造及組裝相關細節。」

「聽起來是很富挑戰性的工作，我得好好準備努力爭取。」宥晴受到極大的鼓勵。

「那當然，要不是家族公司我離不開，早就毛遂自薦了，哪輪得到妳，呵呵。」李維剛開玩笑的說。

「太感謝您承讓了，學長，那我怎麼跟Mario談工作上的細節。」宥晴開始正視起這件事了。

「十一月的台中週，他會來台，到時後約見面再談好。」

「那就有勞學長安排。」

　　這時候在宥晴心中浮起了很清晰的輪廓，未來一定在職場上占一席之地，也絕不輕言放棄。

　　自行車業在台灣的另一個盛宴非台中週莫屬，十一月初秋老虎正在台中發威，天氣晴朗炎熱的不像秋天，李維剛陪同宥晴跟Mario約在台中週的會場，也是他下榻飯店一起吃早餐。Mario一聊起了工作，意興風發，他告訴宥晴，會選擇在台灣設office，因為他專門研發高級（high end）登山越野自行車種，之前相關的零配也都在台採購，很習慣跟台灣人合作的模式，因應流行時勢所趨，目前他計畫也開發公路自行車，有中、高價位不同的車種，所以將來供應商除了台灣廠，也會有大陸廠。

　　在亞洲設立據點勢在必行，因此Mario積極想找個可靠的人來

幫他handle，而相關的工作內容也跟李維剛說的差不多，分公司是隸屬美國公司管轄，所以將來宥晴的薪資領美金、福利比照美國，條件相當優渥，不過唯一讓宥晴擔心的是，Mario要宥晴必須先到美國總公司工作一年，熟悉所有產品及公司運作方式再回台任職，此事光是說服爸媽就要費一番工夫，何況是致翰？她光想就知道這會是場溝通硬仗，但她已經做好心理準備。

吃完早餐，三人準備進入會場，Mario跟廠商有約、李維剛必須回到公司的攤位上，於是宥晴跟二位告別，自己去逛會場，才進入會場不久就看到一個熟悉的產品，仔細一看居然是商萊的車燈也來參展，宥晴納悶，但沒看到小周在場，好奇心驅使過去一探究竟。

「妳好，需要為您解說產品嗎？」攤位上的年輕男孩熱絡地招呼著。

「你是新來的國外業務嗎？我記得之前貴公司是個女業務。」

「我剛到這家公司不久，是之前業務辭職了，我來接她的工作。」

「你在台灣公司工作？我之前跟貴公司接洽過，據了解製造跟業務部不是都已經移往大陸？」宥晴越來越覺得奇怪，想知道真相。

「業務部還是在台灣，製造因為成本考量正計畫移往大陸，這是我的名片，可以跟妳要一張名片嗎？」名片上的地址及電話的確是商萊。

「我也離開了自行車產業了，很抱歉沒有名片可給你。」宥晴想做最後得確認。

「請問貴公司的負責人是周榮昭先生嗎？」

「是的，這是他的名片請多多指教。」這時候的宥晴突然胸口一陣緊，複雜的情緒排山倒海而來，她迅速離開商萊的攤位，找了個安靜的角落撥了小周的手機。

「小周，你為何要對我撒謊？」宥晴激動得開門見山把話說開。

「怎麼回事，我哪有撒謊。」小周語氣心虛，但還在瞎說。

「你公司明明還在台灣，為什麼騙我？當初三顧茅廬要我幫你，現在上軌道就過河拆橋，你為何這樣對我？太不厚道。」

「我該給妳的佣金都有給，那裡對妳不厚道？」小周也開始翻臉不認人了。

「那你給我一個理由，為何要突然換掉我？」宥晴氣瘋了非追根究柢不可。

「妳想知道？因為妳在展場表現不好，根本不適合當業務。」小周的猙獰面目終於露出來了。

「好，這件到此為止。」宥晴氣得說不出話來，掛完電話後，眼淚止不住的掉落。

　　這像是一道無預警的電擊，讓她受傷不已，傷心的是，居然被熟悉的朋友如此無情的對待，收拾起混亂的情緒，想好好的了解小周這個卑鄙小人的真面目，她迅速離開台中週會場。

　　年紀漸長並不代表的是能看透身邊事，但明知故犯也是一種通病，因此儘管過去的經驗提醒著，一不小心還是會重蹈覆轍，只因人不是只作對的事，對的跟想要的常在心中交戰，很多時候二者並不互相違背，但抉擇時卻是像德州槍戰式的談判，需有一方倒下方能分出勝負。

經過一夜的沉澱，宥晴心情還是沉重，但穩定多了，她打了個電話給台北展一起聯展的小羅。

「小羅，我是王宥晴，想請問你一件事。」

「好久不見，車燈還是一樣賣得搶搶滾吧？有啥事儘管問。」顯然他並不知道她已經離開商萊了。

「你覺得我在台北展的表現如何呢？」宥晴單刀直入。

「表現得很好啊，你怎麼問這個問題，你是專家ㄟ。」小羅丈二金剛摸不著頭緒。

「商萊的小周說我在展場表現不好，不適合當業務，我想聽聽別人的看法。」宥晴盡量壓抑著情緒。

「怎麼會這樣，可能有什麼誤會吧？應該解釋清楚就好。」小羅是標準的生意人，誰都不想得罪，措詞小心謹慎。

「沒事了，謝謝，不耽誤你工作時間，保持聯絡。」儘管掛上電話，宥晴的心情很難平復，她想起了之前跟小周合作過的日本客戶小野，到最後也是不歡而散，她突然也好奇想追究原因，但是這件事不想讓致翰知道，否則他絕對會激動地找小周理論一番，想來想去，想到最佳人選——學長李維剛，於是馬上打了個電話給他，因為他在自行車業人脈極廣，絕對可以探出個蛛絲馬跡，宥晴邊掉著淚邊說完整個事件。

「學妹，商場上的現實，妳還沒習慣嗎？這很常見的，妳那個同學，眼神飄忽不定，尖嘴猴腮，一看就是心機重、陰沉的人，妳沒跟他合作該高興才是。」李維剛頻頻安慰宥晴。

「你跟我朋友的說法一樣，可能是很熟的朋友，一直無法相信他會如此對我，所以才會難受。」宥晴漸漸接受了這個商場上的殘酷面。

「可見妳的心還是熱的，職場就是道場，在工作中修練、在勞動中開悟，別難過了。」

「哇，學長體悟很深，充滿禪機。」

「我很喜歡日本新一代的經營之神稻盛和夫的企業經營理念，經常拜讀他的書，所以得到的體悟很深，收穫很大。」李維剛分享了他的心靈成長。

「我還是想知道小周的真面目，小野的事麻煩你打聽一下。」

「小事一椿，包在我身上，其實心性不佳的人，事業一定做不久，即使做得下去，格局也不大，如果他的真面目醜陋無比，妳也不必在意，就此放下別浪費心思在無意義的人身上，好嗎？」李維剛對宥晴這位當年直系的學妹愛護有加、力挺到底。

才沒幾天，李維剛透過業界的人脈去打聽，剛好他的一家配件供應商跟小野有生意往來，也是好友；一問之下才知，當初小周背信盜用小野的設計，二人才不歡而散，沒有了小野的設計，小周便透過學校的產學合作，讓學生幫他設計產品的外型，結果設計成品出爐後，他只付一半的設計費，跟校方也鬧得很不愉快，被列為拒絕往來戶。

另外李維剛更打聽到小周跟塑膠射出廠最後也變成拒絕往來戶，因為劉老闆花了大筆的模具費，但生產品質一直達不到小周吹毛求疵的要求，合作宣告破局，二人也因為模具費問題而撕破臉，這一切不堪的真相，令宥晴更自責，自己怎會幫這樣的人拓展外銷，最後李維剛給宥晴建議，好好考慮接受Mario的工作。

春暖花開　決定時刻到來

　　商萊事件令宥晴相當沮喪，也對於她目前這樣的工作模式產生了疑問，加上李維剛很肯定Mario所提供的工作機會，讓她重新思考未來的走向，她決定先聽聽爸、媽的意見，不過這個家一向是大事爸爸決定，小事媽媽做主，宥晴長這麼大以來，家裏似乎未曾有過大事，所以跟媽媽商量為首要大事。

　　「老媽，之前提過的，我要去美國受訓一年，妳跟爸商量得怎麼樣？」宥晴一直希望爸媽能支持她的理想。

　　「妳爸哪捨得，他說女孩子家都過了三十歲，不嫁人還想四處趴趴走。」媽媽叨唸著，不過聽得出來，開明的媽媽，應該有商量的餘地。

　　「好啊，那我這就嫁林致翰，當律師娘，啥也不做，生一堆小孩，這樣可以嗎？」宥晴賭氣地開玩笑。

　　「二權相害取其輕，與其這樣，我倒寧可妳去美國工作。」看來王媽很不贊成宥晴嫁致翰。

　　「老媽，妳對致翰家真的很感冒喔，其實他們一家人都很好相處，別這樣。」宥晴拼命撒嬌，想為林致翰請命。

　　「女兒啊，我不是對林家有敵意，只是妳真的不適合嫁入林家，妳的個性我太了解了，生性天真浪漫、愛自由，要是讓妳當個家庭主婦成天綁在家裡，肯定不甘心，若要保有工作，林家必不容許，妳何苦讓致翰夾在中間，左右為難。」深思遠慮的王媽，說出了她一直以來的擔心。

　　「媽，先說服老爸讓我去美國工作一年，至於我跟致翰，我會再仔細想想。」

　　跟王媽談過後的這一夜，令宥晴思緒紊亂難以入眠，如同佛經

上說，女人之所以為女人就因為少修了五百年，所以面臨要更多的磨難嗎？宥晴不服，心想都什麼時代了，人類都可以上外太空了，甚至假以時日，或許還可以跟偶像劇一樣跟外星人談戀愛，怎麼身為女人的包袱還是如此沉重，一點都沒有進化。她不想就此認命屈服，樂觀的她心想應該會有辦法突困境，解決難題。

　　宥晴想了想，決定找她敬重的學長李維剛談談，相信他一定能給她很好的建議，於是打了電話約時間見面，他二話不說要宥晴下午直接到公司。一進到李維剛的辦公室，一股腦兒將心中的煩惱對學長一吐為快，尤其跟致翰未來的不確定性讓她很焦慮。

「婚姻跟工作看似獨立的個體，實際確是密不可分，做任何決定，日後都會有遺憾。」李維剛聽完了宥晴的訴苦，悠悠的破了題。

「婚姻跟工作，學長也有過左右為難的掙扎嗎？」

「我的工作是家族長輩早就安排好了，沒太大波折，倒是感情讓我掙扎許久。年少時，不管談了幾次戀愛，但心理始終清楚，我的對象一定要符合家族的期待，我曾經努力，想爭取自己所愛，過想要的生活，但是終究無法隨心所欲。」李維剛嘆了口氣。

「當年你跟學姊方怡感情那麼好，最後還是分手，分開後我就沒看你交其他的對象，是因為這個原因嗎？」宥晴憶起當年。

「沒錯，我努力過，也為了她放棄留學，繼續在母校念研究所，怎奈一切還是徒勞無功。幾次的戀愛都是這樣無疾而終，所以也就不想再浪費時間，妳可能不知道，當年我也很喜歡妳，不過心知肚明還是一樣的結局，才忍住沒對妳表白。」

「真的嗎，我居然錯過了學長這麼棒的人，呵呵。」宥晴趕緊化

解尷尬。

「這也就是一畢業後，我立即申請派駐到歐洲的最大原因，想讓自己放空，幾年後返台，也按照家族的期許，跟門當戶的對象結婚。」

「你幸福嗎？」

「幸不幸福完全是自己想的，老婆跟我也經歷過一段非常煎熬的適應期，這也就是我們為何一直沒有小孩的原因，因為不知道熬不熬得下去。」

「現在是不是漸入佳境？」

「應該說是已經適應，也對現實妥協了。」

「如果再一次的機會，你會有不一樣的選擇嗎？」

「這個問題我想過，要是當初我執意選擇我喜歡的對象，日子也不一定會比現在好過，任何選擇，好、壞都會與之俱來。」

「不過像你經過審慎的考慮與計畫，對未來還是有一定的幫助，不是嗎？」

「不是這樣的，再審慎的考慮與計畫，日子並不一定就順遂，生活如此、工作如此、婚姻亦如此，生命中充滿著變數，誰都無法掌控。」

「但是現在我正面臨婚姻跟工作相衝突，讓我很心煩，不知該如何是好？」

「傾聽自己的心，尊重相關的人，上天已經為每個人寫好了專屬的劇本，繼續走下去就對了。放心，上天自會安排一切，給妳最好的答案。」

「其實我很想接受Mario的工作，但這樣的決定很可能讓我失去我的Mr.right。」宥晴說出了心中最大的憂慮。

「有時候對的人並不一定屬於妳，眞正愛一個人，就是能夠放手讓他離開，一段時間過後，如果他還是回到妳身邊，才是眞正屬於妳，感情的事，不是光靠努力就可圓滿，緣份很重要。」

「我知道怎麼做了，謝謝學長。」

跟學長一席長談，如同醍醐灌頂，宥晴心中已然有了決定，不再猶豫。

當面臨人生的轉折點，每次的猶豫和抉擇都只是不同的出口，一時也看不出好與壞，唯一能做的就是繼續往前走。

宥晴正式懇請爸媽讓她赴美工作一年，由於工作地點在加州舊金山，雖然離王媽的小妹定居的洛杉磯有一段距離，但是小阿姨一聽到宥晴要到美國工作，開心的不得了，大力跟姊姊保證一定好好照顧她，爸媽終於首肯讓宥晴外派至美國工作一年，但此時宥晴心中浮起她最不想面對的隱憂，就是告訴致翰她的決定，她很俗辣不敢面對面說，趁著跟致翰煲電話粥，聊得愉快的時候提了一下。

「大律師，可不可以放我個長假，讓我去美國一年？」

「妳決定了是嗎？」

「我在徵求你答應嘛！」

「妳只是在知會我妳的決定，終究妳還是捨棄了我。」致翰眞的生氣了。

「不是這樣的啦，周末我們見面再說好不好？」宥晴急了。

「我對妳很失望，妳都不知道爲了我們的將來我做了多少的努力，妳好自私，只顧慮到妳的理想。」好脾氣的致翰情緒激動到幾乎用吼的。

「不要這樣啦……」宥晴沒遇過致翰這樣的激動，急哭了，但他隨即就掛了電話，她趕緊再撥，卻已經是關機狀態，打電話到他家也說他不在，這一天宥晴哭了又哭，王爸跟王媽雖不捨，但也無法安慰，他們對二人的婚事並不看好，所以總覺得長痛不如短痛，趁這個機會結束也好，相信樂觀的女兒會撐得過情傷。

由於致翰的家人也都反對他跟宥晴的婚事，他卻一直努力沒放棄，甚至在這一、二年間，阿公、爸媽都不時安排他們心目中的好對象給致翰，他很孝順，總是乖乖地出席家人為他安排的相親場合，但事後完全不跟對方聯絡，想要以時間換取更大的空間，爭取機會，讓家人接受他的決定，阿公和他爸媽甚至都拿他沒辦法，這一切他都沒有告訴宥晴，就是不想讓她日後進了林家的門，心裡有疙瘩，但如今他好失望，宥晴居然選擇了理想捨棄他，讓他傷心欲絕，他需要時間來思考及療傷。

致翰就此消失了，打電話、Email留訊息，任憑宥晴怎麼聯絡都沒有回音，這讓她也心冷了，只能勉強從情傷中打起精神，準備赴美事宜，只剩二個月的時間，首先要處理的就是跟目前合作的這幾家外銷廠辭職，並做好交接業務的工作，一方面也忙著赴美的申請工作。宥晴想藉著忙碌忘記情傷，無奈才下眉頭，卻上心頭，整個人瘦了一大圈，好友們紛紛請吃飯餞別，她也總是人前強顏歡笑，人後暗自垂淚。

出發前宥晴剪去了留了多年的長髮，短髮清瘦的娃娃臉，看起來比實際的年齡年輕很多，到了出發前一天，宥晴發了簡訊給致翰，告訴他赴美的班機時間，希望他能到機場送她，儘管她知道他來送機的可能性很低，但是卻不想放棄這一絲的希望。傍晚王

爸開車載王媽及宥晴直奔機場，一家人在機場一起用完晚餐，去航空櫃台報到後，一起在入海關前的候機室坐著，宥晴不斷地四處張望，但卻一直盼不到熟悉的身影，隨著登機時間逼近，宥晴很著急，看在眼裡的王媽，把女兒摟在懷裡。

「他不會來了，別再想了，既然決定了就安心地去工作。」王媽輕撫著女兒的頭髮，宥晴從無聲的掉淚，漸漸抽噎著抖動肩膀，最後終於忍不住哭出聲來，她的心都碎了。

王爸跟王媽抱了抱女兒，也幫她拭去滿臉的淚痕，送她進入海關，宥晴很快登機了，搭乘CI004班機直飛舊金山，整個航程她根本睡不著，只是掉淚，經過了十幾個小時的飛行，終於在傍晚時分抵達，搭上了公司派來的接送巴士，從車窗外看到美麗的夕陽、感受到徐徐的微風，心情逐漸沉澱，宥晴決定收拾好心情，全心全力投入深具挑戰、嶄新的工作，臉上也露出許久未出現的微笑。

放手一搏　命裡有時終須有

隔天一早宥晴馬上到公司報到，大家對於這位娃娃臉的東方美女很好奇，但也心存觀望，心想Mario怎會找個小女生來？跟同部門的夥伴自我介紹之後，大家嚇一跳，這個「小女生」居然已經有十年的工作經驗了。

了解一下大概的工作內容後，宥晴被安排在內銷業務部，主要的客戶就是全美的經銷商，Mario希望先讓她從了解美國消費者的喜好開始，接著隨即跟同事外出展開一連串的拜會工作。在美國工作果然要效率高、很耐操，一整天的奔波，晚上業務部同仁為了表示歡迎她，特地帶她到中國餐館吃飯。用完餐，不能免

俗，大家都拿了一個中國餐館特有的幸運餅，宥晴拆開了它：

「April showers bring May flowers. It's a destiny to lead you approach success soon.」（四月雨帶來五月花，命運會很快引領你邁向成功。）

　　宥晴心中突然閃過剛畢業時，測字算命仙所言的「驛馬星動，利在遠方」，這難道早就已經注定？還是只是巧合？不管如何，這是一個Good sign，宥晴將籤詩收好。

　　接下來的日子，宥晴心無旁鶩，努力工作，不過跟一群美國同事相處，剛開始還是會因為思考模式、文化背景的差異，鬧出笑話或溝通不良，幸好機伶聰明的她，總能夠及時化解，也由於她開朗、幽默的個性，讓原本對這位東方「小女生」工作能力存疑的同仁漸漸收起成見，樂於跟她一起共事。其中最關鍵的轉變，是從宥晴學了烹飪，做菜給大家吃之後。

　　原來宥晴住在公司安排的公寓，三餐都外食，很快就膩了，原本十指不沾陽春水的她，趁著假日到洛杉磯的小阿姨家，跟小阿姨學做一些家常菜，計畫自行開伙，小阿姨還貼心地幫她準備了個小電鍋，自此以後她每天自己做三餐，就在一次跟業務部同事周末的Pot luck party，宥晴第一次端出自己的傑作──中華炒麵，沒想大受歡迎，一下子便盤底朝空，同事們開始對這位小女生另眼看待，自此假日宥晴的公寓裏，總是聚集著好吃的同事，甚至連其它部門的同事，也紛紛聞風而來，宥晴始未料及她這個小小的廚藝，居然收服了這麼多人心，於是在工作上也更得心應手了。

　　有陽光般的笑容，討人喜歡的性情，宥晴即便身處異鄉，也受

到美國男士的青睞，展開追求，但她總是技巧地婉拒，因為心裡始終清楚，她不可能留在此地長住，終究必須回台任職，況且心底還是有個磨滅不去的影子，雖然到美國有好幾個月了，但她還是經常會給致翰Email，訴說著在美國工作及生活上的點點滴滴，就像之前一樣，老是愛跟他分享一切的事情跟心情，只不過致翰從來不回信給她，宥晴雖失望但也無計可施。

轉眼一年的時間將至，宥晴也在公司的各相關部門學得差不多，該是返台任職的時候了，離別在即，同事們非常不捨，紛紛要她繼續留下，宥晴心情喜憂參半，其時她還蠻喜歡美國的工作環境及模式，不過她很清楚此地對她而言只是個過客不是歸人。返台前夕她在公寓辦了感恩餐會，宴請公司同仁，謝謝他們一年來的照顧，連Mario都來了，宥晴做了一桌好吃的台式料理請大家，那一天不知道喝掉了多少瓶紅、白酒，藉著酒精的催化，每個人輪流說著跟宥晴互動的點點滴滴，又是笑又是淚，除了成堆的禮物，還有滿滿的回憶，讓感性的宥晴，數度紅了眼眶，激動的說不話來。

Mario非常肯定她在美國這一年的表現，他相信她可以將台灣分公司運作得很好，更交代她一旦業務量增加至某個程度，會增加人手來幫她，以後整個遠東區的業務，會交給宥晴來處理。對於Mario的託付，雖然有身負重任的壓力，但是她答應Mario一定全力以赴，不負所望。

盼望的歸期終於來臨了，帶著沉甸甸的行李及所有人的祝福，凌晨宥晴搭上返台的華航CI003班機直飛台灣，宥晴有倦鳥歸巢般的放鬆，整著航程幾乎都在沉睡，班機終於在清晨飛抵桃園機

場，一走出海關，看到久違的爸媽，宥晴雀躍不已，一把抱住媽媽，爸爸則推著她滿滿一車的行李，三個人開心往停車場。

才剛走了一會兒，宥晴突然停住了，因為她看到了一個日夜企盼的身影，正站在前方凝視著她，遲疑了一下，她突然放開媽媽，朝致翰奔去。

「女兒長大了，我看這下是留不住了。」王媽看著王爸，笑著搖頭。

「隨她吧，她快樂幸福最重要，我們去喝杯咖啡，他們應該有很多話要說。」

宥晴靠在致翰的肩膀哭了好久，致翰只是紅著眼眶抱緊了宥晴。

「你怎麼知道我今天回來。」

「真想知道的事，有心就有辦法查得到。」

「我給妳那麼多的Email，你看了嗎？」

「每一封我看好幾遍。」

「為什麼都不回？」

「因為那時對於我們之間還沒理出個頭緒，對未來沒有把握，回了也是枉然。」

「今天你為何突然來接機？」

致翰停頓了許久突然開口了。

「女王陛下，請允許我一輩子守護著妳吧！」

「這是求婚嗎？沒鮮花、鑽戒，太不浪漫了啦！」

「重諾不輕許，我可是一言九鼎，多慎重！現在要我下跪嗎？」

「你很愛演耶！」

掛滿淚痕的臉上，終於綻放出幸福的笑靨。

　　經過跟致翰的長談後宥晴才知道，這一年致翰卯足了全力，讓家人看到他非宥晴莫娶的決心，就在宥晴返台前夕，致翰跟阿公懇求。

　　「長這麼大，我一直都聽您的話，就這一次我的終身大事，請您讓我做主好嗎？」

　　最後連爸媽都跳下來說服林長壽，年紀大了的長壽伯唯恐不答應，愛孫萬一賭氣不結婚，以後兩眼一閉很難對林家的列祖列宗交代，終究拗不過這些子孫輩，放棄堅持己見，尊重致翰的決定。

　　「什麼力量讓你有如此的決心，堅持我們的未來？」

　　「這答案很長，我準備用一輩子回答妳。」

　　「唉呦呦，人家正經的問，你裝什麼文青！」

　　「妳還記得幾年前一起看過一部電影《巴黎不打烊》嗎？就在那時候我心中就很確定，妳是我今生的新娘。」

　　「真的假的，為什麼？」

　　「妳的個性很像劇中的女主角Jessica，純真、熱愛生命、心中充滿愛，現在像這樣陽光的女孩已經不多了，我當然得緊緊抓住。」

　　「嘖嘖嘖，林致翰你越來越會甜言蜜語了。」

　　「我很想像妳一樣樂觀，樂於為自己的人生做主，可是我知道再怎麼努力也辦不到，所以只好把這樣的人娶回家，跟她過一輩子。」

　　「哈哈哈，有抄襲之嫌，侵犯智慧財產權。」

　　「搞笑一下嘛！我的晴天娃娃。」

宥晴對致翰這只放手的風箏，現在真真實實的飛回到身邊，內心除了滿滿的感動，更是無比的珍惜。她思索著未來該如何在工作跟婚姻找到平衡點，這一次她絕對不會放手了，先發了封Email告訴老闆Mario她即將結婚的訊息，Mario聞訊很開心地祝福她，並允諾時間許可，一定來參加她的婚禮，原先擔心此舉不知會不會影響Mario人事布局的決定，結果顯然她多慮了，原來煩惱導源於想像的恐懼，不過幸好他有個美國老闆，在台灣的職場環境，她可不敢這麼樂觀。

　　宥晴始終知道，跟致翰的未來絕對不是公主跟王子從此過著幸福快樂的日子，但是她相信只要心中有愛就有力量，再多再大的難題終究會度過，對未來很有信心，何況國貿女王就是我，「欲戴王冠，必承其重」沒在怕的！

五南圖書商管財經系列

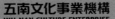

五南圖書商管財經系列

職場先修班　給即將畢業的你，做好出社會前的萬全準備！

3M51 面試學
定價：280元

3M70 薪水算什麼？
機會才重要！
定價：250元

3M55
系統思考與問題
解決
定價：250元

3M57
超實用財經常識
定價：200元

3M56
生活達人精算術
定價：180元

491A
破除低薪魔咒：
職場新鮮人必知的
50個祕密
定價：220元

職場必修班　職場上位大作戰！ 強化能力永遠不嫌晚！

3M47
祕書力：主管的
全能幫手就是你
定價：350元

3M71
真想立刻去上班：
悠遊職場16式
定價：280元

1O11
國際禮儀與海外
見聞（附光碟）
定價：480元

3M68
圖解會計學精華
定價：350元

3M84
圖解小資老闆集客
行銷術：不必花大
錢也能做好行銷
定價：400元

1F0B
創新思考與企劃撰
寫：理論與應用
定價：400元

五南文化事業機構
WU-NAN CULTURE ENTERPRISE
地址：106 臺北市和平東路二段 339 號 4 樓
電話：02-27055066 轉 824、889 業務助理 林小姐

國家圖書館出版品預行編目資料

國貿女王就是姐／鍾莫渝著. --二版--. --臺北
市：書泉, 2019.08
　面；　公分
ISBN 978-986-451-166-2（平裝）
1. 國際貿易實務 2.通俗作品
558.7　　　　　　　　　　108010745

3M74

國貿女王就是姐

作　　　者 ── 鍾莫渝

發 行 人 ── 楊榮川

總 經 理 ── 楊士清

總 編 輯 ── 楊秀麗

主　　　編 ── 侯家嵐

責任編輯 ── 侯家嵐

插　　　畫 ── 章世炘

出 版 者 ── 書泉出版社

地　　　址：106台北市大安區和平東路二段339

電　　　話：(02)2705-5066　傳　真：(02)2706-

網　　　址：http://www.wunan.com.tw

電子郵件：shuchuan@shuchuan.com.tw

劃撥帳號：01303853

戶　　　名：書泉出版社

總 經 銷：貿騰發賣股份有限公司

電　　　話：(02)8227-5988　傳　真：(02)8227

地　　　址：23586新北市中和區中正路880號14樓

網　　　址：http://www.namode.com

法律顧問　林勝安律師事務所　林勝安律師

出版日期　2014年7月初版一刷
　　　　　2019年8月二版一刷

定　　　價　新臺幣350元